THE TEXT OF I CORINTHIANS
IN THE WRITINGS OF ORIGEN

SOCIETY OF BIBLICAL LITERATURE
The New Testament in the Greek Fathers
Texts and Analyses

Edited by
Bart D. Ehrman

Number 4
THE TEXT OF I CORINTHIANS
IN THE WRITINGS OF ORIGEN

by
Darrell D. Hannah

THE TEXT OF I CORINTHIANS
IN THE WRITINGS OF ORIGEN

Darrell D. Hannah

Atlanta, Georgia
Scholars Press

THE TEXT OF I CORINTHIANS
IN THE WRITINGS OF ORIGEN

Darrell D. Hannah

©1997
The Society of Biblical Literature

Library of Congress Cataloging in Publication Data
Hannah, Darrell D., 1962–
   The text of I Corinthians in the writings of Origen / Darrell D. Hannah.
   p.   cm. — (the New Testament in the Greek fathers ; no. 4)
   Originally presented as the author's thesis (M. Th.)—Regent College.
   Includes bibliographical references.
   ISBN 0-7885-0338-3 (cloth : alk. paper)
   1. Origen—Knowledge—Text of 1st Corinthians. 2. Bible. N.T. Corinthians, 1st—Quotations, Early. 3. Bible. N.T. Corinthians, 1st—Criticism, Textual.   I. Title. II. Series.
BS2675.2.H36   1997
227'.20486—dc21   97-2100
                                                    CIP

   ISBN 978-1-58983-730-0 (paper : alk. paper)

For My Parents,

Harry L. and E. Grace Hannah

ἐξ ἅπαντος γοῦν αὐτὸν πρὸ τῆς τῶν Ἑλληνικῶν μαθημάτων μελέτης
ἐνῆγ[ο]ν τοῖς ἱεροῖς ἐνασκεῖσθαι παιδεύμασιν,...

                                        Eusebius *EH* vi.2.8

CONTENTS

Preface	xi
Chapter 1 Origen and the Text of the New Testament	1
Chapter 2 Introduction to the Critical Apparatus	7
Abbreviations of Origen's Works	10
Chapter 3 Origen's Text of 1 Corinthians	15
Chapter 4 Origen's Text of 1 Corinthians: The Running Text	174
Chapter 5 Origen's Text of 1 Corinthians: The Catenae Material	182
Chapter 6 Origen's Text of 1 Corinthians: Quantitative Analysis	267
Chapter 7 Origen's Text of 1 Corinthians: Group Profiles Analysis	278
Chapter 8 Conclusions	291
Appendix 1 Origen in the Apparatus of NA^{27}	294
Appendix 2 Origen in the Apparatus of UBS^4	297
Bibliography	298

EDITOR'S PREFACE

It has long been recognized that the original words of the New Testament writings cannot be confidently reconstructed before we have plotted the course of their subsequent transmission. That is to say, until we know where and when -- and to some extent, why -- the text came to be altered in the course of its reproduction, we cannot very well claim to know its earliest form. Thus, among the many desiderata in the field of New Testament textual criticism, none is more pressing than a viable history of the text. Indeed, quite apart from the question of the original text, the history of transmission has a mystery and intrigue of its own, as scholars have come to recognize that the alterations of the text may provide valuable evidence for the social contexts of the scribes who transcribed it -- i.e., that the history of textual transmission can make a contribution to our knowledge of the social history of Christianity, especially in its earliest periods.

To write the history of transmission, however, is a task of gargantuan proportions; no longer can we settle for broad generalities based on intuition, guesses, and incomplete perusals of isolated bits of data. Every possible source of information must be carefully sifted and analyzed with the most up-to-date and theoretically sophisticated methods at our disposal.

The Patristic witnesses for the New Testament text are particularly important in this quest for the history of textual transmission. For among our various sources for reconstructing this history -- the Greek manuscripts, the manuscripts of the various versions, and the Patristic citations of the text -- it is the church fathers who can be pinpointed with relative accuracy with respect to date and location. Only with this kind of precision can we determine where and when certain forms of textual corruption entered into the tradition; moreover, for determining how scribes of different regions typically modified their texts (if any generalizations along these lines can indeed be made), such information is an absolute *sine qua non*.

The Society of Biblical Literature's monograph series, *The New Testament in the Greek Fathers*, is devoted to analyses of Patristic texts that make possible just such investigations of the history of textual transmission. Each volume in the series explores the quotations of and allusions to the New Testament, or parts of the New Testament, in the writings of a signifcant church father. Although the series maintains no ironclad policy for the presentation and analysis of these data, each volume does provide an exhaustive presentation of all of the relevant data from the church father in question, an apparatus that indicates the alignments of carefully chosen textual witnesses in these passages, and a statistical analysis of these data -- usually both a quantitative assessment of their affinities with known representatives of leading textual groups and a profile analysis that provides nuance to these quantitative findings. Conclusions are then drawn concerning the importance for the Patristic source for ascertaining the history of the transmission of the text.

Dr. Darrell Hannah's study of the quotations of 1 Corinthians in Origen is a first-rate addition to this series. Originally a thesis written under the direction of the founder of the series, Gordon Fee, the study has been thoroughly revised for publication here. Origen quotes 1 Corinthians more than any other Pauline letter. Hannah's painstaking, detailed, and thorough analysis of these quotations demonstrates beyond reasonable doubt their textual affinities and serves to establish the importance of Origen's text for the history of transmission. As such, it is a most welcome addition to the burgeoning literature in the field of textual analyses and a model study for future investigations of Patristic witnesses to the New Testament text.

Bart D. Ehrman
Editor, *The New Testament in the Greek Fathers*

PREFACE

The present book began life as a thesis written for the Master of Theology degree at Regent College. Following a suggestion of Prof. Gordon D. Fee, my thesis supervisor, I began an examination of Origen's text of the entire Pauline Corpus. Such a task, however, soon proved to be too great an undertaking for a single master's thesis. I chose, instead, to focus on 1 Corinthians, the Pauline Epistle Origen cites most often. Prof. Fee proved a superlative supervisor in every respect. His criticisms were always perceptive and gently administered. He took time out from a busy schedule to track down facsimiles and microfilms of certain manuscripts. Finally, on his own initiative, Prof. Fee sent a copy of the thesis to Bart Ehrman, editor of *The New Testament in the Greek Fathers*, to be considered for inclusion in this series.

Publication was unfortunately delayed two years while I completed work on my PhD dissertation. It was not until that work was submitted that I was free to return with vigor to the revisions necessary for publication. Prof. Ehrman waited patiently during this period. In addition, he has made a number of his suggestions for improving my opening chapters, most of which I have adopted.

A number of other individuals aided me in various ways during the writing of the thesis--far too many to remember here. Nonetheless, there are some whose contributions are so great that not to thank them publicly could only result from ingratitude. Dr. Carroll Osburn lent me his microfilms of minuscules 81, 1175, 1739, and 1881. Rev. John Hilber, Bret Ripley, and my brother, Perry Hannah, patiently introduced me to the mysteries of Nota Bene and DOS. Peter and Cathy Dunn read the entire manuscript numerous times, and because of their many suggestions it is much more readable. Finally, my parents supported me financially during the project and my mother even helped to tabulate some of percentages used in the quantitative analysis. To all of these I express my gratitude. Although without all their contributions it would never have been finished, the imperfections of the present work remain my own.

CHAPTER 1

Origen and the Text of the New Testament

Origen's importance as a witness to the New Testament text has long been recognized by scholars. At least as early as Griesbach's *Habilitationschrift* of 1771[1] textual critics have appealed to Origen's citations of and allusions to the NT writings as evidence for the state of the text in Alexandria and/or Caesarea in the first half of the third century. Consequently, numerous studies of Origen's NT text have appeared in modern times.[2] At least two significant considerations, however, reveal the need for further research. First, all of the early studies of Origen's text suffer from serious methodological shortcomings.[3] Indeed, only in the past two or three

---

[1] See B. Ehrman, G. D. Fee, and M. W. Holmes, *The Text of the Fourth Gospel in the Writings of Origen* (NTGF 3; Atlanta: Scholar's Press, 1992) 10, n.24.

[2] In this century some of more the significant studies include E. Hautsch, *Die Evangelienzitate des Origenes* (Leipzig: Hinrichs, 1909); K. Lake, R. P. Blake, and S. New, "The Caesarean Text of the Gospel of Mark", *HTR* 21 (1928) 207-404, esp. 259-277; B. H. Streeter, *The Four Gospels: A Study of Origins*, 5th Impression (London: Macmillan, 1936) 91-102; R. V. G. Tasker, "The Quotations from the Synoptic Gospels in Origen's *Exhortation to Martyrdom*", *JTS* 36 (1935) 60-65; idem, "The Text of the Fourth Gospel Used by Origen in his Commentary on John", *JTS* 37 (1936) 146-155; idem, "The Text of St. Matthew Used by Origen in his Commentary on St. Matthew", *JTS* 38 (1937) 60-64; K. W. Kim, "The Matthean Text of Origen in His *Commentary on Matthew*", *JBL* 68 (1949) 125-139; idem, "Origen's Text of John in His *On Prayer, Commentary on Matthew*, and *Against Celsus*", *JTS* n.s. 1 (1950) 74-84; idem, "Origen's Text of Matthew in His *Against Celsus*", *JTS* n.s. 4 (1953) 42-49; G. D. Fee, "The Text of John in Origen and Cyril of Alexandria: A Contribution to Methodology in the Recovery and Analysis of Patristic Citations", *Bib* 52 (1971) 357-394; idem, "p^{75}, p^{66}, and Origen: The Myth of Early Textual Recension in Alexandria", in R. N. Longenecker and M. C. Tenney (Eds.), *New Dimensions in New Testament Study*, (Grand Rapids: Zondervan, 1974) 19-45; idem, "Origen's Text of the New Testament and the Text of Egypt", *NTS* 28 (1982) 348-364; and Ehrman, Fee, and Holmes, *Fourth Gospel*.

[3] See esp. G. D. Fee, "The Use of Greek Patristic Citations in New Testament Textual Criticism: The State of the Question", in G. D. Fee and E. J. Epp, *Studies in the Theory and Method of New Testament Textual Criticism* (Grand Rapids: Eerdmans, 1993) 346 and n.10; K. and B. Aland, *The Text of the New Testament. An Introduction to the Critical Editions and to the Modern Theory and Practice of Modern Textual Criticism*, Tr. E. F. Rhodes, (Grand Rapids: Eerdmans, 1987) 168; and Ehrman, Fee, and Holmes, *Fourth Gospel*, 13-14.

decades have methodologies been refined so as to give reasonable assurance of correctly ascertaining the textual affinities of Patristic citations.[4] Second, every study of any depth on Origen as a textual witness has focused on his text of one or more of the four Gospels. As in all other areas of NT textual criticism, research into his text of the Epistles, the Acts of the Apostles, and the Apocalypse has been subordinated to the study of his text of the Gospels. This investigation into Origen's citations of and allusions to Paul's First Epistle to the Corinthians is an attempt to address this omission.

Origen's life and thought have been the subject of a number of recent biographies and shorter studies.[5] Since a relatively full discussion of Origen's life has already appeared in an earlier volume in this series[6] I will restrict my comments to a brief treatment, giving particular attention to the utility of Origen as a witness to the text of the NT and the difficulties involved in analyzing his NT citations and allusions.

A man of contradictions, Origen exerted more influence on Christian thought than any other theologian of the first three centuries and was considered by many a "bastion of orthodoxy."[7] Nevertheless, controversy swirled about him during his lifetime, and within two centuries of his death he was condemned as a heretic. His condemnation resulted from at least two factors. First, the *regula fidei* of Origen's day defined the boundaries of doctrinal orthodoxy rather broadly and had not yet arrived at the detailed form which it would acquire in later centuries. The theologians of the fourth and fifth centuries, however, tended to read Origen in light of the heresies they were combating (i.e., Arianism, Nestorianism, Monophysitism, and Pelagianism) rather than in his own historical context.[8]

---

[4]I refer primarily to the quantitative analysis method pioneered by E. C. Colwell and refined by G. D. Fee. See E. C. Colwell and E. W. Tune, "The Quantitative Relationships between MS Texttypes," in J. N. Birdsall and R. W. Thomson (Eds.), *Biblical and Patristic Studies in Memory of Robert Pierce Casey*, (Freiburg: Herder, 1963), 25-32; Fee, "Codex Sinaiticus in the Gospel of John: A Contribution to Methodology in Establishing Textual Relationships," *NTS* 15 (1968-69) 23-44; idem, "Text of John in Origen and Cyril"; and "Use of Greek Patristic Citations". Mention should also be made of Ehrman's use of group profiles. See B. Ehrman, "The Use of Group Profiles for the Classification of New Testament Documentary Evidence," *JBL* 106 (1987) 465-86; and idem, *Didymus the Blind and the Text of the Gospels* (NTGF 1; Atlanta: Scholars Press, 1986) 223-253.

[5]Two of the more important recent full length biographies of Origen which should be mentioned are Henri Crouzel, *Origen: The Life and Thought of the First Great Theologian*, Tr. A. S. Worrall, (San Fransico: Harper & Row, 1989), 29-30; and Joseph W. Trigg, *Origen: The Bible and Philosophy in the Third Century Church* (Atlanta: John Knox, 1983). A brief but cogently argued treatment of Origen and his significance is found in H. Chadwick, *Early Christian Thought and the Classical Tradition* (Oxford: Clarendon Press, 1966) 66-123.

[6]Ehrman, Fee, and Holmes, *Fourth Gospel*, 1-18.

[7]Ehrman, Fee, and Holmes, *Fourth Gospel*, 1.

[8]Couzel, *Origen*, 169-175. However, Crouzel exempts Basil the Great, Gregory Nazianzen, Greogory of Nyssa, Ambrose, and Augustine, all of whom were well versed in the philosophical debates and presuppositions of Origen's day, from this charge. When Henry Chadwick (*Early Christian Thought*, 121) asserts that "[t]he theologians of the fourth

Second, the enthusiasm of so-called "Origenists" led them to systematize rigorously his thought in a way Origen himself would never have done.[9]

Origen was born in 185/6 in Alexandria, either to Christian parents or to pagans who converted sometime after his birth.[10] His Father Leonides was martyred during the persecution of Septimius Severus (which began in 202). The fact that he was beheaded probably indicates that he was a Roman citizen.[11] His provision of a classical education for his son (Eusebius, *EH* VI.2) suggests that he himself may have been an intellectual. Crouzel speculates that he was a teacher of grammar.[12] The only explicit information in the sources concerning his mother, who may have been from the lower classes,[13] is the story Eusebius tells of her hiding her son's clothes to keep him from joining his father in martyrdom.

The persecution under Septimius Severus was particularly ruthless in Egypt, and this may explain the dearth of Christian scholars in Alexandria at the time. In any case, it occasioned Clement of Alexandria's flight from Egypt. There is some debate over whether or not Origen studied under Clement, as Eusebius claims.[14] Whatever their previous relationship, Origen, at the age of eighteen, assumed charge of the catechetical school, after Clement left Alexandria.

Unfortunately, we do not know much about the Christian movement in Alexandria prior to Origen. We are almost completely ignorant of the events and persons contributing to the genesis of the church in

---

and fifth centuries were aware that early Christian writers had expressed themselves more loosely than later divinity could allow, and in most cases were prepared to exercise charity in interpretation", he probably has these Fathers, or others like them, in mind. Crouzel urges that it was primarily others, unsympathetic or unschooled in philosophy such as Jerome, Theophilus of Alexandria and Epiphanius, who challenged Origen's legacy.

[9] Crouzel, *Origen*, 175-179.

[10] We are better informed about the life of Origen than any other pre-Nicene Father, mainly because Eusebius devoted an inordinate amount of space (almost the whole of volume VI) to him in his *Ecclesiastical History*. Other sources include St. Gregory Thaumaturgus' *Panegyric* to his former teacher, Rufinus' translation of the first volume of Pamphilus and Eusebius' *Apology* for Origen, and meager biographical references scattered throughtout Origen's surviving works.

[11] So Crouzel, *Origen*, 5-6.

[12] Crouzel, *Origen*, 4-6. Cf. also Trigg, *Origen*, 10.

[13] So Crouzel (*Origen*, 6): "It seems that children born to a marriage between parents of different classes took the lower of the two ranks and that the persecution of Septimius Severus was aimed at the two higher classes. That would explain how, with the persecution going on at Alexandria for years, Origen was able to carry on intensively catechising without being seriously harassed by the police, even daring to accompany to their execution pupils of his who were martyrs." For this last point Crouzel cites Eusebius *EH* VI.4.1.

[14] Cf. Crouzel, Origen, 7-8.

Alexandria. Recent scholarship, however, has begun to clarify the degree to which the struggle with Gnosticism impacted the early development of the Church in Egypt.[15] Both Valentinus and Basilides were active in the city during the second century, and Origen often vigorously opposed Gnostic doctrines in his expositions of Scripture.[16] It was during Origen's Alexandrian period that he "rescued" a certain Ambrose from Valentinianism, and this Ambrose showed his gratitude by providing Origen with stenographers and copyists who, working in shifts, took down his dictation and copied it for publication. In this way, Origen became incredibly prolific. Indeed, his productivity must have been one of the largest in all of antiquity.

Alexandria during Origen's lifetime was *the* intellectual center of the Empire; "nowhere in the Roman world was there a more significant community of scholars, where schools of secular learning enjoyed a more vibrant tradition of inquiry and investigation".[17] Particularly significant for this study is the fact that had been a long tradition, dating from the third century B.C., of textual criticism of the Greek Epics among the scholars of Alexandria's Museum.[18] By Origen's day textual criticism had developed into a mature and precise science. Given this milieu, it is not surprising that Origen became the first Church Father to give extended attention to text-critical concerns. He complains about corrupt copies of the Gospels[19] and on a number of occasions notes the existence of different readings.[20] Origen's interest in textual criticism is attested most notably in his *Hexapala*, in which he edited in parallel columns the Hebrew text and various Greek translations of the OT. To be sure, Origen did not always approach textual questions with scientific rigor. For example, having noted

---

[15]Cf. Ehrman, Fee, and Holmes, *Fourth Gospel*, 4-5; Chadwick, *Early Christian Thought*, 33-34, 72; and C. W. Griggs, *Early Egyptian Christianity From its Origins to 451 C.E.* (CS 2; Leiden: Brill, 1990) 13-78. However, Griggs overemphasizes the common ground shared between Clement and Origen, on the one hand, and Gnostics, on the other.

[16]Cf. e.g., book III of PRINC or the many times he opposes the Valentinian Heracleon's interpretations of the Fourth Gospel in his commentary on John.

[17]Ehrman, Fee, Holmes, *Fourth Gospel*, 5; cf. also Trigg, *Origen*, 3-7, 66-75.

[18]See e.g., P. M. Fraser, *Ptolemaic Alexandria*, Vol.1 (Oxford: Clarendon Press, 1972) 458-467; L. D. Reynolds and N. G. Wilson, *Scribes and Scholars. A Guide to the Transmission of Greek and Latin Literature* 2nd Ed. (Oxford: Clarendon Press, 1974) 6-15; E. G. Turner, *Greek Papyri, an Introduction* (Oxford: Clarendon Press, 1968), 106-118; and Streeter, *Four Gospels*, 111.

[19]MAT.COM XV.14.

[20]E.g., MAT.COM XIII.14 and IO.COM I.35. On this whole disscussion see B. M. Metzger, "Explicit References in the works of Origen to Variant Readings in New Testament Manuscripts", *Historical and Literary Studies: Pagan, Jewish, and Christian* (NTTS 8; Leiden: Brill, 1980) 88-103; and more briefly, B. M. Metzger, *The Text of the New Testament: Its Transmission, Corruption, and Restoration*, 3rd. Ed. (Oxford: Oxford University Press, 1992) 150-152.

the existence of competing readings, he often finds meaning in both and so fails to ask which is the original.[21] At other times he will make a judgment between readings on less than critical grounds.[22] His attention to textual phenomena, if not his uncritical methods of dealing with them, contributes to Origen's importance as a textual witness; it attests a careful and detailed attention to the text of Scripture.

It is well-known that Origen utilized and wrote in the defense of allegorical methods in his interpretation of Scripture. From this it is sometimes mistakenly concluded that Origen was not interested in the literal meaning of the Biblical text.[23] In fact, Origen found in Scripure three levels of meaning, analogous to the flesh, soul, and spirit which, in his view, were the constituent components of a human person. The flesh corresponded to the literal meaning, the spirit to the "spiritual" or allegorical meaning, and the soul to that which mediates between the two.[24] All this means that Origen's exegetical methods compelled him, of necessity, to attend to the precise wording of the Biblical text.

Related to this careful attention to textual matters is Origen's prodigious memory. Gordon Fee notes that "Origen demonstrates a high degree of verbal accuracy" when quoting Scripture.[25] A perusal of the evidence which makes up Chapter 3 of this study will confirm the truth of Fee's assertion. This is not to say that Origen never paraphrases or is never guilty of an error resulting from faulty memory. Yet, the overall impression one receives from reading Origen is the precision of his citations.

Sometime during the first quarter of the third century Origen fell out with his bishop, Demetrius. While the cause has been variously explained (either Demetrius' jealousy or his suspicion of Origen's intellectual approach to the faith),[26] the occasion, however, is known. While visiting the Holy Land, Origen accepted an invitation to preach in the churches in Caesarea and Jerusalem. This he had never been allowed to do in Alexandria. When Demetrius objected that it was not proper for Origen, a layperson, to preach before bishops, Origen obeyed and returned to Alexandria. Fifteen years later, while traveling through Palestine, Origen accepted ordination from the same bishops who had earlier invited him to

---

[21] E.g., IO.COM I.35. Cf. Metzger, "Explicit References", 100.

[22] E.g., his comments on Matt. 27.16-17 preserved in an anonymous Latin translation (*In Matt. Comm. series* 121 = *GCS* 11, ii, 255.24-31). Cf. Metzger, "Explicit References", 94.

[23] See the discussion in Ehrman, Fee, and Holmes, *Fourth Gospel*, 6-7.

[24] PRINC IV.2.4-5. To be sure, Origen finds in some texts only two levels of meaning, those which correspond to the soul and spirit. But in most passages of Scripture all three meanings are present.

[25] Fee, "Use of Greek Patristic Citations", 353.

[26] For the latter see Ehrman, Fee, and Holmes, *Fourth Gospel*, 5; for the former see Crouzel, *Origen*, 17-24.

preach.²⁷ This final incident led to Origen being exiled from his native city and brought about his move to Caesarea. He lived just over twenty years in Caesarea, serving as head of a "catechetical school"²⁸ as he had done in Alexandira, preaching in the cities churches, and continuing to produce commentaries and theological treatises. The move to Caesarea occasions a considerable boon, along with certain difficulties, for our understanding of the transmission of the Gospels. Both Alexandria and Caesarea are thought to have been the centers where different text-types of the Gospels developed. From Eusebius (*EH* VI.24) we learn, with a few exceptions, which of Origen's works were written in Alexandria and which in Caesarea. Thus, a study of Origen's Gospel citations and allusions may shed light on the text of the Gospels in two different locations in the third century. Indeed, there is good evidence that Origen's text of Matthew and Mark changed dramatically after his relocation in Caesarea.²⁹ Unfortunately for this study, no one has ever been able to isolate a Caesarean type of text in the Pauline Epistles. In the course of this study, however, it will be necessary to note if, on any occasion, Origen's text of 1 Corinthians changes in works written in Caesarea from the form which it has in those originating in Alexandria.

Origen died in Caesarea sometime after the persecution under Decius (c. 253-254). In the fourth century, and again in the sixth, local church councils condemned aspects of Origen's teachings and as a result many of his works have perished. Of those that survive only *Contra Celsum, On Prayer, Exhortation to Martyrdom, Dialogue with Heraclides*, and the homilies on Jeremiah are complete in Greek. Other works, such as *On First Principles* and the commentaries on Song of Songs and Romans, are extant only in Latin translations and a few Greek fragments. A treatise *On the Passover* also survives in Greek, but only in a fragmentary form. The commentaries on John and Matthew, among other works, are only partially preserved.³⁰ When Origen is used as a textual witness the controversy over his orthodoxy must be kept in mind. Rufinus' translations of *On First Principles* and the commentary on the Song of Songs betray an attempt to defend Origen, making him appear more orthodox.³¹ Jerome's translations,

---

[27] Crouzel, *Origen*, 19-20, speculates that Origen may have been forced to accept this ordination.

[28] For an argument that "missionary school" is more accurate for Origen's didactic activites in Caesarea, see Crouzel, *Origen*, 27.

[29] See Streeter, *Four Gospels*, 92-102; Kim, "Origen's Text of Matthew in His Against Celsus, 47; and Fee, "Origen's Text of the NT" 350-353.

[30] Books I-II, VI, X, XIII, XIX, XX, XXVIII, and XXXII of the commentary on John and X-XVIII of the commentary on Matthew survive.

In addition, a large number of others works perserved as catenae fragments. See Chapter 2 below for a discussion of this material.

[31] See esp. the disscussion in Butterworth's introduction to his translation of *On First Principles* (London: SPCK, 1936) ix-xxx. Cf. also Crouzel, *Origen*, 41-42, 46-47.

although on the whole more reliable than Rufinus', are not above suspicion for Jerome came to possess a strong animosity toward the Alexandrian. Only those works that have survived in the original Greek, more or less intact, can be used. Even these, however, must be used with caution as most of them have survived only in late medieval manuscripts.[32] Nonetheless, Origen's concern for textual questions and the preciseness of his scriptural citations outweigh these deficiencies. Thus, a cautious use of only critical editions of Origen's works will allow for a fairly reliable recovery of his text of 1 Corinthians.

---

[32] Papyrus copies from the sixth or seventh centuries of Origen's *Dialogue with Heraclides*, along with fragments from his commentary on Romans, *Contra Celsum*, and his treatise *On the Passover* were found at Tura in 1941. Other than these all of Origen's works survive in MSS from the 11/12th to the 16th centuries. See Koetschau's, Klostermann's, and Preuschen's introductions to their *GCS* editions of MART, CELS, ORAT, IER.HOM, and IO.COM.

CHAPTER 2

Introduction to the Critical Apparatus

The following chapter will collect and reconstruct, as far as possible, Origen's text of 1 Corinthians, using only material found in critical editions.[1] Chapter 3 consists of data deemed unreliable, by and large derived from catenae MSS. The unreliability of these MSS for reconstructing the actual words of a given Father are well-known.[2] Frequently, the catenists condensed a Father's wording while remaining faithful to his thought. Thus, while the catenae MSS may provide valuable insights into a Father's thought, they simply do not provide an accurate picture of the Fathers' Biblical text. In addition, during the transmission of these MSS the copyists were not always diligent in copying the Fathers' names before each quotation. Thus passages from one Father will often appear in a chain of quotations attributed to another Father. Comparison with extant Patristic writings can help to amend some wrong attributions. It is impossible, however, to recover all of them or even to be sure that we have correctly identified all faulty attributions. This is particularly unfortunate for this study in that, with the exception of the commentary on Romans which exists in Rufinus' Latin translation and a fragmentary papyrus MS found at Tura, Origen's only commentaries on the Pauline Epistles that have come down to us are in catena form. Nonetheless, the evidence derived from catenae MSS will be particularly valuable for those wishing to study Origen's exegesis of a given passage or of Paul in general. Therefore, this evidence has been relegated to a separate chapter and no apparatus is provided for it.

The data are listed in canonical order, with the citations (Cit) first, followed by the adaptations (Ad) and then the allusions (All). These three categories are not mutually exclusive, but are probably best viewed as dif-

---

[1] In general the magisterial German edition, *Die griechischen christlichen Schriftsteller*, has been used, supplemented by the more recent French edition *Sources chrétiennes* for those works which do not have a GCS edition. The critical editions of the Greek fragments of the commentary on Romans and of the treatise *On the Passover*, works found for the first time in Greek at Tura, are in neither of these series. In addition, the papyrus fragments from Tura of *Contra Celsum* have dated the GCS edition of *Contra Celsum*. Thus all citations, adaptations and allusions taken from *Contra Celsum* have been checked both in GCS and SChr with all differences between the two editions, which are rare, duly noted.

[2] See esp. Fee, "Text of John in Origen and Cyril", 362-363.

ferent points along a spectrum. Citations are exact quotations. At the other end of the spectrum, allusions are more paraphrastic and may include only a few words or a phrase from the NT, but must have some verbal agreement with the NT to be regarded as an allusion. Adaptations lie somewhere between the two ends and represent a modification by Origen, usually in the interest of incorporating the Biblical text into his own sentence. While the definitions may be somewhat loose, in practice it is usually not difficult to distinguish one from the other. The location of each reference is noted immediately after the "Cit," "Ad," or "All" abbreviation. These references consists of (1) the abbreviation for the work by Origen;[3] (2) the volume number (indicated by Roman numerals); (3) the page number in GCS or SChr following the first period; and (4) the line number following the second period. The catenae materials differ only in that the Roman numeral indicates a particular catena rather than a volume.

Variants within the MSS of Origen's works are noted in footnotes. Whenever a reading has been adopted that differs from the editions, that too is noted. This has rarely occurred, although in *Contra Celsum* when GCS and SChr differed, I have ventured to make some judgments.

After all the data have been listed, a reconstruction of Origen's text is printed preceded by the word "TEXT." Occasionally, however, such a reconstruction is not possible due to the paucity of Origen's references to certain passages. Following the reconstruction all significant textual variants are noted, with Origen's reading printed first. When the evidence for Origen's reading is ambiguous the variant is listed *without* the symbol "Or" and is always discussed in a footnote. In addition to "Or", the symbols for sixteen other manuscripts, or (in the case of MajT) groups of manuscripts, of distinct textual affinities are also listed. It is in comparison with these witnesses that the affinities of Origen's text will be discovered. These witnesses are the following:

Primary Alexandrian:	P^{46} B ℵ 1739
Secondary Alexandrian:	A C 33 1175 1881
Western:	D F G
Byzantine:	223 876 1780 MajT

The MSS used in the analysis have been checked by photographic or printed facsimile, transcription, or microfilm. It was necessary, as chapters five and six will make clear, to choose NT MSS of known textual affinities for comparison with Origen's text. The Alexandrians and Westerns chosen for the study are well known and need no further justification. The four Byzantine witnesses, however, probably require some

---

[3] See below for a full listing of these abbreviations.

explanation. Research in the Byzantine text-type of the Pauline Corpus has lagged far behind that of the Gospels--as in all areas in NT textual criticism. I was not able to select representatives of different sub-groups within the Byzantine text, because none has been identified for the Pauline epistles. Instead it was necessary to select Byzantines that were purely Byzantine and not mixed with elements from other text-types. Because it was necessary to check the MSS, and as Byzantine MSS very seldom are published either by way of transcription or facsimile, copies on microfilm were used. *The Greek New Testament According to the Majority Text*[4] served as a control. It will become readily apparent in the chapters of analysis that the three MSS (223, 876, 1780) chosen to represent the Byzantine text stand very close to MajT, and are thus purely Byzantine. Moreover, because only three known Greek Western MSS (D, F, G)[5] exist it was at times necessary to appeal to the Vulgate or the Old Latin, for which the apparatus of Tischendorf's NT and the Nova Vulgata of the *Novum Testamentum Graece et Latine* (NA[26]) were consulted.

Owing to its character as a palimpsest, Codex Ephremi occasions certain difficulties. Four authorities have been consulted for its text: Hansell's transcription[6] (which is based upon Tischendorf's edition of the manuscript), NA[26], Tischendorf's NT,[7] and an article by R. W. Lyon[8] which lists corrections to Tischendorf's edition. This last, being the most up to date, is usually given preference when the other authorities are divided. There were times, however, when Hansell, NA[26], and Tischendorf disagree on a reading and Lyon is silent. At these times Codex C was counted as if it were lacunose.

Finally, for the works of Origen I have used the abbreviations found in the standard index of Origen's citations of Scripture, the third volume of *Biblica Patristica*. The use of this volume does not imply that I

---

[4] Arthur L. Farstad and Zane Hodges (Eds.), *The Greek New Testament According to the Majority Text* (Nashville: Nelson. 1982).

[5] Since codex E is a copy of D it cannot be used as an independent witness to the Western text. Cf. e.g., Metzger, *Text of the NT*, 52. Although codices F and G are closely related, it is unlikely that one is merely a copy of the other. It is probable that they are direct or indirect copies of a common exemplar, and indirect latter is more likely than direct. In biological terms, therefore, they are probably cousins rather than sisters. Cf. W. H. P. Hatch, "On the Relationship of Codex Augiensis and Codex Boernerianus of the Pauline Epistles", *Harvard Studies in Classical Philology* 60 (1951) 187-199.

[6] Edward H. Hansell (Ed.), *Novum Testamentum Graece: Antiquissimorum Codicum Textus in Ordine Parallelo Dispositi. Accedit Collatio Codicies Sinaitici*, 3 vols. (Oxford: Clarendon Press, 1864).

[7] Constantinus von Tischendorf, *Novum Testamentum Graece: Editio Octava Critica Maior*, 8th ed. (Leipzig: J. C. Hinrichs, 1869-72).

[8] Robert W. Lyon, "A Re-Examination of Codex Ephraemi Rescriptus," *NTS* 5 (1958-59) 260-272.

merely reproduced the citations, adaptations and allusions indexed there. Rather, I worked through the critical editions of Origen's works to amass as complete as possible a collection of references to 1 Corinthains.

The *Biblica Patristica* abbreviations are as follows:

AC.HOM	Homiliae in Actus apostolorum (*Philocalia*)
CELS	Contra Celsum (SC 132, 136, 147, 150)
COL.COM	Commentarii in Colossenses (Cod. 1739)
COR.CAT	Fragmenta e catenis in Epistulam primam ad Corinthios (*JTS* 9 & 10)
CT.CAT	Fragmenta e catenis Canticum canticorum (GCS 33)
CT.COM	Commentarii in Canticum canticorum (GCS 33)
CT.HOM	Homiliae in Canticum canticorum (GCS 33)
DT.CAT	Fragmenta e catenis in Deuteronomium (*Studi e Testi* 201)
DT.HOM	Homiliae in Deuteronomium (Cod. 1739)
EP.ATR	Epistula ad Atranen (Cod. 1739)
EP.FIR	Epistula ad Firmilianum (Nautin, "Lettres et écrivains chrétiens des IIe et IIIe siècles")
EP.GOB	Epistula ad Gobarum (Nautin, "Lettres et écrivains chrétiens des IIe et IIIe siècles")
EP.GREG	Epistula ad Gregorium (SC 148; *Philocalia*)
EP.IVL	Epistula ad Iulianum Africanum (SC 148)
EPH.COM	Fragmenta e catenis in Ephesios (*JTS* 3)
ES.HOM	Homiliae in Esaiam (GCS 33)
EX.CAT	Fragmenta e catenis in Exodum (GCS 29)

EX.CAT A	Fragmenta e catenis in Exodum (*Studi e Testi* 201)
EX.HOM	Homiliae in Exodum (GCS 29)
EX.SCO	Scolia in Exodum (*Philocalia*; SC 226)
EZ.CAT	Fragmenta e catenis in Ezechielem (GCS 33)
EZ.COM	Commentarii in Ezechielem (*Philocalia*)
EZ.HOM	Homiliae in Ezechielem (GCS 33)
FR	Fragmenta uaria (*Philocalia*; SC 226 & 302)
? FR	Fragmenta uaria (TU 38,3)
? FR A	Fragmenta uaria (Sanz)
? FR B	Fragmenta uaria (*ZNW* 20)
? FR C	Fragmenta uaria (Glaube)
GEN.CAT	Fragmenta e catenis in Genesim (*RHT* 5)
GEN.CAT A	Fragmenta e catenis in Genesim (CChrSG 2)
GEN.CAT B	Fragmenta e catenis in Genesim (*Studi e Testi* 201)
GEN.CAT C	Fragmenta e catenis in Genesim (*Muséon* 92)
GEN.CAT D	Fragmenta e catenis in Genesim (Papyrus fragment; Giessen University Library)
? GEN.CAT	Fragmenta e catenis in Genesim (CChrSG 2)
? GEN.CAT A	Fragmenta e catenis in Genesim (*Muséon* 92)
GEN.COM	Commentarii in Genesim (SC 226; *Philocalia*)
GEN.HOM	Homiliae in Genesim (GCS 29)
GEN.SCO	Scolia in Genesim (Cod. 1739)
HERACL	Disputatio cum Heraclide (SC 67)

IER.CAT	Fragmenta e catenis in Ieremiam (GCS 33)
? IER.CAT	Fragmenta e catenis in Ieremiam (GCS 33)
IER.HOM	Homiliae in Ieremiam (GCS 6)
IER.HOM A	Homiliae in Ieremiam (*Philocalia*; SC 302)
IO.CAT	Fragmenta e catenis in Ioannem (GCS 10)
? IO.CAT	Fragmenta e catenis in Ioannem (GCS 10)
IO.COM	Commentarii in Ioannem (GCS 10)
IOS.CAT	Fragmenta e catenis in Iosue (GCS 30)
IOS.HOM	Homiliae in Iosue (GCS 30)
IOS.HOM A	Homiliae in Iosue (*Philocalia* & SC 302)
IVD.CAT	Fragmenta e catenis in Iudices (*Studi e Testi* 201)
IVD.HOM	Homiliae in Iudices (GCS 30)
LAM.CAT	Fragmenta e catenis in Lamentationes (GCS 6)
LAM.COM	Commentarii in Lamentationes (GCS 6)
LEV.CAT	Fragmenta e catenis in Leuiticum (GCS 29)
LEV.CAT A	Fragmenta e catenis in Leuiticum (*Studi e Testi* 201)
LEV.HOM	Homiliae in Leuiticum (GCS 29)
LVC.CAT	Fragmenta e catenis in Lucam (GCS 49^2)
? LVC.CAT	Fragmenta e catenis in Lucam (GCS 49^2)
LVC.HOM	Homiliae in Lucam (GCS 49^2)
MART	Exhortatio ad martyrium (GCS 2)
MAT.CAT	Fragmenta e catenis in Matthaeum (GCS 41.1)

MAT.CAT A	Commentarii in Matthaeum (GCS 38)
? MAT.CAT	Fragmenta e catenis in Matthaeum (GCS 41.1)
MAT.COM	Commentarii in Matthaeum (GCS 40)
NVM.HOM	Homiliae in Numeros (GCS 30)
ORAT	De oratione (GCS 3)
OS.COM	Commentarii in Osee (*Philocalia*; SC 302)
PASC	De Pascha (Christianisme Antique 2)
PR.CAT	Fragmenta e catenis in Prouerbia (Richard)
PRINC	De principiis (GCS 22)
PS.CAT	Fragmenta e catenis in Psalmos (SC 189 & 190)
PS.CAT A	Fragmenta e catenis in Psalmos (Cadiou)
PS.CAT B	Fragmenta e catenis in Psalmos (*Studi e Testi* 264)
PS.CAT C	Fragmenta e catenis in Psalmos (*Muséon* 76)
PS.CAT D	Fragmenta e catenis in Psalmos (GCS 6)
? PS.CAT	Fragmenta e catenis in Psalmos (SC 189 & 190)
PS.COM1	Commentarii in Psalmos I-XXV (*Philocalia*; SC 226 & 302)
PS.COM2	Commentarii in Psalmos (*Philocalia*; SC 302)
QO.CAT	Fragmenta e catenis in Ecclesiasten (Leanza)
REG.CAT	Fragmenta e catenis in Regnorum libros (GCS 6)
? REG.CAT	Fragmenta e catenis in Regnorum libros (GCS 6)
REG.HOM	Homiliae in primum Regnorum librum (GCS 6)

14 1 Corinthians in Origen

REG.HOM A	Homiliae in primum Regnorum librum (GCS 33)
ROM.CAT	Fragmenta e catenis in Romanos (*JTS* 13 & 14)
ROM.CAT A	Fragmenta e catenis in Romanos (*BZ* 18)
ROM.COM	Commentarii in Romanos (Scherer)
ROM.COM A	Commentarii in Romanos (*Philocalia*; SC 226)
ROM.COM B	Commentarii in Romanos (Cod. 1739)
STROM	Stromata (Cod. 1739)

CHAPTER 3

Origen's Text of 1 Corinthians

Chapter 1

1.1

(συνεφωνησαν δε δυο μεν Παυλος και Σωσθενης, γραφοντες την πρωτην¹ Κορινθιοις επιστολην,) (All) (MAT.COM XIV.274.9)

TEXT: Reconstruction not attempted.

1.2

(της προτερας προς Κορινθιους επιστολης γραφοντι·) τη εκκλησια του θεου συν πασι τοις επικαλουμενοις το ονομα του κυριου Ιησου Χριστου· (Ad) (IO.COM VI.167.30)

(θεω δε ευξαμενοι και επικαλεσαμενοι) το ονομα του κυριου ημων Ιησου [Χριστου]² (All) (MAT.COM XV.433.24)

TEXT: τη εκκλησια του θεου...συν πασι τοις επικαλουμενοις το ονομα του κυριου (ημων) Ιησου Χριστου...

συν πασι	P⁴⁶ ℵ A B D F G 33 223 876 1175 1739 1780 MajT Or	
συμπασι	1881 pc	
	[C lac.]	

---

¹The Cantabrigiensis MS of MAT.COM replaces πρωτην with προτεραν.
²Klostermann follows the suggested emendation of Lommatzsch in adding Χριστου here.

16   1 Corinthians in Origen

    του κυριου ημων P46 ℵ B D F G 33 223 876 1175 1739 1780
                             1881 MajT Or[3]
    του κυριου   A pc
                             [C lac.]

    Ιησου Χριστου P46 ℵ B D F G 33 223 876 1175 1739 1780
                             1881 MajT Or
    Ιησου   A
                         [C lac.]

1.5

(καθο πλουτει τις) εν παντι λογω και παση γνωσει, (All) (CELS VII.172.26)

(τον πλουτουντα) εν παντι λογω και παση γνωσει, (All) (CELS VII.173.7)

(ουδε Παυλος γουν πλουτων) εν παντι λογω και παση γνωσει, (All) (ORAT 384.1)

(τω θεω δε πεπιστευκαμεν τω πλουτιζοντι) εν παντι λογω και παση γνωσει, (All) (IO.COM VI.107.17)

(τη βασιλεια των ουρανων) εν παντι λογω (τω παρα της παλαιας διαθηκης) και παση γνωσει (τη περι της καινης Χριστου Ιησου διδασκαλιας,) (All) (MAT.COM X.18.5)

(προς τον) εν παντι λογω (πλουτον) και παση (σοφια;) (Ad) (ORAT 339.1)

TEXT: ...εν παντι λογω και παση γνωσει,

    και παση   P46 ℵ A B C D F G 223 876 1175 1739 1780
                         1881 MajT Or
    και εν παση   33 pc Vg

---

[3]There is some doubt as to whether or not Origen's text included the ημων, as the adaptation omits it. Therefore this variant will not be included in the analysis.

1.10

ινα μη η μηκετι εν υμιν σχισματα αλλ' ητε κατηρτισμενοι τω αυτω νοι και τη αυτη γνωμη, (Ad) (HERACL 15.4)

ινα ητε κατηρτισμενοι εν τω αυτω νοι και εν τη αυτη γνωμη, (Ad) (MAT.COM XIV.273.18)

(αλλα ην εν αυτοις) σχισματα, (All) (MAT.COM XIV.276.6)

TEXT: ...ινα (...) μη η (μηκετι) εν υμιν σχισματα (αλλ') ητε κατηρτισμενοι τω αυτω νοι και (εν) τη αυτη γνωμη,

σχισματα	ℵ A B C D F G 223 876 1175 1739 1780 1881 MajT Or
σχισμα	P⁴⁶ 33 pc
και εν τη αυτη	P⁴⁶ ℵ A B C D F 33 223 876 1175 1739 1780 1881 MajT
και τη αυτη	G

1.12

εγω μεν ειμι Παυλου, εγω δε Απολλω, εγω δε Κηφα, εγω δε Χριστου, (Cit) (MAT.COM X.276.4)

TEXT: ...εγω μεν ειμι Παυλου, εγω δε Απολλω, εγω δε Κηφα, εγω δε Χριστου,

1.18

(ουτος δη επεδειξατο εν Ιουδαιοις) θεου δυναμις (All) (cf. 1.24) (CELS II.137.4)

1.20

(και) εμωρανεν ο θεος την σοφιαν του κοσμου. (αρα εν σοφια) εμωρανεν την σοφιαν του κοσμου; (Ad) (IER.HOM VIII.62.20) εμωρανεν την σοφιαν του κοσμου. (Ad) (IER.HOM VIII.62.28)

(φησιν ειναι) σοφιαν του κοσμου (καταργουμενην και μωραινομενην και σοφιαν του αιωνος τουτου·) (All) (CELS III.243.22)

TEXT: ...εμωρανεν ο θεος την σοφιαν του κοσμου

κοσμου	P⁴⁶ ℵ* A B C* D* 33 1175 1739* Or⁴
κοσμου τουτου	ℵ² C³ D² F G 223 876 1739^c5 1780 1881 MajT

1.21

επειδη γαρ εν τη σοφια του θεου ουκ εγνω ο κοσμος δια της σοφιας τον θεον, ευδοκησεν ο θεος δια της μωριας του κηρυγματος σωσαι τους πιστευοντας. (Cit) (CELS I.66.12)

(ατινα) δια της μωριας του κηρυγματος ευδοκησεν ο θεος σωσαι τους πιστευοντας αυτω, επει μη εν τη σοφια του θεου εγνω ο κοσμος δια της σοφιας τον θεον, (Ad) (CELS V.17.15)

την μωριαν του κηρυγκατος, και ευδοκησας σωσαι τους εις τουτο πιστευοντας, (All) (MAT.COM XI.63.19)

προς το πιστευειν την μωριας του κηρυγματος. (All) (MAT.COM XII.134.4)

εν μωρια κηρυγματος καταγγελλομενου τοις πιστευουσι (All) (MAT.COM XII.133.17)

(ος εμφαινει και μωριαν) κηρυγματος· (και δια την εμφαινομενην μωριαν) του κηρυγματος (λεγουσιν οι τουτο μονον θεωρουντες·) (All) (CELS VI.147.13)

---

⁴The repeated use of the phrase την σοφιαν του κοσμου without τουτου indicates that Origen's text omitted the demonstrative pronoun.

⁵According to the apparatus of NA²⁶ the presence of τουτου is original in Codex 1739. However, upon examnation of a microfilm of the MS, τουτου is clearly a later correction.

TEXT: επειδη γαρ εν τη σοφια του θεου ουκ εγνω ο κοσμος δια της σοφιας τον θεον, ευδοκησεν ο θεος δια της μωριας του κηρυγματος σωσαι τους πιστευοντας.

επειδη γαρ   P46 ℵ A B C D 33 223 876 1175 1739 1780 1881
             MajT Or
επειδη   F G pc

δια της σοφιας P46 ℵ A B C D F G 33 223 876 1175 1739
                1780 MajT Or
omit   1881

ο θεος   P46 ℵ A B C D 33 223 876 1175 1739 1780 1881
             MajT Or
τω θεω   F G

1.23

ημεις δε κηρυσσομεν Ιησουν Χριστον εσταυρωμενον, Ιουδαιοις μεν σκανδαλον εθνεσι[6] δε μωριαν, (Cit) (CELS I.66.20)

(και εαν τις[7] κατανοηση Ιησουν Χριστον) Ιουδαιοις μεν σκανδαλον, (All) (MAT.COM X.21.7)

...Χριστος Ιησους εσταυρωμενος, (All) (MAT.COM XII.107.30)

TEXT: ημεις δε κηρυσσομεν Ιησουν Χριστον εσταυρωμενον, Ιουδαιοις μεν σκανδαλον εθνεσι δε μωριαν,

εθνεσι   ℵ A B C* D* F G 33 1175 Or[8]
ελλησι   C³ D² 223 876 1739 1780 1881 MajT
         [P46 lac.]

---

[6]All but one of the MSS of the Philocalia tradition replaces εθνεσι with ελλησι.
[7]The Cantabrigiensis MS of MAT.COM adds γε following τις.
[8]NA27 lists Or^lat as supporting this reading. With the clear citation from CELS this should be changed to Or.

1.24

αυτοις δε τοις κλητοις, Ιουδαιοις τε και Ελλησι, Χριστον θεου δυναμιν και θεου σοφιαν. (Cit) (CELS I.66.22)

(αλλ' επει) δυναμις του θεου (ο Χριστος ην και) σοφια (του πατρος, δια τουτο ταυτα πεποιηκε και ετι ποιει, καν) μητε Ιουδιοι μητε Ελληνες (βουλωναι,) (All) (CELS II.201.19)

Χριστος θεου δυναμις εστι και θεου σοφια, (Ad) (IO.COM I.44.9)

(επειπερ) Χριστος θεου δυναμις εστι και θεου σοφια, (Ad) (MAT.COM XVII.697.14)

(επει Χριστος εστι) θεου δυναμις και θεου σοφια, (All) (CELS VII.175.13)

(η Χριστου, ο εστιν) θεου δυναμις και θεου σοφια; (All) (IO.COM XX.378.21)

(Ιησους Χριστος ος εστιν) θεου δυναμις και θεου σοφια (και τα λοιπα) (All) (ROM.COM 154.15)

(ου μονον) σοφια θεου (αλλα και) δυναμις (προσαγορευομενος.) (All) (IO.COM I.51.21)

(αλλα και ειπερ) Χριστος (εστιν ου μονον) θεου σοφια, (αλλα και) θεου δυναμις, (All) (IO.COM XIX.325.22)

(ινα αυτος εν αυτω ζηση ως δικαιουσυνη και ως) σοφια (και ως αγιασμος και ως ειρηνη ημων και ως) δυναμις θεου, (παντα εν αυτω ενεργων.) (All) (MAT.COM XII.126.5)

(οπερ ην ο κυριως υιος θεου, θεος λογος[9],) θεου[10] δυναμις και θεου σοφια, (ο καλουμενος Χριστος.) (All) (CELS I.120.22)

(Χριστον δε ομολογουντες αληθως ειναι) δυναμιν θεου, (All) (IO.COM I.43.13)

---

[9] A correction added by the first hand of The Vatican MS reads θεου λογος.
[10] θεου is replaced by και in the Vatican MS of CELS.

(ουτος δη επεδειξατο εν Ιουδαιοις) θεου δυναμις (All) (cf. 1.18) (CELS II.137.4)

(Χριστος γαρ) θεου δυναμις. (All) (IO.COM XX.378.21)

(μη παρασιωπηθητω δ' ημιν μηδε) θεου σοφια (All) (IO.COM I.93.16)

TEXT: αυτοις δε τοις κλητοις, Ιουδαιοις τε και Ελλησι, Χριστον θεου δυναμιν και θεου σοφιαν.

αυτοις	P46 ℵ A B D F G 33 223 876 1175 1739 1780 1881 MajT Or
αυτοι	C[11]
τοις κλητοις	P46 ℵ A B C D 33 223 876 1175 1739 1780 1881 MajT Or
κλητοις	F G
τε και	P46 ℵ A B C D 33 223 876 1175 1739 1780 1881 MajT Or
και	F G
Χριστον θεου δυναμιν και θεου σοφιαν	ℵ A B C D F G 33 223 876 1175 1739 1780 1881 MajT Or
Χριστος θεου δυναμις και θεου σοφια	P46 Cl

1.25

οτι το μωρον του θεου σοφωτερον των ανθρωπων εστιν, και το ασθενες του θεου ισχυροτερον των ανθρωπων εστιν. (Cit) (IER.HOM VIII.63.4)

οτι το μωρον του θεου σοφωτερον των ανθρωπων εστιν. (Cit) (IER.HOM VIII.62.2)

---

[11] αυτοι is according to Lyon's correction of Tischendorf's edition of Cod. Ephremi. Tischendorf's NT has αυτος.

(αλλα το) το μωρον του θεου σοφωτερον των ανθρωπων εστιν.
(Cit) (IER.HOM VIII.62.13)

(των αρχοντων του αιωνος τουτου) το μωρον του θεου, ο
διηγησαμην,) σοφωτερον των ανθρωπων[12] εσιτν. (Ad)
(IER.HOM VIII.62.16)

(ινα νοησης) οτι το μωρον του θεου (All) (IER.HOM VIII.62.28)

(διοτι ειπον) το μωρον του θεου, (All) (IER.HOM VIII.62.6)

(τω κοσμω ειναι) το μωρον του θεου, (All) (IER.HOM
VIII.62.10)

TEXT: οτι το μωρον του θεου σοφωτερον των ανθρωπων εστιν, και το
ασθενες του θεου ισχυροτερον των ανθρωπων εστιν.

των ανθρωπων[1] εστιν	ℵ A B C 33 223 876 1175 (1739) 1780 (1881)[13] MajT Or
εστιν των ανθρωπων[1]	D F G [P46 lac.]
το ασθενες	P46 ℵ A B C D 33 223 876 1175 1739 1780 1881 MajT Or
ο ασθενες	F G [P46 lac.]
των ανθρωπων[2] εστιν	ℵ2 A 223 876 1780 MajT Or
των ανθρωπων[2]	P46vid ℵ* B C[14] 33 1175 1739 1881
εστιν των ανθρωπων[2]	D F G

---

[12] Jerome's translation here reads the dative plural *hominibus*, rather than the genative plural *hominis*, as one would expect.

[13] Both 1739 and 1881 have εσται rather than εστιν.

[14] Tischendorf's NT lists Codex C supporting the presence of εστιν. However, Lyon's correction of Tischendorf's edition of this MS has Codex supporting the omission.

1.26

βλεπετε γαρ την κλησιν υμων, αδελφοι, οτι ου πολλοι σοφοι κατα σαρκα, ου πολλοι δυνατοι, ου πολλοι ευγενεις· (Cit) (MAT.COM XV.367.26)

βλεπετε δε[15] την κλησιν υμων, αδελφοι, οτι ου πολλοι σοφοι κατα σαρκα, ου πολλοι δυνατοι, ου πολλοι ευγενεις· (Cit) (CELS III.244.9)

βλεπετε γαρ την κλησιν (ουχ οτι ουδεις σοφος κατα σαρκα, αλλ') οτι ου πολλοι σοφοι κατα σαρκα. (Ad) (IO.COM IV.99.3)

(ουκ ειρηται οτι ουδεις σοφος) κατα σαρκα (αλλ') ου πολλοι σοφοι κατα σαρκα (Ad) (CELS III.244.16)

(οντες μεν γαρ ενθαδε) οι κατα σαρκα σοφοι δυνατοι και ευγενεις, (All) (ROM.COM 210.17)

(ως ωνομασεν η γραφη, σοφια ανθρωπων και) σοφια κατα σαρκα (All) (CELS VII.210.2)

(και απο της καλουμενης παρ' ημιν) κατα σαρκα σοφιας, (All) (CELS VI.85.4)

TEXT: βλεπετε γαρ την κλησιν υμων, αδελφοι, οτι ου πολλοι σοφοι κατα σαρκα, ου πολλοι δυνατοι, ου πολλοι ευγενεις·

γαρ	P46 ℵ A B C 33 223 876 1175 1739 1780 1881 MajT Or[16]
ουν	D F G
ου πολλοι δυνατοι	P46 ℵ A B C D2 33 223 876 1175 1739 1780 1881 MajT Or
ουδε πολλοι δυνατοι	D*
omit	F G

---

[15]The MSS of the Philocalia tradion omits δε.

[16]The citation from the MAT.COM and the adaptation from IO.COM show that Origen's text read γαρ, despite the δε in the citation from CELS.

1.27-28

αλλα τα μωρα του κοσμου εξελεξατο ο θεος, ινα καταισχυνη τους σοφους και τα αγενη[17] και τα εξουθενημενα εξελεξατο ο θεος[18] και τα μη οντα, ινα τα οντα καταργηση (Cit) (CELS III.244.11)

αλλα τα μωρα του κοσμου εξελεξατο ο θεος, ινα καταισχυνη τους σοφους και τα ασθενη του κοσμου εξελεξατο ο θεος, ινα καταισχυνη τα ισχυρα και τα αγενη του κοσμου τα εξουθενημενα εξελεξατο [ο θεος, τα μη οντα, ινα τα οντα καταργηση][19] (Cit) (ROM.COM 210.12)

αλλα τα μωρα του κοσμου εξελεξατο ο θεος και [τα ασθενη και τα αγενη και][20] τα μη οντα ινα τα οντα καταργηση. (Ad) (MAT.COM XV.367.29)

εξελεξατο ο θεος τα μωρα του κοσμου ινα καταισχυνη τους σοφους και τα αγενη και τα ασθενη τα εξουθενημενα και τα μη οντα, ινα τα οντα καταργηση· (Ad) (CELS VI.74.7)

(τα θρυλουμενα μυστηρια αγοντων) εξελεξατο τα μωρα του κοσμου, (τους εν Χριστιανοις απολυστατους και πολλων φιλοσογων μετριωτερον και καθαρωτερον βιουντες) ινα καταισχυνη τους σοφους, (Ad) (CELS VII.195.17)

(ειδως δε και ο Παυλος ειπε)[21] τα μωρα του κοσμου εξελεξατο [ο θεος][22], ινα καταισχυνη τους σοφους (Cit) (CELS III.265.7)

---

[17]και τα ασθενη του κοσμου εξελεξατο ο θεος, ινα καταισχυνη τα ισχυρα, has been left out, possibly due to homoeoteleuton.

[18]ινα καταισχυνη τους σοφους και τα αγενη και τα εξουθενημενα εξελεξατο ο θεος was omitted in the Vatican MS, probably due to homoeoteleuton; but was placed in the margin by the first scribe of this MS. It is also omitted by one MS of the Philocalia tradion.

[19]The material in brackets does not appear in the rather fragmentary MS of the ROM.COM from Tura; it has been supplied from the ROM.CAT by the editor.

[20]The material in brackets has been added by Klostermann on the basis of the Latin translation.

[21]There is a different introduction to this citation in the MSS of the Philocalia tradion. They have Origen introduce the citation with: οπερ και ο Παυλος ειδως ειπε.

[22]There is some doubt concerning the presence of ὁ θεος, the Paris MS and the Philocalia tradition include it, but it is omitted by the Vatican MS.

τα μωρα του κοσμου εξελεξατο ο θεος, τα αγενη, τα εξουθενημενα, τα μη οντα.²³ (All) (IER.HOM XVI.140.17)

(ου θαυμαστον δ' ει τοιαυτα νενοηκε) τα (εν ημιν υπο του λογου) μωρα του κοσμου (ονομαζομενα και) αγενη²⁴ (και) εξουδενωμενα²⁵ (και) μη οντα, (All) (CELS V.17.12)

τα μωρα του κοσμου (και) τα εξουδενωμενα και τα αγενη (All) (MAT.COM XV.368.5)

(ουτως οις ωνομασεν ο λογος) μωροις του κοσμου και αγενεσι²⁶ και εξουδενωμενοις (All) (CELS V.17.23)

(δια τουτο) εξελεξατο τα μωρα του κοσμου (τον μη Ισραηλ μηδε διορατικον,) ινα καταισχυνη τους σοφους (του Ισραηλ, και εκαλεσε) τα μη οντα (συνετον εθνος), (All) (MAT.COM XI.63.16)

(ινα διελεγξη) τα οντα, (All) (MAT.COM XI.63.20)

(και) τα μωρα του κοσμου (All) (CELS II.200.28)

TEXT: αλλα τα μωρα του κοσμου εξελεξατο ο θεος, ινα καταισχυνη τους σοφους και τα ασθενη του κοσμου εξελεξατο ο θεος, ινα καταισχυνη τα ισχυρα και τα αγενη του κοσμου και τα εξουθενημενα εξελεξατο ο θεος, και τα μη οντα, ινα τα οντα καταργηση

καταισχυνη τους σοφους	P⁴⁶ ℵ B C D 33 1175 1739 1881 Or
τους σοφους καταισχυνη	223 876 1780 MajT
	[A F G h.t.]

---

[23] Instead of τα αγενη, τα εξουθενημενα, τα μη οντα Jerome's translation of the IER.HOM reads: ut confundat fortia, et ea quae non erant ut destruct quae sunt.

[24] The first hand of the Vatican MS has corrected his original reading, αγενη, to αγεννη.

[25] Here again the Vatican MS originally read εξουδενωμενα, but this has been corrected by the first hand to εξουδενημενα.

[26] Again the first hand of the Vatican MS has changed his mind and corrected αγενεσι to αγεννεσι.

26 1 Corinthians in Origen

αγενη   P⁴⁶ ℵᶜ A B C D F G 33 223 876 1175 1739 1780
                 1881 MajT Or
ασθενη   ℵ*

εξουθενημενα   P⁴⁶ ℵ A B C D F G 81 223 876 1175 1739
                 1780 1881 MajT Or²⁷
εξουδενωμενα   33

και τα μη οντα   ℵ² B C³ D² 223 876 1780 1881 MajT Or²⁸
τα μη οντα   P⁴⁶ ℵ* A C* D* F G 33 1175 1739

1.29

ινα μη καυχησηται πασα σαρξ ενωπιον αυτου (Cit) (CELS III.244.13)

(και αληθως, ινα) μη καυχησηται πασα σαρξ ενωπιον του θεου (Ad) (CELS VI.74.10)

(και μεταβαλομενος επι τα βελτιστα) μη καυχησηται ενωπιον (εμου αλλα λεγῃ·) (All) (ORAT 315.19)

TEXT: ...μη καυχησηται πασα σαρξ ενωπιον (του θεου)²⁹.

καυχησηται   P⁴⁶ ℵ A B C D 33 223 876 1175 1739 1780 1881
                MajT Or
καυχησεται   F G pc

---

[27] Three allusions suggest that Origen read εξουδενωμενα rather than εξουθενημενα, however this is contrary to the overwhelming evidence in favor of εξουθενημενα. Nonetheless ths variant can not be used for without Origen's support the reading of Cod. 33 becomes a singular reading.

[28] The editors of NA²⁷ and UBS⁴ list Origen for both the omission and the presence of και. However, a careful evaluation of the evidence clearly indicates that Origen's text included the και. ROM.COM 210.12 and MAT.COM XV.367.29, both of which omit the και, are supplied by their editors and can not be used as evidence.

[29] It seems more likely that Origen's text read του θεου, than αυτου. However, both come at the end of rather long adaptations and both are in some doubt, the latter due to homoeoteleuton and the former due to serious shortening. Thus this variant will not be used in the textual analysis.

του θεου   P⁴⁶ ℵ* A B C³ D F G 33 223 876 1175 1739 1780
            1881 MajT
αυτου   (ℵ²) C* pc

1.30

ος εγενηθη σοφια ημιν απο θεου δικαιοσυνη τε και αγιασμος και απολυτρωσις. (Cit) (CELS V.43.20)

ος εγενηθη[30] σοφια ημιν απο θεου δικαιοσυνη τε και αγιασμος και απολυτρωσις. (Cit) (ORAT 297.9)

ος εγενηθη σοφια ημιν απο θεου δικαιοσυνη τε και αγιασμος και απολυτρωσις. (Cit) (IO.COM I.44.6)

ος εγενηθη σοφια ημιν απο θεου δικαιοσυνη τε και αγιασμος και απολυτρωσις. (Cit) (IO.COM I.44.24)

ος εγενηθη[31] σοφια ημιν απο θεου δικαιοσυνη τε και αγιασμος και απολυτρωσις. (Cit) (IO.COM VI.115.2)

ος εγενηθη, (γαρ φησι,) σοφια ημιν απο θεου δικαιοσυνη τε και αγιασμος και απολυτρωσις. (Cit) (IO.COM I.28.2)

(λεγοντες αυτον γεγονεναι ημιν) δικαιοσυνην απο θεου και αγιασμον και απολυτρωσιν. (Ad) (IO.COM I.15.15)

(ινα αυτος εν αυτω ζηση ως) δικαιουσυνη (και ως σοφια και ως) αγιασμος (και ως ειρηνη ημων και ως δυναμις θεου, παντα εν αυτω ενεργων.) (All) (MAT.COM XII.126.5)

(και ο σωτηρ ημων ου μετεχει μεν δικαιοσυνης,) δικαιοσυνη (δε ων μετεχεται υπο των δικαιων.) (All) (CELS VI.134.25)

---

[30] The Cantabrigiensis MS, the only complete MS of ORAT, reads εγεννηθη. However, most editions, including GCS, correct this to εγενηθη.

[31] There is an erasure in the Cod. Monacensis and the -ηθη must be supplied.

1 Corinthians in Origen

TEXT: ος εγενηθη σοφια ημιν απο θεου δικαιοσυνη τε και αγιασμος και απολυτρωσις.

σοφια ημιν	P^{46} ℵ A (B) C D (F) G 33 1175 1739 1881 Or
ημιν σοφια	223 876 1780 MajT
δικαιοσυνη τε	P^{46} ℵ A B C D^2 33 223 876 1175 1780 MajT Or
και δικαιοσυνη	D^1 F G 1739 1881 pc
δικαιοσυνη και	D*

1.31

(το οσον εφ' ημιν) εν κυριω καυχησομεθα. (All) (MART 44.19)

TEXT: Reconstruction not attempted.

Chapter 2

2.2

εγω δε εκρινα μηδεν ειδεναι εν υμιν ει μη Ιησουν Χριστον και τουτον εσταυρωμενον. (Cit) (MAT.COM XII.109.32)

εκρινα μηδεν ειδεναι εν υμιν ει μη Ιησουν Χριστον και τουτον εσταυρωμενον. (Cit) (IO.COM XIX.311.1)

εγω δε[32] εκρινα μηδεν ειδεναι εν υμιν ει μη Ιησουν Χριστον και τουτον εσταυρωμενον. (Cit) (CELS II.188.13)

(ετεροι δε οι μηδεν ειδοτες) ει μη Ιησουν Χριστον και τουτον εσταυρωμενον, (Ad) (IO.COM II.56.32)

(οι μηδεν ειδοτες) ει μη Ιησουν Χριστον και τουτον εσταυρωμενον, (Ad) (IO.COM II.57.22)

(φασκοντα) μηδεν ειδεναι[33] ([εν][34] τοις σαρκινοις η) Ιησουν Χριστον και τουτον εσταυρωμενον, (Ad) (IO.COM I.13.5)

(κρινοντος Παυλου) μηδεν ειδεναι (παρ' αυτω η) Ιησουν Χριστον και τουτον εσταυρωμενον, (Ad) (IO.COM I.15.6)

(κηρυσσει--αντι του πιστευειν αυτους εις) Ιησουν Χριστον εσταυρωμενον--(πιστευειν εις) Ιησουν Χριστον εσταυρωθησομενον[35]. (All) (MAT.COM XII.110.23)

(αναγκαιον μεν ουν τω κηρυσσεσθαι) Ιησουν Χριστον εσταυρωμενοι (κηρυσσεσθαι αυτον·) (All) (MAT.COM XII.111.26)[36]

---

[32]The Venetian MS and the older editions read εγω δ'.

[33]Codex Venetus Marcian 43 reads ειδεναι, whereas the codex Monacensis reads ειναι. In the possibility ειναι is original Preuschen suggests the following emendation: μηδεν ειναι σωτηριον τοις σαρκινοις etc.

[34]εν does not appear in the MSS of IO.COM; Preuschen includes it here on the basis of εν υμιν of 1 Cor 2.2.

[35]Codex Cantabrigiensis of MAT.COM omits αυτους--πιστευειν, doubtless due to homoeoteleuton.

[36]These last two allusions could just as well be an allusion to 1 Cor. 1.23.

TEXT: εγω δε εκρινα μηδεν ειδεναι εν υμιν ει μη Ιησουν Χριστον και τουτον εσταυρωμενον.

μηδεν ειδεναι	Or
ειδεναι τι	ℵ A F G 1175
τι ειδεναι	B C 33 1739
του ειδεναι τι	D¹ 223 876 1780 1881 MajT
ιδειν τι	Ψ
τι εν υμιν ειδεναι	D*,2
	[P⁴⁶ lac.]
Ιησουν Χριστον	ℵ A B C D 33 223 876 1175 1739 1780 MajT Or
Χριστον Ιησουν	F G 1881 pc Vgʷʷ
	[P⁴⁶ lac.]

2.3

καγω εν ασθενεια και εν φοβω και εν τρομω πολλω εγενομην προς υμας. (Cit) (IO.COM XIX.311.4)

TEXT: καγω εν ασθενεια και εν φοβω και εν τρομω πολλω εγενομην προς υμας.

καγω	ℵ A B C 33 1175 1739 1881 Or
και εγω	D F G 223 876 1780 MajT
	[P⁴⁶ lac.]
και εν φοβω	P⁴⁶ ℵ A B C D 33 223 876 1175 1739 1780 1881 MajT Or
και φοβω	F G pc Vg
και εν τρομω	P⁴⁶ ℵ A B C 33 223 876 1175 1739 1780 1881 MajT Or
και τρομω	D F G Vg
πολλω	ℵ A B C D F G 33 223 876 1175 1739 1780 1881 MajT Or
εν πολλω	P⁴⁶

2.4

και ο λογος μου και το κηρυγμα μου ουκ εν πειθοις[37] σοφιας λογοις αλλ' εν αποδειξει πνευματος και δυναμεως. (Cit) (CELS VI.71.23)

και ο λογος μου και το κηρυγμα μου ουκ εν πειθοις σοφιας λογοις αλλ' εν αποδειξει πνευματος και δυναμεως. (Cit) (IO.COM I.13.32)

και ο λογος μου και το κηρυγμα μου ουκ εν πειθοις σοφιας[38] λογοις αλλ' εν αποδειξει πνευματος και δυναμεως, (Cit) (CELS I.114.19)

(και ο λογος των χαριτι θεου πρεσβευοντων το ευαγγελιον και) το κηρυγμα (αυτων) ουκ εν πειθοι σοφοις (γεγονε) λογων, αλλ' εν αποδειξει πνευματος και δυναμεως, (All) (MAT.COM XIV.316.7)

(ατε του λογου οντος και του κηρυγματος) εν πειθοις[39] (της εν φρασει και συνθεσει των λεξεων) σοφιας· (All) (CELS I.114.5)

ο (γαρ) λογος (των ταυτα την αρχην πρεσβευσαντων και καμοντων, ινα συστησωσιν εκκλησιας θεου, αλλα και) το κηρυγμα (αυτων) εν πειθοι (μεν γεγενον ου τοιαυτη δε,) (All) (CELS III.260.31)

(ο αποστολος ονομαζει αποδεξιν) πνευματος και δυναμεως, (All) (CELS I.57.14)

(η δ' αποδειξις εν τοις Ιησου αποστολοις θεοθεν δοθεισα πιστικη απο) πνευματος και δυναμεως. (All) (CELS III.261.4)

---

[37]Some of the Philocalia MSS and older editions read πειθοῖ, the Vatican MS, which is usually the best MS of CELS, reads πειθοῖ. Both GCS and SC agree in following the rest of the MSS in reading πειθοις. Further, many of the older editions read ανθρωπινης after πειθοις, whereas the best MSS and GCS and SC agree in omitting it.

[38]The Vatican MS in its original hand has ανθρωπινης following σοφιας, and a corrector has placed it before σοφιας. GCS follows the latter reading. The Philocalia MSS and the Tura papyrus of CELS omit ανθρωπινης, a reading which is followed by SC.

[39]The compelete MSS of the CELS and the Philocalia tradition seem to split evenly, as do the earlier editions, between πειθοις and πειθοι. However both GCS and SC read πειθοις.

32 1 Corinthians in Origen

TEXT: και ο λογος μου και το κηρυγμα μου ουκ εν πειθοις[40] σοφιας λογοις αλλ' εν αποδειξει πνευματος και δυναμεως.

πειθοις σοφιας λογοις	(א*) B D 33 1175 1739 1881 Or
πειθοις ανθρωπινης σοφιας λογοις	א² A C 876 1780 MajT
πειθοι ανθρωπινης σοφιας λογοις	223 pc
πειθοις ανθρωπινης σοφιας και λογοις	131
πειθοις σοφιας	P46 F G pc
αποδειξει	P46 א A B C D¹ F G 33 223 876 1175 1739 1780 1881 MajT Or
αποκαλυψει	D*,2

2.5

ιν' η πιστις ημων μη η εν σοφια ανθρωπων αλλ' εν δυναμει θεου. (Cit) (CELS I.114.19)

ιν' η πιστις ημων μη η εν σοφια ανθρωπων αλλ' εν δυναμει θεου. (Cit) (CELS VI.71.25)

ιν' η πιστις (των ους ευχομεθα ωφεληθηναι) μη η[41] εν σοφια ανθρωπων (Ad) (CELS V.2.9)

(ινα η των πιστευοντων συγκαταθεσις) μη η εν σοφια ανθρωπων αλλ' εν δυναμει θεου. (Cit) (IO.COM IV.99.9)

(και ην αν) η πιστις (ομοιως τη των του κοσμου φιλοσοφων περι των δογματων πιστει) εν σοφια ανθρωπων (και ουκ) εν δυναμει θεου· (All) (CELS I.114.7)

---

[40] While there is some doubt between πειθοις/πειθοι and concerning the presence of ανθρωπινης, the evidence favoring the inclusion of ανθρωπινης is not sufficent to call into question the two citations which do not include it in any MSS and the evidence supporting πειθοι is never strong enough for either the GCS or SC to print it rather than πειθοις.

[41] The first hand of the Vatican MS does not have the iota-subscrit.

(ως ωνομασεν η γραφη,) σοφια ανθρωπων (All) (CELS VII.210.2)

TEXT: ιν' η πιστις ημων μη η εν σοφια ανθρωπων αλλ' εν δυναμει θεου.

η πιστις ημων	223 pc Or[42]
η πιστις υμων	P[46] ℵ A B C D F G 33 876 1175 1739 1780 1881 MajT

μη η	P[46] ℵ A B C D 223 1175 1739 1780 1881 MajT Or
μη	F G 33 876

2.6

σοφιαν δε λαλουμεν εν τοις τελειοις, σοφιαν δε ου του αιωνος τουτου ουδε των αρχοντων του αιωνος τουτου των καταργουμενων. (Cit) (CELS III.216.31)

σοφιαν δε λαλουμεν εν τοις τελειοις (Cit) (CELS II.154.13)

σοφιαν δε λαλουμεν εν τοις τελειοις (Cit) (IO.COM VI.160.28)

σοφιαν δε λαλουμεν εν τοις τελειοις (Cit) (IO.COM XIII.262.27)

σοφιαν γαρ λαλουμεν εν τοις τελειοις (Ad) (CELS III.254.14)

(και εν σιφια λαλουμενον) τοις τελειοις (All) (MAT.COM XII.133.19)

(ο Παυλος επηγγελλετο) σοφιαν (λαλειν) εν τοις τελειοις; (All) (CELS III.217.6)

---

[42]Could it be that the two citations of this verse, although they are a part of a quotation of both verses 4 & 5, are really adaptaions replacing the original υμων with ημων; "our" seems to fit Origen's purpose better than "your"? This would place Origen in agreement with the vast majority of MSS. For these reasons this variant can not be included in the analysis.

($η^{43}$) εν τοις (καθ' ημας) τελειοις σοφια ο Χριστος, (All) (CELS VI.79.24)

σοφιαν (ουν) τουτου του αιωνος^{44} (λεγομεν την κατα τας γραφας καταργουμενην πασαν ψευδοδοξουσαν φιλοσοφιαν·) (All) (CELS I.65.26)

(φησιν ειναι) σοφιαν του κοσμου (καταργουμενην και μωραινομενην και) σοφιαν του αιωνος τουτου· (All) (CELS III.243.22)

(εισι σοφοι) του αιωνος τουτου (All) (MAT.COM XII.156.22)

(μεμαθηκοσιν) της τοις τελειοις λαλουμενης σοφιας, (εν μυστηριω αποκεκρυμμενης ην προωρισεν ο θεος προ των αιωνων εις την των δικαιων αυτου δοξαν, και δυναμενοις ενοραν υπεροχην σοφιας θεου παρα την) σοφιαν του αιωνος τουτου (η) των αρχοντων του αιωνος τουτου, των καταργουμενων, (All) (IO.COM XIX.309.1) (Cf. 2.7)

(και) των αρχοντων του αιωνος τουτου των καταργουμενων. (Cit) (CELS V.34.13)

(εν τη σοφια) των αρχοντων του αιωνος τουτου (δογματων,) (All) (MAT.COM XVII.648.9)

(αρχοντα) του αιωνος τουτου (All) (CELS VIII.224.7)

(ινα μηδεν οι εναντιοι αγγελλοι μηδ' ο τουτων) αρχων (λεγομενος) του αιωνος τουτου (ενεργειν κατα των ανακειμενων τω θεω δυνηθη.) (All) (CELS VIII.252.9)

(καν τους σοφιας ειπης του αιωνος τουτου ειτε αρχοντος ειτε προφητας,) των αρχοντων του αιωνος τουτου (το μωρον του θεου,) (All) (IER.HOM VIII.62.15)

(τω αρχοντι) του αιωνος τουτου (All) (MAT.COM XIII.200.25)

---

[43] The Codex Venetus Marcianus 45 and the older editions read η as an article. They are followed by both GCS and SC. The Vatican MS of CELS, however, reads it as the particle ἤ.

[44] The MSS of the Philocalia tradition rearrange this phrase to agree with the scriptural refernce: του αιωνος τουτου.

(αρχοντων) του αιωνος τουτου· (All) (MAT.COM XIII.205.9)[45]

TEXT: σοφιαν δε λαλουμεν εν τοις τελειοις, σοφιαν δε ου του αιωνος τουτου ουδε των αρχοντων του αιωνος τουτου των καταργουμενων.

του αιωνος τουτου ουδε των αρχοντων   P[46] ℵ A B C D 33 223
                                                      876 1175 1739 1780
                                                      1881 MajT Or

omit[46]   (F) G pc

2.7

αλλα λαλουμεν θεου σοφιαν εν μυστηριω την αποκεκρυμμενην, ην προωρισεν ο θεος προ των αιωνων εις δοξαν ημων, (Cit) (CELS III.217.2)

(τι ουν εστι το κεκρυμμενως ακουειν η το) αλλα λαλουμεν θεου σοφιαν εν μυστηριω την αποκεκρυμμενην, ην προωρισεν ο θεος προ των αιωνων εις δοξαν ημων; (Cit) (IER.HOM XII.99.19)

(ταυτα φησι) σοφιαν (ειναι)[47] θεου (All) (CELS III.243.28)

(και κατα την του θεου σοφιαν το ιδιον της θεοπνευστον γραφης εμφαινεσθαι πειθομενοι,) σοφιαν εν μυστηριω την αποκεκρυμμενην, (All) (IO.COM X.215.26)

(εγινωσκε την του) θεου σοφιαν την εν μυστηριω αποκεκρυμμενην, (All) (MAT.COM XIII.202.28)

(τοσαυτα δογματα της) εν μυστηριω αποκεκρυμμενης σοφιας (All) (MAT.COM XV.435.23)

της εν μυστηριω αποκεκρυμμενης σοφιας θεου (All) (MAT.COM XIII.187.12)

---

    [45]These last five allusions could also be a reference to verse 8, thus they also appear below.
    [46]This omission is most probably due to homoeoteleuton.
    [47]The Philocalia MSS read φησιν ειναι σοφιαν.

(και την εν τοις προφηταις) εν μυστηριω αποκεκρυμμενην σοφιαν (All) (MAT.COM XII.155.25)

της εν μυστηριω αποκεκρυμμενης δεομεθα σοφιας, (All) (IO.COM X.219.7)

(νοματα της σοφιας) εν μυστηριω αποκεκρυμμενης (και τω Χριστω) (All) (MAT.COM X.5.19)

(εργον) σοφιας της εν μυστηριω αποκεκρυμμενης (εστιν φανερωσαι,) (All) (IO.COM X.185.28)

(ειδειη αν την) εν μυστηριω σοφιαν, την αποκεκρυμμενην, ην προωρισεν ο θεος προ των αιωνων εις δοξαν (των δικαιων.) (Ad) (MAT.COM XVII.578.33)

[(της) εν μυστηριω (αποκεκρυμμενης σοφιας,) ην προωρισεν ο θεος προ των αιωνων εις δοξαν (των δικαιων αυτου.) (Ad) (CELS VI.149.15)[48]]

(και κοινωνιαν σοφιας) εν μυστηριω (αποκεκρυμμενης) ην προωρισεν ο θεος προ των αιωνων εις δοξαν (των δικαιων αυτου,) (Ad) (CELS III.255.9)

(μεμαθηκοσιν της τοις τελειοις λαλουμενης σοφιας, εν μυστηριω (αποκεκρυμμενης) ην προωρισεν ο θεος προ των αιωνων εις την (των δικαιων αυτου δοξαν,) (Ad) (IO.COM XIX.309.1) (Cf. 2.6)

---

[48]This adaptation is from a passage from the Philocalia which the editor of the GCS volume of CELS, Paul Koetschau, believes belongs here but has fallen out of MSS of the continuous text of CELS. H. Borret, the editor of the SC volume, does not agree. The validity of the adaptation is questionable, and maybe should appear in the catena section where material unique to the Philocalia usually appears. Therefore I have printed it in brackets. It should be noted that this adaptation does not effect the reconstruction of the verse.

Origen's Text of 1 Corinthians 2 37

TEXT: αλλα λαλουμεν θεου σοφιαν εν μυστηριω την αποκεκρυμμενην, ην προωρισεν ο θεος προ των αιωνων εις δοξαν ημων.

λαλουμεν   P⁴⁶ ℵ A B C D F G 223 876 1175 1739 1780 1881
            MajT Or

λαλωμεν   33

θεου σοφιαν P⁴⁶ ℵ A B C D F G 33 876 (1175) 1739 1881
            Or

σοφιαν θεου 223 1780 MajT

2.8

ην ουδεις των αρχοντων του αιωνος τουτου εγνωκε. (Cit) (CELS III.217.3)

ην ουδεις των αρχοντων του αιωνος τουτου εγνωκεν, (Cit) (IO.COM X.215.26)

ην ουδεις των αρχοντων τουτου του αιωνος εγνωκεν. (Cit) (IO.COM VI.160.30)

(αρχοντα) του αιωνος τουτου (All) (CELS VIII.224.7)

(ινα μηδεν οι εναντιοι αγγελλοι μηδ' ο τουτων) αρχων (λεγομενος) του αιωνος τουτου (ενεργειν κατα των ανακειμενων τω θεω δυνηθη.) (All) (CELS VIII.252.9)

(καν τους σοφιας ειπης του αιωνος τουτου ειτε αρχοντος ειτε προφητας,) των αρχοντων του αιωνος τουτου (το μωρον του θεου,) (All) (IER.HOM VIII.62.15)

(τω αρχοντι) του αιωνος τουτου (All) (MAT.COM XIII.200.25)

(αρχοντων) του αιωνος τουτου· (All) (MAT.COM XIII.205.9)[49]

---

[49]These last five allusions could also be a reference to verse 6, thus they also appear above.

ει γαρ εγνωσαν, ουκ αν τον κυριον της δοξης εσταυρωσαν. (Cit) (MAT.COM XVII.614.6)

(ινα σκοπησαντες κατα του κυριου και κατα του Χριστου αυτου) τον κυριον της δοξης (αποκτεινωσιν.) (All) (MAT.COM XII.70.21)

τον κυριον της δοξης (αποκτειναντες.) (All) (IER.HOM XVIII.162.17)

TEXT: ην ουδεις των αρχοντων του αιωνος τουτου εγνωκεν· ει γαρ εγνωσαν, ουκ αν τον κυριον της δοξης εσταυρωσαν.

ουδεις	P46 ℵ A B C D² F G 33 223 876 1175 1739 1780 1881 MajT Or
ουδε εις	D*
εγνωκεν	ℵ A B C D 33 223 876 1175 1739 1780 1881 MajT Or
εγνω	P46
εγνωσεν	F G
δοξης εσταυρωσαν	ℵ A B C D F G 33 223 876 1175 1739 1780 1881 MajT Or
δοξης αυτων εσταυρωσαν	P46

2.9

ον οφθαλμος ειδε και ους ηκουσε και επι καρδιαν ανθρωπου ανεβη· (Ad) (MAT.COM XVII.692.7)

(και) α οφθαλμος ουκ ειδεν (εστιν υπερ τα γεγραμμενα, και) α ους ουκ ηκουσεν (γραφηναι ου δυναται.) (Ad) (IO.COM XIII.230.29)

(και τα υπερ) α οφθαλμος ουκ ειδε και (τα υπερ α) ους ουκ ηκουσε και (τα υπερ α) επι καρδιαν ανθρωπου ουκ ανεβη· (Ad) (ORAT 375.7)

(ωσπερ δε επι των αγαθων, των δικαιων,) επι καρδιαν ανθρωπου ουκ ανεβη, α ητοιμασεν ο θεος τοις αγαπωσιν αυτον, (ουτως [α]⁵⁰ ητοιμασε τοις αμαρτωλοις τω πορνευειν, τω μοιχευειν,) επι καρδιαν ανθρωπου ουκ ανεβη. (Ad) (IER.HOM XIX.175.14)

TEXT: α οφθαλμος ουκ ειδεν (και) ους ουκ ηκουσεν (και)⁵¹ επι καρδιαν ανθρωπου ουκ ανεβη, α ητοιμασεν ο θεος τοις αγαπωσιν αυτον.

ειδεν	P⁴⁶ ℵ A B D F G 223 876 1175 1739 1780 MajT Or
ιδεν	C 33 pc
οιδεν	1881 pc

α ητοιμασεν	P⁴⁶ ℵ Cᶜ D F G 33 223 876 1175 1739 1780 1881 MajT Or
οσα ητοιμασεν	A B C*⁵²

2.10

(αληπτον τυγχανον τοις μη εχουσι) πνευμα (το παντ' ερευνων, ερευνων⁵³ δε) και τα βαθη του θεου. (All) (CELS VI.88.13)

(εαν μη) το πνευμα (το) παντα (ερευνων), και τα βαθη του θεου. (All) (ORAT 302.3)

(ουτως ουν ο) παντα (ερευνων θειω πνευματι) και τα βαθη του θεου, (All) (IO.COM II.53.7)

---

⁵⁰α does not appear in the MSS, but is an emendation first suggested by Delarues in his 1740 edition.

⁵¹It is possible to reconstruct this verse (on the basis of the above evidence) so that the first και would be replaced by ᾶ and the second omitted. But this seems a highly unlikely reconstruction.

⁵²There is some question about Codex Ephraemi's original reading here. According to Tischendorf's NT, Cod. C reads οσα ητοιμασεν. NA²⁶ has it supporting α ητοιμασεν. Hansell in his text shows a four letter lacune (between ανεβη and -τοιμασεν) but in his notes has the original hand reading οσα ητοιμασεν, and a subsequent corrector reading α ητοιμασεν--yet both of these notes have question marks next to them. All this is not too suprising considering the degree of difficulty in reading this palimpsest.

⁵³The Vatican MS reads ερευνουν, ερευνουν. ερευνων, ερευνων is supported by the Venetian MS, which in turn is followed by the older editions and both GCS and SC.

(και μετα του πνευματος) παντα (ερευνον) και τα βαθη του
θεου, (All) (MAT.COM XIV.303.18)

(δεομενοι πνευματος του) παντα (ερευνωντος,) και τα βαθη του
θεου. (All) (MAT.COM XV.444.31)

(χωρησας) το[54] παντα (ερευνων) πνευμα, και τα βαθη του
θεου. (All) (MAT.COM XVII.641.16)

(και παντη ακεραιοις) και βαθη θεου (All) (MAT.COM
XVI.472.16)

TEXT: ...το πνευμα παντα (ερευνα,)[55] και τα βαθη του θεου.

2.11

ουδεις γαρ οιδεν ανθρωπων τα του ανθρωπου, ει μη το πνευμα
του ανθρωπου το εν αυτω. ουτω και τα του θεου ουδεις
εγνωκεν, ει μη το πνευμα του θεου. (Ad) (CELS IV.300.20)

(αλλα και ως) ουδεις οιδεν ανθρωπων τα του ανθρωπου, ει μη
το πνευμα του ανθρωπου το εν αυτω. ουτω και τα του θεου
ουδεις οιδεν, ει μη το πνευμα του θεου. (Ad) (ORAT 298.8)

ουδεις οιδεν ανθρωπων τα του ανθρωπου, ει μη το πνευμα του
ανθρωπου το εν αυτω. ουτω και τα του θεου ουδεις οιδεν[56], ει
μη το πνευμα του θεου. (Ad) (MAT.COM XIII.180.24)

(ως γαρ) ουδεις οιδεν ανθρωπων τα του ανθρωπου[57], ει μη το
πνευμα του ανθρωπου το εν αυτω, και ουδεις οιδε τα του θεου ει
μη το πνευμα του θεου, (Ad) (MAT.COM XIV.288.12)

ουδεις οιδεν ανθρωπων τα του ανθρωπου, ει μη το πνευμα του
ανθρωπου το εν αυτω· (Ad) (HERACL 7.9)

(ει δε μηδεις) οιδε τα του θεου ει μη το πνευμα του θεου,
(αδυνατον ειδεναι ανθρωπον) τα του θεου. (All) (ORAT 298.11)

---

[54] The Codex Monacensis of the MAT.COM replaces το with τα.
[55] The first part of this reconstruction is very tentative. γαρ may have been present in Origen's text and ερευνα may have appeared as ερευνων.
[56] The MS Cantabrigiensis of MAT.COM reads ειδεν here for οιδεν.
[57] The MS Cantabrigiensis of the MAT.COM omits του ανθρωπου.

TEXT: ...γαρ[58] οιδεν ανθρωπων τα του ανθρωπου, ει μη το πνευμα του ανθρωπου το εν αυτω. ουτω και τα του θεου ουδεις εγνωκεν[59], ει μη το πνευμα του θεου.

οιδεν ανθρωπων τα του	ℵ B C^{vid} D F G 223 876 1175 1739 1780 1881 MajT Or
οιδεν τα του	A 33
	[P^{46} lac.]
το πνευμα του ανθρωπου	ℵ A B C D 33 223 876 1175 1739 1881 MajT Or
το πνευμα	F G
το πνευμα το ενοικουν	1780
omit	2495
	[P^{46} lac.]
τα του θεου	P^{46} ℵ A B C D^2 33 223 876 1175 1739 1780 1881 MajT Or
το του θεου	D*
τα εν τω θεω	F G
εγνωκεν	P^{46} ℵ A B C D 33 1175 1739 1881
εγνω	F G pc
οιδεν	223 870 1780 MajT

2.12

ημεις δε, (φησιν,) ου το πνευμα του κοσμου ελαβομεν αλλα το πνευμα το εκ του θεου, ινα ιδωμεν[60] τα υπο του θεου χαρισθεντα ημιν, (Cit) (ORAT 298.13)

---

[58] I judge the first five references above to be adaptations rather than citations. It is more likely that Origen made the question into a statement than it is that he made the same mistake of memory in four different works. Thus I print neither ουδεις γαρ nor τις γαρ.

[59] εγνωκεν seems to have been Origen's original text; the presence of οιδε(ν) in three of the adaptations can be explained as resulting from the influence of οιδε(ν) earlier in the verse or a harmonization to the predominate text on the part of copist. Nonetheless, it is impossible to be certain given the evidence and the variant will not be included in the analysis.

[60] The one complete MS of ORAT, and our only Greek witness at this point in the text, reads ιδῶμεν. Some early editions emend this to either εἰδῶμεν or ἴδωμεν.

ινα ειδωμεν τα υπο του θεου χαρισθεντα ημιν. (Cit) (IO.COM I.9.10)

ινα ειδωμεν τα υπο του θεου χαρισθεντα ημιν. (Cit) (IO.COM XIII.230.34)

(ημεις δε νουν Χριστου εχομεν) ινα ιδωμεν τα υπο του θεου χαρισθεντα ημιν (μειζον,) (Ad) (IO.COM X.230.12)

(θεωρουμενας υπο των ειληφοτων τον Χριστον νουν,) ινα ιδωσιν τα υπο του θεου χαρισθεντα αυτοις, (Ad) (IO.COM XX.328.19)

TEXT: ημεις δε ου το πνευμα του κοσμου ελαβομεν αλλα το πνευμα το εκ του θεου, ινα (ε)ιδωμεν[61] τα υπο του θεου χαρισθεντα ημιν.

του κοσμου	P[46] ℵ A B C[vid] 33 223 876 1175 1739 1780 1881 MajT Or
του κοσμου τουτου	D F G

ειδωμεν	ℵ A B C 223 1175 1739 MajT[62]
ιδωμεν	P[46] D F G 876 1780 1881 [33 illegible][63]

2.13

α και λαλουμεν ουκ εν διδακτοις ανθρωπινης σοφιας λογοις αλλ' εν διδακτοις πνευματος. (Cit) (IO.COM XIII.237.1)

---

[61]There seems to be considerable confusion whether Origen's text read ειδῶμεν/ιδῶμεν (subj. of οιδα) or ἴδωμεν (subj. of ειδον). It should be remembered that, depending on how the words are accented, this may only be a spelling variant. Given this possibility and the impossibility of deciding between οιδα/ειδον this variant cannot be used in the analysis.

[62]Hodges and Farstad have ειδωμεν in their text, but their apparatus indicates that the Majority text is pretty evenly split between ειδωμεν and ιδωμεν.

[63]The NA[26] lists codex 33 in support of ειδωμεν, however I can not read the microfilm of the MS here. There seems to be some water damage here in 33.

α και λαλουμεν ουκ εν διδακτοις ανθρωπινης σοφιας λογοις αλλ' εν διδακτοις του πνευματος. (Cit) (ORAT 298.15)

πνευματικα πνευματικοις (συγκρινειν και δια τουτο λαλουσιν) ουκ εν διδακτοις ανθρωπινης σοφιας λογοις αλλ' εν διδακτοις πνευματος. (Ad) (MAT.COM XIV.315.15)

(κ[αθ]ως γεγραπται) πν[ευματ]ικα πν[ευματ]ικοις συγκρινοντες. (Cit) (PASC XL.40.30)

(πολλα γαρ αν ευροις εκ της παρατηρησεως) πνευματικοις πνευματικα (συγκρινων.) (All) (MAT.COM XI.67.14)

πνευματικα πνευματικοις (εν τω περι τουτου) συγκρινων (λογω) (All) (MAT.COM XVII.596.25)

(και μεμνημενοι τουτων) πνευματικα πνευματικοις (ευκαιρως) συγκρινωμεν, (All) (MAT.COM X.19.4)

πνευματικα πνευματικοις (συγκρινω) (All) (CELS VII.167.3)

(ο τα) πνευματικα (τοις) πνευματικοις (συγκρινων και γινομενος) πνευματικος, (All) (IO.COM XIII.283.12)

TEXT: α και λαλουμεν ουκ εν διδακτοις ανθρωπινης σοφιας λογοις αλλ' εν διδακτοις πνευματος, πνευματικα πνευματικοις[64] συγκρινοντες.

λαλουμεν	P[46] ℵ A B C D F G 223 876 1175 1739 1780 1881 MajT Or
λαλωμεν	33
πνευματος	P[46] ℵ A B C[vid] D* F G 33 1175 1739 1881 Or[65]
πνευματος αγιου	D[2] 223 876 1780 MajT

---

[64]πνευματικοις πνευματικα, as the first allusion from MAT.COM indicates may have been Origen's text. However, the citation from PASC, the one adaptation and most of the allusions argue strongly for πνευματικα πνευματικοις.

[65]It seems fairly certain that Origen did not read the αγιον. If he did it is unlikely that it would be omitted by both citations and the adaptation.

44 1 Corinthians in Origen

πνευματικοις	P⁴⁶ ℵ A C D F G 33 223 876 1175 1739 1780 1881 MajT (Or)
πνευματικως	B 33
συγκρινοντες	P⁴⁶ ℵ A B C D 33 223 876 1175 1739 1780 1881 MajT Or
συγκρινομεν	F G

2.14

ψυχικος γαρ ανθρωπος ου δεχεται τα του πνευματος του θεου· μωρια γαρ αυτω εστι, και ου δυναται γνωναι, οτι πνεματικως ανακρινεται. (Cit) (CELS VI.141.4)

ψυχικος γαρ ανθρωπος ου δεχεται τα του πνευματος του θεου· μωρια γαρ αυτω εστιν· (Cit) (IER.HOM XII.85.22)

ψυχικος ανθρωπος ου δεχεται τα του πνευματος του θεου· μωρια γαρ αυτω εστιν· (Cit) (IO.COM II.77.32)⁶⁶

TEXT: ψυχικος γαρ ανθρωπος ου δεχεται τα του πνευματος του θεου· μωρια γαρ αυτω εστι(ν), και ου δυναται γνωναι, οτι πνευματικως ανακρινεται.

δε	P⁴⁶ ℵ A B C D F G 33 81 223 876 1175 1739 1780 1881 MajT
γαρ	Or
αυτω εστι(ν)	P⁴⁶ ℵ Aᶜ B C D F G 33 223 876 1175 1739 1780 1881 MajT Or
omit	A*
του θεου	P⁴⁶ ℵ A B C D F G 33 223 876 1175 1739 1780 1881 MajT Or
omit	1506 pc

---

⁶⁶This citation is from a passage in the IO.COM which is part of a quote from Heracleon.

2.15

ο δε πνευματικος ανακρινει⁶⁷ παντα, και υπ' ουδενος ανακρινεται⁶⁸. (Ad) (IO.COM X.177.1)

ο πνευματικος ανακρινει παντα, και υπ' ουδενος ανακρινεται. (Ad) (IO.COM XXVIII.415.22)

ο δε πνευματικος ανακρινει παντα. (Cit) (IO.COM II.77.33)⁶⁹

(ως) πνευματικος (ανακρινων) παντα, αυτος δε υπ' ουδενος (ανακρινομενος,) (Ad) (MAT.COM XVII.621.29)

ο παντα ανακρινων, αυτος δε ανακρινομενος υπ' ουδενος. (Ad) (IO.COM XIII.283.13)

(προς ην πολλα τις αν) πνευματικος (ων και ανακρινειν δυναμενος) παντα (επαπορησαι,) (All) (MAT.COM XVII.594.6)

(και ευρεθηναι τι αξιον του ανακρινοντος⁷⁰) παντα πνευματικον και υπ' ουδενος (ανακρινομενου,) (All) (MAT.COM XVI.476.26)

TEXT: ο πνευματικος ανακρινει παντα, αυτος δε υπ' ουδενος ανακρινεται.

παντα	F G Or
μεν παντα	ℵ¹ B D² 223 876 1175 1780 1881 MajT
μεν τα παντα	33 1739 pc
τα παντα	P⁴⁶ A C D*
	[ℵ* h.t.]

---

⁶⁷Wendland has suggested the correction ανακρινειν.
⁶⁸Wendland suggested the correction ανακρινετο.
⁶⁹This citation is from a passage in the IO.COM which is part of a quote from Heracleon.
⁷⁰The MSS of MAT.COM read ανακριναντος. The correction ανακρινοντος was suggested by Diehl and followed by Klostermann in the GCS edition.

2.16

τις γαρ εγνω νουν κυριου, ος συμβιβασει αυτον; (Cit) (MAT.COM XVII.622.7)[71]

ημεις δε νουν Χριστου εχομεν, (Cit) (IO.COM I.9.10)

ημεις δε νουν Χριστου εχομεν, (Cit) (IO.COM X.201.12)

ημεις δε νουν Χριστου εχομεν, (Cit) (IO.COM X.218.8)

ημεις δε νουν Χριστου εχομεν, (Cit) (IO.COM XIII.230.34)

ημεις δε νουν Χριστου εχομεν, (Cit) (MAT.COM XV.440.26)

νουν (δε) Χριστου[72] λαβοντες (All) (CELS V.2.10)

(εν τη παραβολη ταυτη) νουν Χριστου (All) (MAT.COM XV.440.27)

(θεωρουμενας υπο των ειληφοτων του) Χριστου νουν, (All) (IO.COM XX.328.19)

TEXT: τις γαρ εγνω νουν κυριου, ος συμβιβασει αυτον; ημεις δε νουν Χριστου εχομεν.

Χριστου εχομεν	P46 ℵ A C D2 33 223 876 1175 1739 1780 1881 MajT Or
κυριου εχομεν	B D* F G pc

---

[71]It would appear that this is a citation of 1 Cor 2.16, but cf. Isaiah 40.13 LXX.
[72]In the Vatican MS of CELS the first hand wrote χρν and then the same hand corrected it to χυ.

Chapter 3

3.1

(ο αποστολος Παυλος ελεγε·) καγω ουκ ηδυνηθην υμιν[73] λαλησαι ως πνευματικοις αλλ' ως σαρκινοις, ως νηπιοις εν Χριστω. (Cit) (MAT.COM XV.362.27)

ουκ ηδυνηθην υμιν[74] λαλησαι ως πνευματικοις αλλ' ως σαρκινοις, ως νηπιοις εν Χριστω. (Cit) (MAT.COM XI.37.24)

ουκ ηδυνηθην υμιν λαλησαι ως πνευματικοις αλλ' ως σαρκινοις, ως νηπιοις εν Χριστω. (Cit) (MAT.COM XV.375.6)

(τινας δε ετι) των νηπιων[75] (και) σαρκινων εν Χριστω (All) (MAT.COM XI.37.11)

(ως ουκετι) σαρκινοι (ουδε) εν Χριστω νηπιοι (προκοψαντες...) (All) (MART 3.4)

εν Χριστω νηπιοι[76] (All) (MAT.COM XIII.256.3)

(ο δε Παυλος) νηπιοις (διαλεγομενος και κατα ανθρωπον περιπατουσι Κορινθιοις φησι·) (All) (ORAT 366.1)

TEXT: καγω ουκ ηδυνηθην υμιν λαλησαι ως πνευματικοις αλλ' ως σαρκινοις, ως νηπιοις εν Χριστω.

καγω	P46 ℵ A B C D F G 33 223 876 1175 1739 1780 1881 Or
και εγω	MajT[77]

---

[73] The Monacensis MS of the MAT.COM reads ημιν.
[74] The Monacensis MS of the MAT.COM reads ημιν.
[75] This order of ετι των νηπιων is supported by both the Cantabrigiensis and Monacensis MS. On the basis of a catena MS of the LVC.HOM Klostermann suggests that ετι and των νηπιων be transposed.
[76] νηπιοι is the result of an emendation based upon the Latin. Both the Monacensis and the Cantabrigiensis codices of MAT.COM read νηπιος.
[77] As the support of Codices 223, 876 and 1780 indicate, a substantial segment of the Majority text supports καγω.

υμιν λαλησαι D¹ 223 1739 1780 1881 MajT Or
λαλησαι υμιν P⁴⁶ ℵ A B C D*,² F G 33 876 1175

σαρκινοις P⁴⁶ ℵ A B C* D* 33 1175 1739 Or
σαρκικοις C³ D² F G 223 876 1780 1881 MajT

3.2

γαλα υμας εποτισα, ου βρωμα· ουπω γαρ εδυνασθε, αλλ' ουδε ετι νυν δυνασθε· (Cit) (CELS III.248.24)

γαλα υμας εποτισα, ου βρωμα· ουπω γαρ εδυνασθε, αλλ' ουδε ετι νυν δυνασθε· (Cit) (CELS III.366.2)

(το) γαλα υμας εποτισα, ου βρωμα· ουπω γαρ ηδυνασθε, [αλλ' ουδε ετι νυν δυνασθε][78]. (Ad) (MAT.COM XV.363.9)

(προς ους ο Παυλος λεγει·) γαλα υμας εποτισα, ου βρωμα (και τα εξης.) (Cit) (MAT.COM XII.138.2)

γαλα υμας εποτισα, ου βρωμα. (Cit) (MAT.COM XV.373.8)

γαλα υμας εποτισα, ου βρωμα. (Cit) (IO.COM XIII.258.14)

γαλα[79] ποτιζομενους, (All) (MAT.COM XVI.539.15)

και γαλα ποτιζομενοις και ου βρωμα, (Ad) (IO.COM XIII.259.13)

(και δεομενους λογων τροπικως ονομαζομενων) γαλα. (All) (CELS III.248.23)

ουπω γαρ εδυνασθε, αλλ' ουδε ετι νυν δυνασθε· (Cit) (CELS II.188.15)

---

[78] αλλ'...δυνασθε is not present in the Greek witnesses of MAT.COM, they have been supplied on the basis of the Latin translation.
[79] The Monacensis MS of MAT.COM reads γαλακτι.

TEXT: γαλα υμας εποτισα, ου βρωμα· ουπω γαρ εδυνασθε, αλλ'
ουδε ετι νυν δυνασθε·

ου βρωμα   P46 ℵ A B C 33 1175 1739 1881 Or
και ου βρωμα   D F G 223 876 1780 MajT

εδυνασθε   P46 ℵ A B C D F G 33 223 876 1739c 1780 1881
               MajT Or
ου δυνασθαι   1175
               [1739* h.t.]

ουδε ετι νυν   ℵ A C D F G 33 (223) 876 1175 1739c (1780)
               1881 MajT Or
ουδε νυν   P46 B
               [1739* h.t.]

ουδε   P46 ℵ A B C D F G 33 876 1175 1739c 1881 Or
ουτε   223 1780 MajT[80]
               [1739* h.t.]

3.3

ετι γαρ σαρκικοι εστε, οπου γαρ εν υμιν ζηλος και ερις ουχι
σαρκικοι εστε και κατα ανθρωπον περιπατειτε; (Cit) (CELS
III.248.27)

ετι γαρ σαρκικοι εστε (Cit) (CELS II.188.16)

ετι γαρ εστε σαρκινοι (Cit) (ORAT 366.3)

(οτε εσμεν) σαρκινοι και κατα ανθρωπον (περιπατουντες,) (Ad)
(MAT.COM XVI.574.10)

(οταν παυσαμενου) ζηλου και εριδος (και των λοιπων παθων
και αμαρτηματων) και του κατα ανθρωπον περιπατειν, (All)
(MAT.COM XVII.638.28)

---

[80] ουτε appears in the text of MajT, yet the apparatus shows that the Majority of MSS is split between ουδε and ουτε.

50 1 Corinthians in Origen

TEXT: ετι γαρ σαρκικοι[81] εστε, οπου γαρ εν υμιν ζηλος και ερις ουχι σαρκικοι εστε και κατα ανθρωπον περιπατειτε;

γαρ σαρκικοι εστε	P[46] ℵ (A)[82] B C (D[1]) (33)[83] 223 876 1175 1739 1780 1881 MajT Or
γαρ εστε σαρκινοι	D* F G
εν υμιν	P[46] ℵ A B C D 33 223 876 1175 1739 1780 1881 MajT Or
εν ημιν	F G
ερις	ℵ A B C 1175 1739 1881 Or
ερις και διχοστασιαι	P[46] D F G 33 223 876 1780 MajT
ουχι σαρκικοι	ℵ A B C D[1] 33 223 876 1175 1739 1780 1881 MajT Or
ουχι σαρκινοι	P[46] D* F G

3.6

εγω εφυτευσα, Απολλως εποτισεν, αλλ' ο θεος ηυξησεν.
(IER.HOM V.43.2)

TEXT: εγω εφυτευσα, Απολλως εποτισεν, αλλ' ο θεος ηυξησεν.

Απολλως	P[46] ℵ A B C D 33 223 876 1175 1739 1780 1881 MajT Or
Απολλω	F G

---

[81]Origen's text almost certainly read σαρκικοι here and below. The one citation from ORAT which reads σαρκινοι, which is in error placing εστε before σαρκινοι, probably is influenced by 3.2. The adaptation from MAT.COM, which refers to the second σαρκικοι/σαρκινοι variant, is so loose as not to be a serious challenge to the two citations from CELS.

[82]Codex A reads εσται rather than εστε.

[83]Codex 33 reads εσται rather than εστε.

Origen's Text of 1 Corinthians 3   51

αλλ' ο   P⁴⁶ ℵ A B C D F G 223 876 1175 1739 1780 1881
            MajT Or
ο δε   33

3.9

(κατα τον αποστολον ουν επει) θεου γεωργιον, θεου οικοδομη εστε (Cit) (MART 46.6)

θεου γεωργιον, θεου οικοδομη εστε. (Cit) (IER.HOM I.13.28)

(κατα) θεου γεωργιον, (All) (CELS IV.273.19)

TEXT: ...θεου γεωργιον, θεου οικοδομη εστε.

γεωργιον   P⁴⁶ ℵ A B C D* 33 223 876 1175 1739 1780
                 1881 MajT Or
γεωργιον εστε   D¹ Vg
                 [F G lac.]

3.10

ως σοφος αρχιτεκτων θεμελιον τεθεικα. (Cit) (IER.HOM X.75.7)

TEXT: ...ως σοφος αρχιτεκτων θεμελιον τεθεικα,...

τεθεικα   ℵ² C³ D 223 876 (1175) (1780)⁸⁴ 1881 MajT Or
εθηκα   P⁴⁶ ℵ* A B C* 33 1739
           [F G lac.]

---

⁸⁴Both 1175 and 1780 read τεθηκα here.

3.11-12

(καθεξει τους εποικοδομησαντες) τω κειμενω θεμελιω Ιησου Χριστου ξυλα η χορτον η καλαμην (All) (MART 33.26)

3.12

(ου μονον) χρυσον και αργυρον και λιθον τιμιον (All) (IER.HOM XVI.138.6)

(απο) λιθων και ξυλων (αλλα και της νομιζομενης υλης ειναι τιμιωτατης) αργυρου και χρυσου (All) (CELS IV.295.7)

ξυλα η χορτον η καλαμην (All) (MART 11.21)

ξυλα και χορτον και καλαμην (All) (IER.HOM XVI.138.9)

ξυλα, χορτον η καλαμην (All) (CELS V.16.11)

ξυλα, χορτον η καλαμην (All) (IER.HOM II.20.12)

(οιον) ξυλων και χορτου[85] και καλαμης· (All) (IO.COM XIII.246.27)

(ο θεος ειναι πυρ καταναλισκον τα) ξυλα (και τον) χορτον (και την) καλαμην (και πασαν ουσιαν αμαρτιας.) (All) (CELS VI.140.8)

(και τροπικως λεγομενα) ξυλα (ειναι και) χορτον (και) καλαμην (καταναλισκει ο θεος ως πυρ) εποικοδομειν (γουν ο φαυλος λεγεται τω προυποβεβλημενω λογικω) θεμελιω ξυλα (και) χορτον (και) καλαμην (All) (CELS IV.283.6)

---

[85] A corrector of the Vatican MS of IO.COM reads χορτον.

TEXT: ...χρυσον, αργυρον, λιθ(ον) τιμι(ον), ξυλα, χορτον, καλαμην,

χρυσον, αργυρον	A D 33 223 876 1780 1881 MajT Or[86]
χρυσιον, αργυριον	ℵ C^{vid} 1175 1739
χρυσιον και αργυριον	B
χρυσον και αργυρον	P^{46}
	[F G lac.]

3.13

εκαστου δε το εργον οποιον εστι, το πυρ αυτο δοκιμασει. (Cit) (REG.HOM 294.18)

εκαστου (γαρ φησι) το εργον οποιον εστι, το πυρ αυτο[87] δοκιμασει. (Cit) (CELS IV.283.15)

TEXT: ...εκαστου δε το εργον οποιον εστι, το πυρ αυτο δοκιμασει.

αυτο	A B C 33 (1175)[88] 1739 Or
omit	P^{46} ℵ D 223 876 1780 1881 MajT
	[F G lac.]

3.14

ει τινος το εργον μενει, ο εποικοδομησε, μισθον λημψεται. (Cit) (CELS IV.283.16)

---

[86] It is unlikely that Origen's text read a και as the allusion which includes the και is too loose a allusion to be trusted. Certainty, however, is not possible and this variant will not be used in the analysis.

[87] One Venetian MS, Venetus Marcianus Nr. 45--XIV century, omits the αυτο. This MS is followed by some of the older editions who either omit αυτο or place it in the margin. Yet both GCS and SC agree in reading it.

[88] Cod. 1175 reads αυτω rather than αυτο.

54 1 Corinthians in Origen

TEXT: ει τινος το εργον μενει, ο επῳκοδομησε, μισθον λημψεται.

μενεῖ	81
μένει	B² D² 33 223 876 1175 1739 1780 MajT
	[no acc. P⁴⁶ ℵ A B* C D* P 33]
	[F G lac.] [1881 h.t.]

3.15

ει τινος το εργον κατακαησεται, ζημιωθησεται, αυτος δε σωθησεται ουτως δε ως δια πυρος. (Cit) (IER.HOM XVI.139.23)

ει τινος το εργον κατακαησεται, ζημιωθησεται, αυτος δε σωθησεται ουτως ως δια πυρος. (Cit) (REG.HOM 294.18)

ει τινος το εργον κατακαησεται, ζημιωθησεται (Cit) (CELS IV.283.17)

ει τινος το εργον κατακαησεται, ζημιωθησεται (Cit) (IO.COM XIX.313.24)

TEXT: ει τινος το εργον κατακαησεται, ζημιωθησεται, αυτος δε σωθησεται ουτως δε ως δια πυρος.

ουτως δε	ℵ A B C D 223 1175 1739 1780 1881 MajT Or
ουτως	33 876
	[P⁴⁶ F G lac.]

3.16

(πολιν δε κυριου την εαυτον ψυχην, εν η ην) ναος θεου, (All) (Cf. 3.17) (CELS VII.173.26)[89]

TEXT: Reconstruction not attempted.

---

[89] Also compare the three allusions found under 6.19. Those three and this one here are too loose to allow for any confident reconstruction of the text.

3.17

(και) ει τις (δια της ακολασιας η της αμαρτιας) φθειρει τον ναον του θεου, (Ad) (CELS VIII.236.19)

(τον γαρ ναον του θεου ως Ναβουχοδονοσορ καταστρεφει και) φθειρει τον ναον του θεου (Ad) (IER.HOM XII.47.22)

(το φθειρειν) τον ναον του θεου, (All) (ORAT 384.23)

(οι και φυλαττουμενοι δια της παρανομου συνουσιας φθειρειν) τον ναον του θεου (All) (CELS IV.296.3)

(πολιν δε κυριου την εαυτον ψυχην, εν ῃ ην) ναος θεου, (All) (CELS VII.173.26) (Cf.3.16)

TEXT: ει τις φθειρει τον ναον του θεου,...

3.18

ει τις δοκει σοφος ειναι εν υμιν, εν τῳ αιωνι τουτῳ μωρος γενεσθω, ινα γενηται σοφος. (Cit) (CELS I.65.20)

ει τις δοκει σοφος ειναι εν υμιν (απαξαπλως) μωρος γενεσθω, (αλλ') εν τῳ αιωνι τουτῳ μωρος γενεσθω, ινα γενηται σοφος. (Ad) (CELS I.65.24)

(αλλ' οτε τις) τῳ αιωνι τουτῳ (γινεται) μωρος (All) (CELS I.66.2)

TEXT: ...ει τις δοκει σοφος ειναι εν υμιν, εν τῳ αιωνι τουτῳ μωρος γενεσθω, ινα γενηται σοφος.

3.19

η γαρ σοφια του κοσμου τουτου μωρια παρα θεῳ[90] εστιν (Cit) (CELS I.65.21)

---

[90] The MSS of the Philocalia tradition, which includes this passage from CELS, read the article τῳ before θεῳ. They are followed in this by the older editions. However, both the GCS and the SC follow the Vatican and other complete MSS of CELS where θεῳ is

(ουκουν ο μεν αποστολος φησιν ουκ απλως) η σοφια μωρια παρα θεω⁹¹ εστιν (αλλ') η σοφια του κοσμου τουτου (Ad) (CELS I.65.23)

(του Παυλου λεγοντες·) η σοφια του κοσμου μωρια παρα θεω εστι. (All) (CELS VI.82.13)

(οτι) η σοφια του κοσμου μωρια παρα τω θεω εστιν, (All)⁹² (IER.HOM VIII.62.19)

(και η μεν ανθρωπινη εστιν η καθ' ημας λεγομενη) σοφια του κοσμου, (ητις εστι) μωρια παρα τω θεω (All) (CELS VI.83.9)

(ος πεποιωται κατα την λεγομενην σοφιαν) του κοσμου τουτου, (ουσαν) μωριαν παρα τω θεω, (All) (CELS VII.175.10)

(ων ο θεος δρασσεται) εν τη πανουργια αυτων; (All) (IO.COM II.61.24)

TEXT: η γαρ σοφια του κοσμου τουτου μωρια παρα θεω εστιν.

θεω   C D F G Or
τω θεω   P⁴⁶ ℵ A B 33 223 876 1175 1739 1780 1881 MajT

3.22

(διδασκει δη⁹³ ο αποστολος οτι) ειτε ζωη ειτε θανατος ειτε ενεστωτα⁹⁴ ειτε μελλοντα, παντα (των αγιων εστι·) (Ad) (ORAT 375.16)

---

anarthrous.
⁹¹Cf. the previous note. Again the MSS are divided along Philocalia/complete CELS lines, with the Philocalia inserting the article and the others omitting it.
⁹²The omission of γαρ and τουτου, here and in the previous reference, seems to indicate that this is a very good allusion, rather than a poor citation.
⁹³The Oxford edition of 1686 reads δε.
⁹⁴Two older editions, that of Wettstein (1674) and Delarue (1733), omit ειτε ενεστωτα. Both GCS and SC include the phrase.

TEXT: ...ειτε ζωη ειτε θανατος ειτε ενεστωτα ειτε μελλοντα, παντα...

58 1 Corinthians in Origen

Chapter 4

4.1

ουτως ημας λογιζεσθω ανθρωπος ως υπηρετας Χριστου και οικονομους μυστηριων θεου. (Cit) (IER.HOM XI.81.8)

(οτι δε δει ταυτα εξεταζειν τον οικονομον) των μυστηριων του θεου. (All) (IO.COM XX.328.32)

(δια το δειν τον οικονομον των του) θεου μυστηριων. (All) (IO.COM XX.328.26)

TEXT: ουτως ημας λογιζεσθω ανθρωπος ως υπηρετας Χριστου και οικονομους μυστηριων θεου.

ημας	P⁴⁶ ℵ A B C D F G 876 1175 1739 1780 MajT Or
υμας	33 223 1881 pc
θεου	P⁴⁶ ℵ A B C D 33 223 876 1175 1739 1780 1881 MajT Or
του θεου	F G

4.2

ωδε λοιπον ζητειτε⁹⁵ εν τοις οικονομοις ινα πιστος τις ευρεθη. (Cit) (IER.HOM XI.81.10)

ο δε λοιπον ζητειται εν τοις οικονομοις ινα πιστος τις ευρεθη. (Cit) (IO.COM XXXIII.454.10)

---

⁹⁵Jerome's translation here, *quaeritur*, supports ζητειται, not ζητειτε.

Origen's Text of 1 Corinthians 4   59

TEXT: (ωδε)[96] λοιπον ζητειτ(αι)[97] εν τοις οικονομοις ινα πιστος τις ευρεθη.

ωδε	P[46] ℵ A B C D* F G 33 1175
ο δε	D[2] 223 876 1739 1780 1881 MajT

ζητειτε	P[46] ℵ(*)[98] A C[99] D (F G) 33 1739 1881
ζητειται	B C[100] 223 876 1175 1780 MajT[101]

πιστος τις ευρεθη	P[46] ℵ A B C 33 223 876 1175 1739 1780 1881 MajT Or
τις ευρεθη πιστος	D*,2
τις πιστος ευρεθη	D[1] F G

4.5

(και) μη προ καιρου τι κρινετε[102], εως αν ελθη ο κυριος, ος[103] και φωτισει τα κρυπτα του σκοτους και φανερωσει τας βουλας των καρδιων. (Cit) (IER.HOM XVI.142.20)

[(και το) μη προ καιρου τι κρινετε,][104] εως αν ελθη ο κυριος, ος και φωτισει τα κρυπτα του σκοτους και φανερωσει τας βουλας των καρδιων. (Cit) (MAT.COM XIII.266.17)

μη προ καιρου τι κρινετε, εως αν ελθη ο κυριος. (Cit) (IO.COM XXXII.451.20)

---

[96]With only two citations as evidence it is impossible to come to any certainty as to whether Origen's text read ωδε or ο δε. The variant will not be included in the analysis.

[97]It is more likely that Origen's text read ζητειται rather than ζητειτε, especially as Jerome's text of IER.HOM probably read ζητειται. Nonetheless, certainty is not possible and this variant also will not be used in the analysis.

[98]The original hand of Codex ℵ reads τι ζητειτε.

[99]According to Tischendorf's NT and NA[26].

[100]According to Hansell.

[101]Although Hodges and Farstad print ζητειται in their text, their apparatus indicates that the Majority text is divided between ζητειται and ζητειτε.

[102]An early edition of the IER.HOM, by Huetius in 1668, reads κρινετε. However, the earliest and best MS of the IER.HOM reads κρινεται.

[103]ος is omitted by Jerome's translation.

[104]This phrase is omitted in the Greek witnesses, but is present in the Latin translation of the MAT.COM.

(και γαρ εν ημαρᾳ κρισεως ελθων) ο κυριος, φωτισει τα κρυπτα του σκοτους και φανερωσει τας βουλας των καρδιων, (Ad) (MAT.COM XI.58.27)

TEXT: ...μη προ καιρου τι κρινετε, εως αν ελθη ο κυριος, ος και[105] φωτισει τα κρυπτα του σκοτους και φανερωσει τας βουλας των καρδιων.

τι κρινετε	P⁴⁶ B C D F G 223 876 1175 1739 1780 1881 MajT Or
τι κρινεται	ℵ A 1175
κρινεται	33
ος	P⁴⁶ ℵ A B C^vid D² 33 223 876 1175 1739 1780 1881 MajT Or
omit	D* F G

4.6

(αλλα και απερ ο Παυλος μεμαθηκεν αρρητα ρηματα) υπερ α γεγραπται, (All) (IO.COM XIII.230.27)

(το δε του Ιησου υδωρ το) υπερ α γεγραπται. (All) (IO.COM XIII.230.19)

(εαν δε λεγωμεν το) υπερ α γεγραπται (ειδεναι τινα,) (All) (IO.COM XIII.230.23)

---

[105]The absence of the ος και in the adaptation should not be allowed to overrule the two citations which read it.

TEXT: ...υπερ α γεγραπται¹⁰⁶...

υπερ α   P⁴⁶ ℵ A B C 33 1175 1739¹⁰⁷ 1881 Or
υπερ ο   D F G 223 876 1780 MajT

γεγραπται   P⁴⁶ ℵ* A B D* F G 1175 1739 1881
γεγραπται φρονειν   ℵᶜ Cᵛⁱᵈ D² 33 223 876 1780 MajT

4.9

δοκω γαρ ο θεος ημας τους αποστολους εσχατους απεδειξεν, ως επιθανατιους, οτι θεατρον εγενηθημεν τω κοσμω και αγγελοις και ανθρωποις. (Cit) (IER.HOM VIII.59.20)

δοκω γαρ, ο θεος ημας τους αποστολους εσχατους απεδειξεν. (Cit) (IER.HOM VIII.59.30)

θεατρον εγενηθημεν τω κοσμω και αγγελοις και ανθρωποις. (Cit) (MART 17.12)

θεατρον εγενηθημεν τω κοσμω και αγγελοις και ανθρωποις. (Cit) (IO.COM I.32.2)

(και εν τη προς Κορινθιους)[...] ε[γ]ενηθημεν τω κοσμω (τουτεστιν εν τω περιγειω τοπω...[...]ιν) και αγγελοις και ανθρωποις,... (Ad) (ROM.COM 128.17)

TEXT: δοκω γαρ ο θεος ημας τους αποστολους εσχατους απεδειξεν, ως επιθανατιους, οτι θεατρον εγενηθημεν τω κοσμω και αγγελοις και ανθρωποις.

γαρ ο   P⁴⁶ ℵ* A B C D* F G 33 1175 1739 1881 Or
γαρ οτι ο   ℵ² D² 223 876 1780 MajT

---

¹⁰⁶While these three allusions seem to indicate that φρονειν was not apart of Origen's text the evidence is simply to brief for any certainty. Thus this variant will not be used in the analysis.

¹⁰⁷NA²⁶ fails to list 1739 among those who support α rather than ο.

4.11

αχρι της αρτι ωρας πεινωμεν και διψωμεν και γυμνητευομεν και κολαφιζομεθα και αστατουμεν (Cit) (ORAT 383.19)

αχρι της αρτι ωρας και πεινωμεν και διψωμεν και γυμνιτευομεν. (Cit) (IO.COM XIII.228.2)

TEXT: αχρι της αρτι ωρας και πεινωμεν και διψωμεν και γυμν(ι)τευομεν[108] και κολαφιζομεθα και αστατουμεν.

αχρι της	P46 ℵ A B C D 33 223 876 1175 1739 1780 1881 MajT Or
εως	F G
γυμνιτευομεν	ℵ A^c (B*) C (D*)[109] F G 223 1881^c
γυμνητευομεν	P46 33 876 1175 1739 1780 1881* MajT[110] [A* h.t.]

4.12

και κοπιωμεν εργαζομενοι ταις ιδιας χερσι· λοιδορουμενοι ευλογουμεν, διωκομενοι ανεχομεθα, (Cit) (ORAT 383.20)

λοιδορουμενοι ευλογουμεν, διωκομενοι ανεχομεθα, (Cit) (CELS V.66.23)

(ειδοτες δε και το) λοιδορουμενοι ευλογουμεν. (Cit) (CELS VIII.256.4)

(και το) λοιδορουμενοι (ευλογειν,) διωκομενοι (ανεχεσθαι)[111] (Ad) (CELS VII.198.3)

---

[108] Variants of spelling, such as the η/ι interchange here, are not included in the analysis.

[109] The first hands of both codices B and D read γυμνειτευομεν.

[110] Although Hodges and Farstad print γυμνη- in their text, their apparatus indicates that the Majority text is divided between γυμνι- and γυμνη-.

[111] The Vatican MS of CELS reads αννεχεσθαι, Koetschau has corrected it to ανεχεσθαι.

TEXT: και κοπιωμεν εργαζομενοι ταις ιδιας χερσι· λοιδορουμενοι ευλογουμεν, διωκομενοι ανεχομεθα,

---

λοιδορουμενοι   P⁴⁶ ℵ A B C D 33 223 876 1175 1739 1780
                     1881 MajT Or
λοιδορουμενοι και   F G

4.13

(λοιδορουμενοι ευλογουμεν, διωκομενοι ανεχομεθα,) δυσφημουμενοι[112] παρακαλουμεν· (Cit) (CELS V.66.23)

δυσφημουμενοι (παρακαλειν) (All) (CELS VII.198.4)

(λοιδορουμενοι ευλογουμεν, διωκομενοι ανεχομεθα,) βλασφημουμενοι παρακαλουμεν. (Cit) (ORAT 383.21)

ως περικαθαρματα του κοσμου εγενηθημεν, παντων περιψημα εως αρτι. (Cit) (IO.COM XXVIII.413.16)

(και) παντων περιψημα (λεγομενων δια ταυτα των αποστολων) (All) (IO.COM VI.164.2)

TEXT: (δυσφημουμενοι[113]) παρακαλουμεν, ως περικαθαρματα του κοσμου εγενηθημεν, παντων περιψημα εως αρτι.

δυσφημουμενοι   P⁴⁶ ℵ* A C 33 1175
βλασφημουμενοι   ℵ² B D F G 223 876 1739 1780 1881 MajT

---

[112]This is one of the passages used in the Philocalia. And the Philocalia MSS read βλασφημουμενοι here. The complete MSS of CELS read δυσφημουμενοι, which is surely to be preferred.

[113]Origen's text probably read δυσφημουμενοι, however the citation from ORAT tells against this. This long citation is not exact, cf. the omission of και in vs. 11. Nonetheless, with only a citation and an allusion reading δυσφημουμενοι it is difficult to be certain, thus this variant will not be used in the analysis.

64   1 Corinthians in Origen

  ως περικαθαρματα P46 ℵ A B C D² F 33 223 876 1175
            1739 1780 1881 MajT Or
  ωσπερ(ε)ι καθαρματα G pc
  ως περικαθαρμα D*

4.19

γνωσομαι ου τον λογον των πεφυσιωμενων, αλλα την δυναμιν· (Cit) (IO.COM I.13.30)

TEXT: γνωσομαι ου τον λογον των πεφυσιωμενων, αλλα την δυναμιν·

  λογον P46 ℵ A B C D 33 223 876 1175 1739 1780 1881
      MajT Or
  λογον αυτων F G

  των πεφυσιωμενων P46 ℵ B C D G 33 223 876 1739 1780
            1881 MajT Or
  τον πεφυσιωμενον L pc
  των πεφυσιωμενον F 1175
           [A lacune]

4.20

ου γαρ εν λογῳ η βασιλεια του θεου αλλ' εν δυναμει (Cit) (IO.COM I.13.31)

TEXT: ου γαρ εν λογῳ η βασιλεια του θεου αλλ' εν δυναμει

Chapter 5

5.4

(ο Παυλος φησι·) συναχθεντων υμων και του εμου πνευματος συν τη δυναμει του κυριου Ιησου, (Cit) (ORAT 399.5)

συναχθεντων υμων και του εμου πνευματος συν τη δυναμει του κυριου Ιησου, (Cit) (IER.HOM XIX.171.7)

(τῳ) συναχθεντων υμων και του εμου πνευματος συν τη δυναμει του κυριου Ιησου, (Cit) (MAT.COM XVII.625.11)

(και ουκ αν λεγοις το) συναχθεντων υμων τη δυναμει του κυριου Ιησου (αρμοζειν...) (Ad) (MAT.COM XVII.625.15)

(μετα του εν Παυλῳ πνευματος) συν τη δυναμει του κυριου Ιησου Χριστου, (Ad) (MAT.COM XIV.276.8)

TEXT: ...συναχθεντων υμων και του εμου πνευματος συν τη δυναμει του κυριου Ιησου[114]

κυριου Ιησου	P[46] pc Or
κυριου ημων Ιησου	ℵ A B D* 1175
κυριου	1739
κυριου ημων Ιησου Χριστου	D[2] F G 223 876 1780 MajT Vg
	[C illeg] [33 1881 h.t.]

5.5

κεκρικα παραδουναι τον τοιουτον τῳ σατανᾳ εις ολεθρον της σαρκος, ινα το πνευμα σωθη εν τη ημερᾳ του κυριου Ιησου Χριστου. (Ad)[115] (IER.HOM XV.171.8)

(εστι δ' οτε δει χρησαμενων τη εξουσιᾳ) παραδουναι (τινα) τῳ σατανᾳ εις ολεθρον της σαρκος, ινα το πνευμα σωθη εν τη ημερᾳ του κυριου (Ad) (MAT.COM XVI.496.18)

---

[114] Although the last adaptation adds Χριστου it is unlikely that it was a part of Origen's text, especially as the three citations omit it.

[115] The addition of κεκρικα seems to be--intentionally or unintentionally--from the influence of vs.3. Thus the classification as a adaptation.

παραδουναι τον τοιουτον τω σατανα εις ολεθρον της σαρκος·
(Cit) (MAT.COM XVII.625.9)

(το γαρ) παραδουναι τον τοιουτον τω σατανα (IER.HOM I.3.4)

TEXT: παραδουναι τον τοιουτον τω σατανα εις ολεθρον της σαρκος, ινα το πνευμα σωθη εν τη ημερα του κυριου (Ιησου Χριστου)[116].

τον τοιουτον	P46 ℵ A B D 33 223 876 1175 1739 1780 1881 MajT Or
αυτον	F G pc
	[C illeg]
κυριου	P46 B 1739
κυριου Ιησου	ℵ 223 876 1175 1780 MajT
κυριου Ιησου Χριστου	D
κυριου ημων Ιησου Χριστου	A F G 33 1881
	[C illeg]

5.7

(απο των παλαιοτερων και κατωθεν ζυμουντων) αζυμον (εχοντες αρτον φαγομεθα,) (All) (IO.COM X.189.19)

(αφ' ης ου βουλεται Ιησους εσθιειν ετι τους ιδιους μαθητας ποιησας αυτοις) νεον (και πνευματικον) φυραμα, (All) (MAT.COM XII.75.29)

και γαρ το πασχα ημων ετυθη Χριστος· (Cit) (IO.COM X.185.10)

και γαρ το πασχα ημων ετυθη Χ[ριστο]ς· (Cit) (PASC XII.176.31)

---

[116]It is exceedingly difficult to choose here between the two adaptations, espically as the variant comes at the end of the adaptation and as the variant concerns a divine title. On the whole the second adaptation seems more reliable, for the κεκρικα seems to have been an unintentional addition to the first adaptation. Yet the evidence is too even and too brief for any certainty to be possible. This variant then will not be used in the analysis.

Origen's Text of 1 Corinthians 5 67

και γαρ το πασχα ημ[ων] ετυθη Χ[ριστο]ς· (Cit) (PASC III.185.12)

(ετι δε ὁ νοησας οτι) το πασχα ημων[117] ετυθη Χριστος, (Cit) (CELS VIII.239.20)

το πασχα ημων ετυθη Χριστος (Cit) (IO.COM X.186.23)

[...και γαρ] το πασχα ημων ετυ[θη Χ(ριστο)ς...] (Cit)? (PASC XXXIII218.18)

το (γαρ) πασχα ημων ετυθη Χριστος, (Ad) (IER.HOM XII.99.29)

(και νυν) το πασχα ημων ετυθη Χριστος (Ad) (IO.COM X.186.6)

(το δε) ημων πασχα ετυθη Χριστος· (Ad) (IO.COM X.186.14)

(αποδιδοσθω) το (τυθεν) πασχα Χριστος. (All) (IO.COM X.189.26)

(ηνικα αν) πασχα (τυθη) Χριστος, (All) (IO.COM XXVIII.423.25)

TEXT: ...(νεον φυραμα),...και γαρ το πασχα ημων ετυθη Χριστος.

ημων	ℵ* A B C* (D)[118] F G 33 1175 1739 Or
ημων υπερ ημων	ℵ² C³ 223 876 1881 1780 MajT [P⁴⁶ lac.]
Χριστος	P⁴⁶ ℵ A B C D 33 223 876 1175 1739 1780 1881 MajT Or
ὁ Χριστος	F G

---

[117]The older editions add υπερ ημων here, but apparently do so with out any MS support. GCS and SC agree in omitting υπερ ημων.
[118]Codex D repeats ετυθη twice.

5.8

εορταζωμεν μη εν ζυμη παλαια μηδε εν ζυμη κακιας και πονηριας, αλλ' εν αζυμοις ειλικρινειας και αληθειας. (Cit) (IER.HOM XIV.123.3)

ωστε εορταζω[με]ν μ[η ζυ]μη παλαια μηδε εν ζ[υμη] κα[κι]ας και πονηρια[ς, αλλα αζυ]μοις ιλικριν[ειας και αληθε].ιας. (Cit) (PASC III.158.12)

(ημεις δε εορταζομεν ου) ζυμη παλαια (ουδε) ζυμη κακιας και πονηριας, αλλ' εν αζυμοις ειλικρινειας και αληθειας. (Ad) (IO.COM X.186.16)

εορταζειν μη ζυμη παλαια, μη ζυμη κακιας και πονηριας, αλλ' εν αζυμοις ειλικρινειας και αληθειας. (Ad) (IO.COM XXVIII.423.26)

(και πασαν ουκ αζυμων) ειλικρινειας και αληθειας (τροφην απο του ζωντος αρτου...) (All) (MAT.COM XII.76.6)

TEXT: ωστε εορταζωμεν[119] μη εν ζυμη παλαια μηδε εν ζυμη κακιας και πονηριας, αλλ' εν αζυμοις ειλικρινειας και αληθειας.

εορταζωμεν	ℵ B C F G 33 876 1739 1780 MajT Vg Or
εορταζομεν	A D 223 1175 1881
	[P46 lac.]
παλαια μηδε	ℵ A C D F G 33 223 876 1175 1780 MajT Or
παλαια, μη	B
παλαια η	1739 1881
	[P46 lac.]
πονηριας	P46 ℵ A B C D 33 223 876 1175 1739 1780 1881 MajT Or
πορνειας	F G

---

[119]Giving preference to the two citations over the first adaptation, Origen's text certainly read the subjunctive -ωμεν rather than the indicative -ομεν.

5.11

εαν [δε]¹²⁰ τις αδελφος ονομαζομενος η¹²¹ πορνος η πλεονεκτης η ειδωλολατρης (και τα εξης) τῳ τοιουτῳ μηδε συνεσθιειν. (Ad) (MAT.COM XIII.263.17)

(δοκων φορειν το Χριστου ονομα) αδελφος ονομαζομενος, (All) (MAT.COM XIII.263.23)

TEXT: εαν (δε) τις αδελφος ονομαζομενος η πορνος η πλεονεκτης η ειδωλολατρης...τῳ τοιουτῳ μηδε συνεσθιειν.

πορνος η πλεονεκτης η ειδωλολατρης η λοιδορος η μεθυσος η αρπαξ
    P⁴⁶ ℵ A B D F G 33 876 1175 1739 1780 1881 MajT Or

πορνος η μεθυσος η ειδωλολατρης η λοιδορος η πλεονεκτης η αρπαξ
    C

πορνος η λοιδορος η πλεονεκτης η ειδωλολατρης η μεθυσος η αρπαξ
    223

πορνος η ειδωλολατρης η πλεονεκτης η λοιδορος η μεθυσος η αρπαξ
    pc

μηδε   P⁴⁶ ℵ B C D 33 223 876 1175 1739 1780 1881 MajT Or
μητε   F G
μη   A

---

[120] The δε is absent in the Latin translation and may not have been apart of Origen's text.

[121] The MSS of MAT.COM, both Greek and Latin, differ as how to accent this and which breathing mark to use, either as the particle ἢ or as the verb ᾖ (the Codices Monacensis and Cantabrigiensis have the particle ἢ while the Latin translation presupposes the verb ᾖ). When Origen wrote, accent and breathing marks were either rare or nonexistent. As stated in the introduction varaints of this kind will not be used in the analysis.

5.12

τι γαρ μοι τους εξω κρινειν; (Cit) (HERACL 15.16)

TEXT: τι γαρ μοι τους εξω κρινειν;

τι   P⁴⁶ ℵ A B C D 33 223 876 1175 1739 1780 1881 MajT Or
ει   F G

μοι τους εξω   P⁴⁶ ℵ A B C F G 33 1175 1739 1881 Or
μοι και τους εξω   D 223 876 1780 MajT

Chapter 6

6.2

(ταχα δε το μεν) εν υμιν κρινεται ο κοσμος (All) (MAT.COM XV.421.8)

TEXT: ...εν υμιν κρινεται ο κοσμος...

6.3

(οιδαμεν και το) αγγελους κρινουμεν, (All) (MAT.COM X.15.20)

(εκ το) αγγελους κρινουμεν (All) (MAT.COM XVII.672.7)

TEXT: οιδα(μεν)...αγγελους κρινουμεν,...

6.9-10

(τι γαρ λεγει;) μη πλανασθε· ουτε πορνοι, ουτε μοιχοι, ουτε μαλακοι, ουτε αρσενοκοιτοι, ουτε κλεπται, ου μεθυσοι, ου λοιδοροι βασιλειαν θεου κληρονομησουσιν. (Cit) (HERACL 10.2)

(μη πλανασθε, θεος ου μυκτηριζεται.[122]) ειτε πορνος, ειτε μοιχος, ειτε μαλακος, ειτε αρσενοκοιτης, ειτε κλεπτης, ειτε μεθυσος, ειτε λοιδορος ειτε αρπαξ, βασιλειαν θεου ου κληρονομησουσι. (Ad) (IER.HOM XX.180.29)

μη πλανασθε, οτι ουτοι βασιλειαν θεου ου κληρονομησουσι. (Ad) (IER.HOM XX.181.4)

(δια τι) τοσουτοι μοιχοι και τοσουτοι μαλακοι, (All) (IER.HOM XII.98.1)

(και διδασκομενων οτι) οι λοιδοροι βασιλειαν θεου ου κληρονομησουσι. (All) (CELS VIII.253.8)

---

[122]Origen is clearly combining Gal 6.7 with 1 Cor 6.9-10, possibly intentionally, but more likely it is an error of memory.

72 1 Corinthians in Origen

λοιδοροι βασιλειαν θεου ου κληρονομησοουσι, (All) (CELS VIII.256.2)

TEXT: ...μη πλανασθε· ουτε πορνοι, ουτε μοιχοι, ουτε μαλακοι, ουτε αρσενοκοιτοι, ουτε κλεπται, ου μεθυσοι, ου λοιδοροι, (ουχ αρπαγες), βασιλειαν θεου κληρονομησουσιν.

ου μεθυσοι	ℵ A C 33 1175 1739 1881 Or
ουτε μεθυσοι	(P⁴⁶)[123] B D 223 876 1780 MajT
	[F G lac.]
ου λοιδοροι	P⁴⁶ ℵ A B C D² 33 223 1175 1739 1780 1881 MajT Or
ουτε λοιδοροι	D* 876 pc Vg
	[F G lac.]
κληρονομησουσι(ν)	P⁴⁶ ℵ A B C D 33 1175*[124] 1739* 1780 Or[125]
ου κληρονομησουσι(ν)	223 876 1175ᶜ 1739ᶜ 1881 MajT
	[F G lac.]

6.12

παντα μεν γαρ εξεστιν, αλλ' ου παντα συμφερει. (Cit) (IO.COM XIII.230.12)

TEXT: παντα μεν γαρ εξεστιν, αλλ' ου παντα συμφερει.

---

[123]p46 has ουδε rather than ουτε.

[124]NA²⁶ lists 1175 as supporting ου κληρονομησουσιν. There is an ου before κληρονομησουσιν in this minuscule, nonetheless it seems to me to be of a later hand. These two letters appear at the end of a line, they are off center and are much lighter than any other letter on the page.

[125]Although ου is present before κληρονομησουσι(ν) in two allusions and an adaptation, the briefness of these allusions/adaption necessitate the presence of ου here. The citation clearly omits it.

6.15

(μη αιρειν) τα μελη του Χριστου (και το υπο του λογου οικουμενων σωμα και ποιειν αυτα) πορνης μελη, (All) (CELS IV.295.32)

(αλλα και) Χριστου μελη (οντες παρωνυμοι εχρηματισον Χριστοι,) (All) (MAT.COM XII.88.21)

TEXT: ...(αρας[126] ουν) τα μελη του Χριστου (ποιησω) πορνης μελη;...

αρας	P[46] ℵ A B C D 33 223 1739*[127] 1780 1881 MajT[128] Or
αρα	876 1175 1739c
η αρα	F (G)
τα μελη	P[46] ℵ A B C D F G 223 876 1175 1739 1780 1881 MajT Or
το σωμα	33
πορνης μελη	P[46] ℵ A B C 33 223 876 1175 1739 1780 1881 MajT Or
μελη πορνης	D F G pc Vg

6.16

ο κολλωμενος τη πορνη εν σωμα εστιν (Cit) (MART 10.19)

ο μεν γαρ κολλωμενος τη πορνη εν σωμα εστιν· (Cit) (IO.COM XX.348.11)

---

[126] Since the allusion from CELS reads αιρειν Origen's text surely read the aorist particple αρας, rather than the particle αρα.

[127] Only αρα can be seen in this MS, yet something seems to have been erased and there is room for another letter. Thus we can safely assume that it was a -ς which was erased. On the basis of this the editors of NA[26] indicate that it is not the original reading of 1739 which supports αρα.

[128] The Majority text is divided here between αρας and αρα. Yet it is αρας which appears in Farstad and Hodges text.

(και προσηλωμενοι κολλωνται) τη πορνη (υλη, γινομενοι προς αυτην) εν σωμα, (All) (IO.COM XX.348.6)

ο κολλωμενος τη πορνη εν σωμα εστιν (και ο κολλωμενος τω κυριω εν πνευμα εστιν.) (Ad) (IO.COM XIX.302.28)

TEXT: ...ο κολλωμενος τη πορνη εν σωμα εστιν...

6.17

ο κολλωμενος τω κυριω εν πνευμα εστι· (Cit) (CELS II.136.33)

ο δε κολλωμενος τω κυριω εν πνευμα εστιν. (Cit) (IO.COM XX.348.11)

ο κολλωμενος τω κυριω εν πνευμα εστιν, (Cit) (IO.COM XXXII.470.21)

ο κολλωμενος τω κυριω εν πνευμα εστιν. (ει δ') ο κολλωμενος τω κυριω εν πνευμα εστι,... (Cit) (CELS VI.119.11)

(ηπερ) ο κολλωμενος τω κυριω εν πνευμα εστιν. (Cit) (MAT.COM XVI.501.3)

ο γαρ κολλωμενος τω κυριω εν πνευμα εστιν. (Cit) (HARCL 3.14)

ο δε[129] κολλωμενος τω κυριω εν πνευμα εστιν (εν Χριστου Ιησου,) (Cit) (IER.HOM XI.85.10)

(ο κολλωμενος τη πορνη εν σωμα εστιν) και ο κολλωμενος τω κυριω εν πνευμα εστιν. (Ad) (IO.COM XIX.302.28)

(ει) ο κολλωμενος τω κυριω εν πνευμα (προς αυτον γινεται.) (Ad) (MAT.COM XIV.290.30)

ο κολλωμενος γαρ τω κυριω (κατα τον Παυλον) εν πνευμα εστι. (Ad) (ORAT 361.3)

---

[129]Rather than *ο δε* Jerome's translation of the IER.HOM reads *si non*.

(και κολλωμενων) τω κυριω (και ενουμενων τω εν αρχη προς τον θεον λογω, και τη σοφια αυτου, ην εκτισεν αρχην οδων αυτου εις εργα αυτου, ινα γενωνται προς αυτην) εν πνευμα· (All) (IO.COM XX.348.8)

(ειτ' επει εδει τηρεισθαι τω κολλωμενω) θεω[130] (τω[131] γενεσθαι αυτον προς αυτον) εν πνευμα, (All) (MAT.COM XIV.323.24)

(παντος μαλλον των δια το κολλασθαι) τω κυριω (γινομενων) εν πνευμα (προς αυτον.) (All) (MAT.COM XV.420.15)

TEXT: ο (δε[132]) κολλωμενος τω κυριω εν πνευμα εστιν.

6.19

(και τω θεω των ολων ανακειμενον) σωμα ναος εστι (του προσκυνουμενων υπ' αυτων θεου, (All) (CELS IV.296.1)

(οτε[133] και) ναος (εστι του εν τω κατ' εικονα ανειληφοτος του θεου τα του θεου) το σωμα, (All) (CELS VI.134.10)

(τινα τροπον διδασκομεθα οτι τα σωματα ημων) ναος του θεου (εστι,) (All) (CELS VIII.236.18)

---

[130] Both the Monacensis and the Cantabrigiensis MSS read θεω here. Klostermann follows a MS of the MAT.CAT and prints κυριω.

[131] The same catena MS, mentioned in the previous note, corrects τω with το. Klostermann follows this reading aganist the Monacensis and the Cantabrigiensis.

[132] In all likelihood δε was present in Origen's text. This is exactly the kind of omission, which due to stylistic reasons, is common in Patristic citations.

[133] The Vatican MS of CELS reads οτε, whereas the Venetian MS and the older editions read οτι. SC joins GCS in following the Vatican MS.

TEXT: ...(το σωμα¹³⁴) (υ)μων ναος...

το σωμα   P⁴⁶ ℵ A*¹³⁵ B C D F G 1739 MajT¹³⁶
τα σωματα A² 33 223 876 1175 1881 1780

6.20

(ουκ εφροντισε) των τιμης αγορασθεντων, (All) (EP.IVL VIII.532.7)

TEXT: Reconstruction not attempted.

---

[134] It is more likely that Origen read the singular το σωμα, rather than the plural τα σωματα, as he shares more affinities with the MSS which support this reading. Yet the evidence here is far from conclusive and this variant will not be used in the analysis.

[135] According to Tischendorf's NT and Hansell the original hand of Codex Alexandrinus read the singular. However, the original hand was erased and changed to plural by a later hand. NA²⁶ knows nothing of this change, indicating that Codex A supports the plural. I have been unable to see the original reading underneath the present one, yet I only posess a photocopy of Kenyon's *Reduced Photographic Facsimile*.

[136] Farstad and Hodges print the singular in there text, but they indicate in their apparatus that the Majority text is divided between the singular and the plural.

Chapter 7

7.1

(1-2) (το) [καλον ανθρωπω γυναικος μη απτεσθαι·][137] (Cit) (MAT.COM XIV.339.33)

TEXT: [καλον ανθρωπω γυναικος μη απτεσθαι·]

7.2

δια δε τας πορνειας εκαστος την εαυτου γυναικα εχετω, και εκαστη τον ιδιον ανδρα εχετω. (Cit) (MAT.COM XIV.339.33)

TEXT: δια δε τας πορνειας εκαστος την εαυτου γυναικα εχετω, και εκαστη τον ιδιον ανδρα εχετω.

τας πορνειας	P46 ℵ A B C D 33 223 876 1175 1739 1780 1881 MajT Or
της πορνειαν	F G Latt Syr
και εκαστη τον ιδιον ανδρα εχετω	P46 ℵ A B C D 33 223 876 1175 1739 1780 1881 MajT Or
omit	F G pc

7.3

τη γυναικι ο ανηρ την οφειλην αποδιδοτω, ομοιως και η γυνη τω ανδρι· (Cit) (ORAT 377.22)

(και το) τη γυναικι ο ανηρ την οφειλην αποδιδοτω, ομοιως δε και η γυνη τω ανδρι· (Cit) (MAT.COM XIV.340.1)

---

[137]Klostermann, on the basis of the Latin translation, supplies this part of verse one.

1 Corinthians in Origen

TEXT: τη γυναικι ο ανηρ την οφειλην αποδιδοτω, ομοιως (δε) και η γυνη τω ανδρι.

οφειλην	P⁴⁶ ℵ A B C D F G 33 1175 1739 1881 Or
οφειλομενην ευνοιαν	223 876 1780 MajT
δε και	P⁴⁶ ℵ B C D F G 33 223 876 1175 1739 1780 1881 MajT Or
και	A pc

7.5

μη αποστερειτε αλληλους, εαν μη τι εκ συμφωνιας προς καιρον, ινα σχολασητε τη προσευχη και παλιν επι το αυτο ητε, ινα μη επιχαρη υμιν ο σατανας δια την ακρασιαν υμων. (Cit) (ORAT 300.16)

μη αποστερειτε αλληλους, ει μη τι αν εκ συμφωνου προς καιρον, ινα σχολασητε τη προσευχη. (Cit) (MAT.COM XIV.272.32)

μη αποστερειτε αλληλους (Cit) (ORAT 377.23)

(εν τω) ει μη τι αν εκ συμφωνου. (Cit) (MAT.COM XIV.273.11)

(ει γαρ σχολασαι) τη προσευχη (ον τροπον χρη ουχ οιον τε εστιν,) εαν μη εκ συμφωνου προς καιρον (τουτω τις εαυτον επιδω,) (All) (ORAT 398.11)

(γινομενην) τη προσευχη (σχολην·) (All) (ORAT 317.1)

(εκ συμφωνιας αποστερουντας αλληλους σωματικης ομιλιας, ινα σχολασωσι) τη προσευχη, (All) (MAT.COM XIV.278.6)

(δι' ας ουδε σχολαζιαν εστι) τη προσευχη (δυνατον εν μολυσμω πως οντων...) (All) (MAT.COM XVII.699.9)

(αλλα σχολαζοντες) προσευχη και νηστεια... (All) (MAT.COM XIII.198.21)

TEXT: μη αποστερειτε αλληλους, ει[138] μη τι αν εκ συμφωνου προς καιρον, ινα σχολασητε τη προσευχη και παλιν επι το αυτο ητε, ινα μη (επιχαρη υμιν)[139] ο σατανας δια την ακρασιαν υμων.

αποστερειτε P46 ℵ A B C D F G 33 223 876 1175 1739 MajT Or
αποστερητε 1780 pc
αποστερησθε 1881

αν ℵ A C D F G 33 223 876 1175 1739 1780 1881 MajT Or[140]
omit P46 B

σχολασητε P46 ℵ A B C D F G 1175 1739 Or
σχολαζητε 33 223 876 1780 1881 MajT

τη προσευχη P46 ℵ* A B C D F G 33 1175 1739 1881 Or[141]
τη νηστεια και τη προσευχη ℵ2 223 876 1780 MajT

ητε ℵ A B C D F G 33 1175 1739 1881 Or
συνερχησθε 223 1780 MajT
συνερχεσθε P46 876

υμων P46 ℵ A C D F G 33 223 876 1175 1739 1780 1881 MajT Or
omit B

---

[138] Although one rather loose citation and an allusion read εαν, ει should be retained with two more exact citations.

[139] J. E. L. Oulton argues that this reading, επιχαρη υμιν, may be original even though it is found only in Origen and nowhere else. See his intriguing discussion in Henry Chadwick, (Ed.), *Alexandrian Christianity*, 332.

[140] αν is omitted in the first citation listed above, however it is not as an exact a citation as two others which support the inclusion of αν.

[141] While one very loose allusion, the last listed, does read νηστεια the overwhelming evidence requires its omission.

7.6

τουτο δε λεγω κατα συγγνωμην, ου κατ' επιταγην. (Cit) (MAT.COM XIV.340.6)

κατα συγγνωμην, ου κατ' επιταγην. (Cit) (ORAT 398.9)

(οιον α λεγει) κατα συγγνωμην, ου κατ' επιταγην. (Cit) (IO.COM X.177.14)

TEXT: τουτο δε λεγω κατα συγγνωμην, ου κατ' επιταγην.

7.7

θελω δε παντας ανθρωπους ειναι ως εμαυτον, αλλ' εκαστος ιδιον εχει χαρισμα εκ θεου, ος μεν ουτως, ος δε ουτως. (Cit) (MAT.COM XIV.324.10)

TEXT: θελω δε παντας ανθρωπους ειναι ως εμαυτον, αλλ' εκαστος ιδιον εχει χαρισμα εκ θεου, ος μεν ουτως, ος δε ουτως.

δε	P46 ℵ* A C D* F G Or
γαρ	ℵ2 B D2 223 876 1175 1739 1881 MajT
omit	1780
	[33 illegible]

ως εμαυτον	223 pc Vg Or
ως και εμαυτον	P46 ℵ A B C D F G 33 876 1175 1739 1780 1881 MajT

εχει χαρισμα	ℵ A B (C) D F G 33 1175 1739 1881 Or
χαρισμα εχει	P46 223 876 1780 MajT

θεου	P46 ℵ A B C 33 223 876 1175 1739 1780 1881 MajT Or
του θεου	D F G pc

εκ (του) θεου	P46 ℵ A B C D F G 33 223 876 1739 1780 1881 MajT Or
απο (του) θεου	1175 pc

ος bis   P⁴⁶ ℵ² 223 876 1175 1780 MajT Or
ο bis   ℵ* A B C D F G 33 1739 1881

7.12

(το τε) εγω λεγω, και ουχ ο κυριος (Cit) (IO.COM I.6.26)

TEXT: ...εγω λεγω, και ουχ ο κυριος·

εγω λεγω   (D) F G 223 876 1780 MajT Or
λεγω εγω   P⁴⁶ ℵ A B C 33 1175 1739 1881

7.17

(το τε) εν πασαις εκκλησιαις διατασσομαι (Cit) (IO.COM I.6.

TEXT: ...εν πασαις εκκλησιαις διατασσομαι.

εν πασαις ταις εκκλησιαις   ℵ 33 pc Vg (Or)
εν ταις εκκλησιαις πασαις   P⁴⁶ A B C^vid D F G 223 876 1175
                             1739 1780 1881 MajT

διατασσομαι   P⁴⁶ ℵ A B C D² 33 223 876 1175 1739 1780
              1881 MajT Or
διδασκω   D* F G Vg

7.23 (Cf. 6.20)

τιμης ηγορασθητε· μη γινεσθε δουλοι ανθρωπων. (Cit)
(MAT.COM XVI.499.17)

(καθο) τιμης ηγορασθημεν, (All) (MAT.COM XII.131.20)

(ουκ εφροντισε) των τιμης αγορασθεντων, (All) (EP.IVL
VIII.532.7)

7.29

[(μακαριοι γαρ) οι εχοντες γυναικας ως οι[142] μη εχοντες, (ο αποστολος ειρηκεν.) (Cit) (PASC 224.36)]

TEXT: [...οι εχοντες γυναικας ως οι μη εχοντες...][143]

7.31

(και το) παραγει γαρ το σχημα του κοσμου τουτου (Cit) (MAT.COM XIII.173.11)

TEXT: ...παραγει γαρ το σχημα του κοσμου τουτου.

7.39

γυνη δεδεται εφ' οσον χρονον ζη ο ανηρ αυτης· εαν δε κοιμηθη ο ανηρ, ελευθερα εστιν ῳ θελει γαμηθηναι, μονον εν κυριῳ. (Cit) (MAT.COM XIV.328.17)

γυνη δεδεται εφ' οσον χρονον ο ανηρ αυτης ζη· εαν δε κοιμηθη ο ανηρ, ελευθερα εστιν ῳ θελει γαμηθηναι, μονον εν κυριῳ. (Cit) (MAT.COM XIV.340.8)

---

[142] Guéraud and Nautin, the editors of the Tura fragment of PASC, print οι in brackets indicating that they believe it to be an error of transcription.

[143] I include this text for the sake of completeness. However, there is good reason to doubt that Origen is here quoting 1 Corinthians. The text of the Epistle reads: το λοιπον, ινα και οι εχοντες γυναικας ως μη εχοντες ωσιν. The text to which Origen refers is, at best, an *allusion* to 1 Cor. 7.29. The ο αποστολος ειρηκεν seems to indicate that Origen is *citing* "the Apostle". The apocryphal *Acts of Paul and Thecla* (5), however, attributes to Paul a statement nearly verbatim to Origen's citation: μακαριοι οι εχοντες γυναικας ως μη εχοντες,... (Lipsius, *Acta Apostolorum Apocrypha*, I.238-239). Origen certainly knew and valued the *Acts of Paul*, of which the *Acts of Paul and Thecla* is an integral part, for he quotes it on two other occasions: PRINC I.2.3 and IO.COM XX.342. All this indicates that Origen is here probably refering not to 1 Corinthians, but to the *Acts of Paul*. So also F. Bovon, "Une nouvelle citation des *Actes de Paul* chez Origène", *Apocrypha* 5 (1994) 113-117. [P. W. Dunn drew my attention to this passage in the *Acts of Paul*.]

γυνη δεδεται[144] εφ' οσον χρονον ζη ο ανηρ αυτης, (Cit)
(MAT.COM XIV.340.30)

TEXT: γυνη δεδεται εφ' οσον χρονον ζη ο ανηρ αυτης· εαν δε κοιμηθη ο ανηρ, ελευθερα εστιν ῳ θελει γαμηθηναι, μονον εν κυριῳ.

δεδεται	P46 ℵ* A B D* 33 1175 1739 1881 Or
δεδεται γαμῳ	K
δεδεται νομῳ	ℵ2 D2 F G 223 876 1780 MajT Vg
	[C lac.]
δε κοιμηθη	P46 ℵ (A) B D* (F G) 33 1175 1739 1881 Or
δε και κοιμηθη	D2 223 876 1780 MajT
	[C lac.]
κοιμηθη	P46 ℵ B D 33 223 876 1175 1739 1780 1881 MajT Or
κεκοιμηθη	F G
αποθανη	A
	[C lac.]
ο ανηρ2	P46 ℵ A B 223 876 1780 MajT Or
ο ανηρ2 αυτης	D F G 33 1175 1739 1881
	[C lac.]
γαμηθηναι	P46 ℵ A B D 33 223 876 1175 1739 1780[145] 1881 MajT Or
γαμηθη	F G Vg
	[C lac.]

---

[144] The Greek MS(S) of MAT.COM reads δεδεται, however the Latin translation reads *ligata* rather than the *alligata* of the Vg and It. This may indicate an aorist form of διδωμι lay the translation rather than the perfect. In any case the editor, Klostermann, prints δε[δεται] partly in brackets, to express this doubt.

[145] In this MS γαμηθη(ναι) appears at the end of the line, with only γαμηθη present. What appears to be an abbreviation follows. I take this to be an abbreviation for -ναι, but as I can not find an abbreviation for -ναι on any of the lists available to me I can not be certain.

7.40

μακαριωτερα δε εστιν εαν ουτως μεινη, κατα την εμην γνωμην· δοκα[146] δε καγω πνευμα θεου εχειν. (Cit) (MAT.COM XIV.328.22)

δοκω δε καγω πνευμα θεου εχειν. (Cit) (IO.COM XIII.282.32)

(εν τουτοις γαρ τω) κατα την εμην γνωμην, (ινα μη καταφρονηθη ως κενη πνευματος θεου, καλως επηγαγε το) δοκω καγω πνευμα θεου εχειν, (All) (MAT.COM XIV.328.25)

(υπο των εχοντων) πνευμα θεου (All) (CELS VI.134.25)

TEXT: μακαριωτερα δε εστιν εαν ουτως μεινη, κατα την εμην γνωμην· δοκω δε καγω πνευμα θεου εχειν.

μακαριωτερα	ℵ A B D F G 33 223 876 1175 1739 1780 1881 MajT Or
μακαρια	P46 Cl
	[C lac.]
δοκω δε	P46 ℵ A D F G 223 876 1780 MajT Or
δοκω γαρ	B 33 1175 1739 1881
	[C lac.]
πνευμα θεου	P46 ℵ A B D F G 223 876 1175 1739 1780 1881 MajT Or
πνευμα Χριστου	33
	[C lac.]
εχειν	P46 ℵ A B D 33 223 876 1175 1739 1780 1881 MajT Or
εχω	F G Latt
	[C lac.]

---

[146]The corrector of the Cantabrigiensis MS of MAT.COM has δωκω in the margin.

Chapter 8

8.2

(πως γαρ εστιν ο συνιων επειπερ) ει τις δοκει εγνωκεναι, ουπω εγνω καθως δει γνωναι; (Cit) (ROM.COM 138.14)

ει τις εγνω, ουπω εγνω καθως δει γνωναι...(Ad) (ROM.COM 228.2)

(ουδεπω εγνωκοτα) καθως δει γνωναι, (All) (IO.COM I.20.21)

TEXT: ει τις δοκει εγνωκεναι, ουπω εγνω καθως δει γνωναι.

ει τις	P46 ℵ A B (33)[147] 1175 1739 1881 Or
ει δε τις	D F G 223 876 1780 MajT
	[C lac.]
εγνωκεναι	P46 Or
εγνωκεναι τι	ℵ A B D F G 33 1175 1739 1881
ειδεναι τι	223 876 1780 MajT
ειναι τι	326 pc
	[C lac.]
ουπω	P46 ℵ A B 33 1175 1739 1881 Or
ουδεπω	D* F G
ουδεπω ουδεν	D² 223 876 1780 MajT
	[C lac.]
εγνω	P46 ℵ A B D* F G 1175 1739 1881 Or
εγνωκε	D² 223 876 1780 MajT
εδει	33[148]
	[C lac.]

8.4

(εν ω και προς το μηδεν ειναι) ειδωλον εν κοσμω (All) (CELS VIII.240.31)

---

[147] Codex 33 reads η τις rather than ει τις.
[148] Tischendorf speculates that εδει is an error for ηδει.

86 1 Corinthians in Origen

TEXT: ...ειδωλον εν κοσμω...

8.5

και γαρ ειπερ εισι λεγομενοι θεοι ειτ' εν ουρανω ειτ' επι της[149] γης, ωσπερ εισι θεοι πολλοι και κυριοι πολλοι, (Cit) (CELS VIII.223.16)

ωσπερ εισι θεοι πολλοι και κυριοι πολλοι, (Cit) (IO.COM I.38.15)

(οιδαμεν δε και οτι) ειπερ εισι θεοι λεγομενοι, ειτ' εν ουρανω ειτ' επι γης, ωσπερ εισι θεοι πολλοι και κυριοι πολλοι, (Cit) (CELS IV.298.8)

ωσπερ ουν θεοι πολλοι (αλλ' ημιν εις θεος ο πατηρ,) και πολλοι κυριοι (αλλ' ημιν εις κυριος Ιησους Χριστος,) (Ad) (IO.COM II.55.21)

TEXT: και γαρ ειπερ εισι (λεγομενοι θεοι)[150] ειτ' εν ουρανω ειτ' επι (της) γης, ωσπερ εισι θεοι πολλοι και κυριοι πολλοι,

λεγομενοι	P46 ℵ A B D 33 223 876 1175 1739 1780 1881 MajT Or
οι λεγομενοι	F G K [C lac.]
θεοι	P46 ℵ A B F G 33 223 876 1175 1739 1780 1881 MajT Or
θεοι και κυριοι	D [C lac.]

---

[149]The Venetian MS and the older editions omit της. Both GCS and SC on the basis of the other MSS of CELS include it.

[150]These two words may have been in either order in Origen's text. While their order is not certain, their presence is.

επι γης   P⁴⁶ ℵ A B D F G 33 1175 1739 1780 MajT
επι της γης   223 876 1881
            [C lac.]

8.6

αλλ' ημιν εις θεος ο πατηρ, εξ ου τα παντα και ημεις εις αυτον, και εις κυριος Ιησους Χριστος, δι' ου τα παντα και ημεις δι' αυτου. (Cit) (CELS IV.298.4)

αλλ' ημιν εις θεος ο πατηρ, εξ ου τα παντα, και εις κυριος Ιησους Χριστος, δι' ου τα παντα και ημεις δι' αυτου. (Cit)[151] (CELS VIII.223.24)

αλλ' ημιν εις θεος ο πατηρ, εξ ου τα παντα, και εις κυριος Ιησους Χριστος, δι' ου τα παντα, (Ad) (CELS VIII.223.27)

αλλ' ημιν εις κυριος Ιησους Χριστος, δι' ου τα παντα, (Ad) (MAT.COM XVI.525.15)

δι' ου τα παντα, (All) (MAT.COM XII.72.14)

(ωσπερ ουν θεοι πολλοι) αλλ' ημιν εις θεος ο πατηρ, (και πολλοι κυριοι αλλ' ημιν) εις κυριος Ιησους Χριστος, (Ad) (IO.COM II.55.21)

TEXT: αλλ' ημιν εις θεος ο πατηρ, εξ ου τα παντα και ημεις εις αυτον, και εις κυριος Ιησους Χριστος, δι' ου τα παντα και ημεις δι' αυτου.

αλλ'   ℵ A D F G 223 876 1175 1739 1780 1881 MajT Or
omit   P⁴⁶ B (33)[152]
        [C lac.]

---

[151] Was the phrase και ημεις εις αυτον omitted due to homoeoteleuton, the eye skipping from και to και? Or was it deliberately omitted as in the following adaptation? In any either case its presence in Origen's text is not in doubt.

[152] Codex 33 has δε rather than αλλ' or a simple omission.

1 Corinthians in Origen

εις θεος ο πατηρ   P⁴⁶ ℵᶜ A B D 33 223 876 1739 1780 1881
                   MajT Or
εις ο πατηρ   ℵ* 1175
εις ο θεος ο πατηρ F G
                   [C lac.]

εξ ου τα παντα   P⁴⁶ ℵ A B D² F G 33 223 876 1175 1739 1780
                   1881 MajT Or
εξ ου παντα   D*
                   [C lac.]

ου²   P⁴⁶ ℵ A D F G 33 223 876 1175 1739 1780 1881 MajT Or
ον²   B
      [C lac.]

αυτου
   P⁴⁶ ℵ A B D F G 33 223 876 1175 1739 1780 MajT Or
αυτου και εν πνευμα αγιον, εν ω τα παντα και ημεις εν αυτω
   630 (1881)[153] pc
   [C lac.]

8.7

αλλ' ουκ εν πασιν η γνωσις. (Cit) (CELS VIII.223.27)

TEXT: αλλ' ουκ εν πασιν η γνωσις.

8.8

βρωμα ημας ου παραστησει τω θεω· ουτε γαρ εαν φαγωμεν, περισσευομεν, ουτ' εαν[154] μη φαγωμεν, υστερουμεθα. (Cit) (CELS VIII.244.27)

βρωμα δε ημας ου παριστησι τω θεω· ουτε γαρ εαν φαγωμεν, περισσευομεθα, ουτε εαν μη φαγωμεν, υστερουμεθα. (Cit) (MAT.COM XI.54.12)

---

[153]1881 agrees with this addition except that it does not have the last phrase: και ημεις εν αυτω.

[154]The Vatican MS of CELS divides the words ουτε αν, and one early edition follows it, however both the GCS and SC editions read ουτ' εαν.

Origen's Text of 1 Corinthians 8   89

(και) βρωμα ημας ου παραστησει τῳ θεῳ· (Cit) (CELS V.53.24)

(εν τῳ) ουτε εαν φαγωμεν, περισσευομεν, ουτε εαν μη φαγωμεν, υστερουμεθα. (Cit) (MAT.COM XI.57.32)

(ουτω δε ουτε εκ το μη φαγειν, παρ' αυτο το μη φαγειν απο του αγιασθεντος λογῳ θεου και εντευξει αρτου,) υστερουμεθα (αγαθου τινος ουτε εκ του φαγειν) περισσευομεν (αγαθῳ τινι.) (All) (MAT.COM XI.57.27)

TEXT: βρωμα (δε) ημας ου παραστησει[155] τῳ θεῳ· ουτε γαρ εαν φαγωμεν, περισσευομεν, ουτε εαν μη φαγωμεν, υστερουμεθα.

———

ημας	P[46] ℵ[c] A B D F G 223 876 1175 1739 1881[c] MajT Or
υμας	ℵ* Ψ 33 (1780) 1881*
	[C lac.]

παραστησει	P[46] ℵ* A B 33 1175 1739
παριστησι	ℵ[2] D 223 876 1780 1881 MajT
συνιστησι	(F) G
	[C lac.]

———

[155] Although NA[26] cites Origen as supporting the future παραστησει this is not above doubt. Two citations from CELS support the future tense, but another citation from MAT.COM has the present tense. Origen's text probably read the future text as he shares more by way of textual affinities with the witnesses which support the future than those which support the present, but this is not above doubt and this variant will not be counted in the analysis.

ουτε γαρ εαν φαγωμεν, περισσευομεν, ουτε εαν μη φαγωμεν, υστερουμεθα.
    D F G 223 876 (1175)[156] 1780 MajT Or[157]
ουτε εαν φαγωμεν, περισσευομεν, ουτε εαν μη φαγωμεν, υστερουμεθα.
    ℵ A* 1881
ουτε εαν μη φαγωμεν, περισευομεν, ουτε εαν φαγωμεν, υστερουμεθα.
    A^c
ουτε εαν μη φαγωμεν, περισσευομεν, ουτε εαν φαγομεν, υστερουμεθα.
    33*vid
ουτε εαν φαγωμεν, περισσευομεν, ουτε εαν φαγομεν, υστερουμεθα.
    33^c
ουτε εαν μη φαγωμεν, υστερουμεθα, ουτε εαν φαγωμεν, περισσευομεν.
    P46 (B)[158]
ουτε γαρ εαν μη φαγωμεν, υστερουμεθα, ουτε εαν φαγωμεν, περισσευομεν.
    630 (1739)[159]
    [C lac.]

8.11-12

(απολλυς τους αυτου αδελφους, δι' ους) Χριστος απεθανε. (Ad) (CELS VIII.241.4)

(εφυλαξαμεθα αν αμαρτανειν) εις τους αδελφους και (τυπτειν) αυτων την συνειδησιν ασθενουσαν, (ινα μη) εις Χριστον (αμαρτανωμεν, πολλακις απολλυμενων ου μονον τη ημετερᾳ) γνωσει (αλλα και αλλοις τισι των περι ημας αδελφων, δι' ους) Χριστος απεθανεν εφ' οις) εις Χριστον (αμαρτανοντες...) (All) (MAT.COM XIII.241.20)

---

[156]Codex 1175 has περισσευομεθα rather than περισσευομεν.
[157]NA27 cites Or^pt in support of the next reading which differs from this in omitting the γαρ. However, patristic evidence for such omissions are rarely certain. Given its presence in two citations it should be retained.
[158]Codex B has περισσευομεθα rather than περισσευομεν.
[159]Codex 1739 has περισσευομεθα rather than περισσευομεν.

TEXT: ...γνωσει (ο αδελφος) δι' (ον) Χριστος απεθανε(ν)....
(αμαρτανοντες) εις τους αδελφους και τυπτ(οντες) αυτων την
συνειδησιν ασθενουσαν εις Χριστον...

    εις τους αδελφους   P46 ℵ A B D 33 223 876 1175 1739 1780
                                   1881 MajT Or
    εις αδελφους   F G
                                   [C lac.]

    και τυπτοντες   P46 ℵ A B D 33 223 876 1175 1739 1780 1881
                                   MajT Or
    τυπτοντες   F G pc
                                 [C lac.]

    αυτων   P46 ℵ A B D G 223 876 1739 1780 1881 MajT Or
    εαυτων 33
    αυτον   F 1175
               [C lac.]

    ασθενουσαν   ℵ A B D F G 33 223 876 1175 1739 1780 1881
                             MajT Or
    omit   P46
                     [C lac.]

8.13

    ει σκανδαλιζει τον αδελφον μου κρεα, ου μη φαγω κρεα εις τον
αιωνα, ινα μη τον αδελφον μου σκανδαλισω. (Cit) (CELS
VIII.244.9)

TEXT: ει σκανδαλιζει τον αδελφον μου κρεα, ου μη φαγω κρεα εις
τον αιωνα, ινα μη τον αδελφον μου σκανδαλισω.

    κρεα   ℵc A B D F G 33 223 876 1175 1739 1780 1881 MajT
               Or
    κρεας   P46 ℵ*
               [C lac.]

μου...μου   P⁴⁶ ℵ A B D² 33 223 876 1175 1739 1780 1881
             MajT Or
omit (bis)   F G pc
μου...omit   D*
             [C lac.]

Chapter 9

9.1

ουκ ειμι ελευθερος; ουκ ειμι αποστολος; ουχι Ιησουν τον κυριον ημων εωρακα; ου το εργον μου υμεις εστε εν κυριω; (Cit)
(IO.COM XIII.282.14)

TEXT: ουκ ειμι ελευθερος; ουκ ειμι αποστολος; ουχι Ιησουν τον κυριον ημων εωρακα; ου το εργον μου υμεις εστε εν κυριω;

ουκ ειμι ελευθερος; ουκ ειμι αποστολος;	P⁴⁶ ℵ A B 33 1175 1739 1881 Or
ουκ ειμι αποστολος; ουκ ειμι ελευθερος;	D F G 223 876 1780 MajT [C lac.]

Ιησουν	P⁴⁶ ℵ A B 876 1175 1739 Or
Ιησουν Χριστον	D 223 1780 1881 MajT
Χριστον Ιησουν	F G [C lac.] [33 illegible]

9.2

ει και αλλοις ουκ ειμι αποστολος, αλλα γε υμιν ειμι· η γαρ σφραγις μου της αποστολης υμεις εστε εν κυριω. (Cit)
(IO.COM XXXII.453.31)

TEXT: ει και αλλοις ουκ ειμι αποστολος, αλλα γε υμιν ειμι· η γαρ σφραγις μου της αποστολης υμεις εστε εν κυριω.

μου της	ℵ B 33 1739 Or
της εμης	P⁴⁶vid D F G 223 876 1175 1780 1881 MajT [A h.t.] [C lac.]

αποστολης	P⁴⁶ ℵ A B D F G 33 223 876 1175 1739 1780 MajT Or
επιστολης	1881 pc [C lac.]

94 1 Corinthians in Origen

ἐν κυριω   ℵ B D² F G 33 223 876 1175 1739 1780 1881 MajT
             Or
omit   D* pc
           [A h.t.] [P⁴⁶ C lac.]

9.8

η και ο νομος ταυτα ου λεγει; (Cit) (CELS II.130.4)

TEXT: η και ο νομος ταυτα ου λεγει;

η και ο νομος ταυτα ου λεγει;	P⁴⁶ ℵ A B C D 1175 1739 Or
η ει και ο νομος ταυτα λεγει;	F G
η ουχι και ο νομος ταυτα λεγει;	223 876 1780 1881 MT
	[33 illegible]

9.9

εν γαρ τω Μωυσεως¹⁶⁰ νομω γεγραπται· ου φιμωσεις¹⁶¹ βουν αλοωντα. μη των βοων μελει τω θεω; (Cit) (CELS II.130.4)

εν τω νομω γεγραπται· ου φιμωσεις βουν αλοωντα. μη των βοων μελει τω θεω; (Cit) (CELS IV.322.12)

(εωρακει γαρ αν οτι ου) των βοων μελει τω θεω (All) (CELS V.40.2)

---

¹⁶⁰One important MS, the Vatican MS, and the earlier editions spell Moses: μωσεως.
¹⁶¹The Vatican MS reads φημωσεις.

TEXT: εν γαρ τω (Μωυσεως) νομω γεγραπται· ου φιμωσεις βουν αλοωντα. μη των βοων μελει τω θεω

εν γαρ τω Μωυσεως νομω γεγραπται   ℵ A B C D² 33
                                    (223)¹⁶² 876 1175 1739
                                    1780 1881 MajT Or¹⁶³

εν γαρ τω νομω γεγραπται·   P⁴⁶ it^b
γεγραπται γαρ·   D* F G

φιμωσεις   P⁴⁶ ℵ A B² C D² 33 223 876 1175 1780 1881 MajT
           Or
κημωσεις   B* D* F G 1739

των βοων   P⁴⁶ ℵ A B C 33 223 876 1175 1739 1780 1881
                MajT Or
περι των βοων   D F G Latt

9.10

η δι' ημας παντως λεγει; δι' ημας γαρ εγραφη οτι οφειλει επ' ελπιδι ο αροτριων, αροτριαν, και ο αλοων επ' ελπιδι του μετεχειν (Cit) (CELS IV.322.14)

η δι' ημας παντως λεγει; δι' ημας γαρ εγραφη (και τα εξης.) (Cit) (CELS II.130.6)

---

¹⁶²Codex 223 has νομω before Μωυσεως.
¹⁶³The second citation of this verse (from CELS IV) does not match the P⁴⁶ variant as it omits γαρ. The first citation (from CELS II) clearly reflects the Alexandrian/Byzantine variant, and Origen's text certainly cannot support the Western text here. Thus although there is uncertainty, as to whether Origen included or omitted Μωυσεως, this variant will be used in the anaylsis. It should be remembered that the reading of P⁴⁶, and it^b, is a singular reading and will not be tabulated in the analysis.

96 1 Corinthians in Origen

TEXT: η δι' ημας παντως λεγει; δι' ημας γαρ εγραφη οτι οφειλει επ' ελπιδι ο αροτριων, αροτριαν, και ο αλοων επ' ελπιδι του μετεχειν.

δι' ημας (bis) P^{46} ℵ A B C D F G 223 876 1175 1739 1780 1881 MajT Or
δι' υμας (bis)   33

οφειλει επ' ελπιδι ο αροτριων $(P^{46})^{164}$ ℵ* A B C 33 1175 1739 1881 Or
οφειλει ο εφ' ελπιδι αροτριων οφειλει   F G
επ' ελπιδι οφειλει ο αροτριων   ℵ^c (D^2) 223 876 1780 MajT
ο επ' ελπιδι αροτριων οφειλει   D*

επ' ελπιδι του μετεχειν (P^{46}) ℵ* A B C 33 1175 1739 Or
της ελπιδος αυτου μετεχειν επ' ελπιδι   ℵ^2 D^2 223 876 $(1780)^{165}$ 1881 MajT
της ελπιδος αυτου μετεχειν   D* (F) G

9.13

(μη ματην) τω (εν ουρανοις) θυσιαστηριω παρεδρευουσαι (All) (MART 27.4)

TEXT: ...οι τω θυσιαστηριω παρεδρευ(οντες)...

παρεδρευοντες P^{46} ℵ* A B C D F G 33 1175 1739 1881 Or
προσεδρευοντες   ℵ^c 223 876 1780 MajT

---

[164] p^{46}, here and in the next variant, has εφ' rather than επ'.
[165] Codex 1780 omits επ'.

9.14

(και δεον) εκ του ευαγγελιον (μονον) διαζην, (All)
(MAT.COM XVI.546.22)

TEXT: Reconstruction not attempted.

9.19

(εχοντος) ελευθερον (μεν ειναι) εκ παντων, πασι (δε αυτον δουλωσαι τοις κατω,) ινα τους πλειονας (αυτων κερδηση.)
(All) (MAT.COM XII.164.7)

TEXT: ελευθερο(ς γαρ ων) εκ παντων, πασι (εμαυτον) (ε)δουλωσ(α), ινα τους πλειονας (κερδησω)[166].

9.20

(ει δε) και τοις Ιουδαιοις ως Ιουδαιος γινεται, ινα Ιουδαιους κερδηση, και τοις υπο νομον ως υπο νομον, [ινα τους υπο νομον][167] κερδηση, (Ad) (IO.COM X.177.7)

(ειδεναι) τοις Ιουδαιοις (Ιουδαιον γινεσθαι) ινα Ιουδαιους (κερδηση, και) τοις υπο νομον ως υπο νομον, ινα τους υπο νομον (κερδηση;) (Ad) (CELS II.133.17)

(οτε και αυτος ο Παυλος) τοις Ιουδαιοις Ιουδαιος (εγινετο,) ινα Ιουδαιους (κερδηση) (Ad) (CELS II.127.32)

τοις Ιουδαιοις Ιουδαιος (εγινετο,) ινα Ιουδαιους (κερδηση) (Ad) (MAT.COM XI.46.29)

(και απαιξαπλως) τοις Ιουδαιοις (Ιουδαιον γενομενον,) ινα τους Ιουδαιους (κερδηση,) (Ad) (IO.COM I.12.27)

---

[166]We can be all but certain that Origen's text read κερδησω.

[167]The Venetian MS of IO.COM adds this phrase, the other major witnesses omit it. While it may have been added under the influence of the canonical text, it is just as likely that it fell out do to homoeoteleuton.

1 Corinthians in Origen

τοις Ιουδαιοις (γινομενοι Ιουδαιοι) ινα Ιουδαιους (κερδησωσιν.¹⁶⁸) (All) (IO.COM XIII.240.21)

(ος ει και γεγονεν) υπο νομον (δια τους) υπο νομον, ινα τους υπο νομον (κερδηση) (Ad) (MAT.COM XII.74.9)

(οιον ως επι παραδειγματος ιδε μοι την Παυλου ψυχην) υπο νομον, (All) (MAT.COM XVII.684.17)

TEXT: και τοις Ιουδαιοις (ως)¹⁶⁹ Ιουδαιος (εγενομην), ινα Ιουδιους (κερδησω), και τοις υπο νομον ως υπο νομον, ινα τους υπο νομον (κερδησω)¹⁷⁰.

και¹	ℵ A B C D2 F G 33 223 876 1175 1739 1780 1881 MajT Or
omit	D* pc
	[P⁴⁶ lac.]
Ιουδαιοις ως Ιουδαιος	ℵ A B Cᶜ D 33 223 876 1175 1780 1881 MajT Or
Ιουδαιοις Ιουδαιος	1739 pc
Ιουδαιος Ιουδαιοις	F Gᶜ¹⁷¹
	[P⁴⁶ lac.] [C* illegible]

---

¹⁶⁸In the apparatus Preuschen gives κερδησουσιν as a variant reading with no symbol next to it; is this a suggested emendation or has a symbol for a MS been left out by accident?

¹⁶⁹The first adaptation listed is the closest thing to a citation to this verse; since it includes ως, and since those witnesses which omit it share very little affinity with Origen it is possible that his text included the particle. Nonetheless the nearly overwhelming witness of the next four adaptations argue aganist this. This variant, then, will not be used in the anaylsis. Cf. the interesting discussion of this verse in Origen's lost work Stromata, preserved in the margin of Codex 1739, which is cited below in the Catena material.

¹⁷⁰We can be all but certain that Origen's text read εγενομην and κερδησω (bis).

¹⁷¹The original text of Codex G reads Ιουδαιοις Ιουδαιοις, but this has been corrected to Ιουδαιος Ιουδαιοις.

νομον, ινα   D² 223 876 1780 1881
                                          MajT Or[172]
νομον, μη ων αυτος υπο νομον, ινα   ℵ A B C D* F G 33 1175
                                          1739
                                          [P⁴⁶ lac.]

9.21

τοις τε ανομοις ως ανομος, μη ων ανομος θεου αλλ' εννομος Χριστου, ινα κερδηση τους ανομους, (Ad) (IO.COM X.177.9)

(ουκ ην) ανομος θεου, (All) (MAT.COM XVII.683.23)

TEXT: τοις τε ανομοις ως ανομος, μη ων ανομος θεου αλλ' εννομος Χριστου, ινα (κερδησω)[173] τους ανομους·

θεου/Χριστου   P⁴⁶ ℵ A B C D* F G 33 1175 1739[174] 1881 Or
θεω/Χριστω   D² 223 876 1780ᶜ[175] MajT

κερδησω   P⁴⁶ ℵᶜ (D) 223 876 1780 MajT Or
κερδανω   ℵ* A B C F G 33 1175 1739 1881

τους ανομους   P⁴⁶ ℵ* A B C (D) 33 1175 1739 1881 Or
ανομους   ℵ² F G 223 876 1780 MajT

9.22

και τοις ασθενεσιν ασθενης, ινα τους ασθενεις (κερδηση). (Ad) (IO.COM X.177.10)

(Παυλος γεγονε) τοις πασι παντα, ινα (παντα η κερδηση η τελειωση,) (Ad) (IO.COM I.38.32)

---

[172]It is possible that the allusion from MAT.COM XVII is evidence that the phrase μη ων αυτος υπο νομον was a part of Origen's text. However this is too weak to stand aganist the first two adaptations which suggest the opposite.

[173]Again, we can be all but certain that Origen's text read κερδησω.

[174]Inexplicably the collation published by Kirsopp Lake has 1739 supporting θεω and Χριστω.

[175]The original hand of 1780 omitted θω.

(οπως γενωνται τοις παιδιοις [ως]¹⁷⁶ παιδια, ινα τα παιδια κερδησωσι)¹⁷⁷ (All) (MAT.COM XV.368.25)

TEXT: (εγενομην) τοις ασθενεσιν ασθενης, ινα τους ασθενεις (κερδησω)¹⁷⁸· τοις πασι(ν) γεγον(α) παντα, ινα παντ(ως)...

ασθενεσιν ασθενης	P⁴⁶ ℵ* A B 1739 Or
ασθενεσιν ως ασθενης	ℵ² C (D F G) 33 223 876 1175 1780 1881 MajT
ασθενεσιν	P⁴⁶ ℵ A B C 33 223 876 1175 1739 1780 1881 MajT Or
ασθενουσιν	D F G
γεγονα	P⁴⁶ ℵ A B C D 33 223 876 1175 1739 1780 1881 MajT Or
εγενομην	F G
παντα	P⁴⁶ ℵ A B C D* F G 1175 1739 Or
τα παντα	D² 33 223 876 1780 1881 MajT

9.25

...αγω[ν] ι̣ϛ̣[ομε]νος (και αφορων εις [τους ε]νϵκεν) φθαρτον αγω[νος εγ]κρατευομενος, ινα [φθαρ]τον αγωνα λαβωσιν, [α]υτ[ος] δε αφθαρτον διωκων [λα]βειν. (All) (PASC 224.13)

TEXT: Reconstruction not attempted.

---

¹⁷⁶The ως was added by the editors under the influence of the Latin translation of MAT.COM.

¹⁷⁷It is not clear if this very distant allusion belongs here or under vs. 20 or vs. 21. It certainly is an allusion to this passage and it certainly is very little help in reconstructing the text of any of the three verses.

¹⁷⁸Again the κερδησω is virtually certain, the other items in brackets in this reconstruction are not as certain.

9.26

ουτω πυκτευω ως ουκ αερα δερων[179]. (Cit) (MART 44.14)

(και εκαστος γε ημων) ουτως (τρεχει) ως ουκ αδηλως (και) ουτω (προς την κακιαν πυκτευει) ως ουκ αερα δερων[180] (All) (CELS VII.202.30)

TEXT: ...ουτως (τρεχω) ως ουκ αδηλως ουτω πυκτευω ως ουκ αερα δερων·

9.27

(επει υπωπιαζομεν) το σωμα (και δουλαγωγουμεν και βουλομεθα νεκρουν) (All) (CELS V.54.5)

(αλλ' υπωπιαζων αυτου) το σωμα (και δουλαγωγων αει αγει τας παρασκευας.) (All) (CELS VIII.239.18)

(υπωπιαζειν)[181] το σωμα (νηστειαις και δουλαγωγειν αυτο (All) (IER.HOM XX.188.27)

TEXT: ...(υπωπιαζω μου) το σωμα και (δουλαγωγω),...

---

[179] A corrector of the Venetian MS reads δαιρων.
[180] The Vatican MS reads δαιρων.
[181] The original hand of the earliest and most important MS of the IER.HOM reads υποπιαζειν, but it has been corrected by a later hand to υπωπιαζειν.

Chapter 10

10.1

ου θελω γαρ υμας αγνοειν, αδελφοι, οτι οι πατερες ημων παντες υπο την νεφελην ησαν και παντες δια της θαλασσης διηλθον, (Cit) (IO.COM VI.153.6)

οιδαμεν δ' οτι οι πατερες ημων παντες υπο την νεφελην ησαν και παντες δια της θαλασσης διηλθον, (Ad) (CELS IV.322.20)

TEXT: ου θελω γαρ υμας αγνοειν, αδελφοι, οτι οι πατερες ημων παντες υπο την νεφελην ησαν και παντες δια της θαλασσης διηλθον

γαρ	P^{46} ℵ* A B C D F G 33 1175 1739 Or
δε	ℵ^c 223 876 1780 1881 MajT

10.2

και παντες εις τον Μωυσην εβαπτισαντο εν τη νεφελη και εν τη θαλασση (Cit) (CELS IV.322.22)

και παντες εις τον Μωυσην εβαπτισαντο εν τη νεφελη και εν τη θαλασση (Cit) (IO.COM VI.153.8)

TEXT: και παντες εις τον Μωυσην εβαπτισαντο εν τη νεφελη και εν τη θαλασση

εβαπτισαντο	P^{46c} B 223 876 1175 1739 1780 1881 MajT Or
εβαπτιζοντο	P^{46*}
εβαπτισθησαν	ℵ A C D F G 33
εν τη νεφελη και εν τη θαλασση	P^{46} ℵ A B C D 33 223 876 1175 1739 1780 1881 MajT Or
εν τη θαλασση και εν τη νεφελη	F G

Origen's Text of 1 Corinthians 10   103

10.3

και παντες το αυτο βρωμα πνευματικον εφαγον, (Cit) (CELS IV.322.25)

και παντες το αυτο βρωμα πνευματικον εφαγον, (Cit) (IO.COM VI.153.9)

και παντες το αυτο βρωμα πνευματικον εφαγον, (Cit) (MAT.COM XVI.477.2)

TEXT: και παντες το αυτο βρωμα πνευματικον εφαγον,

το αυτο	ℵ² B (C²) D F G 33 223 876 1175 1739 1780 1881 MajT Or
το	P⁴⁶ A C*
omit	ℵ*
βρωμα πνευματικον εφαγον	ℵᶜ C*[182] D F G 223 876 1780 1881 MajT Or
πνευματικον βρωμα εφαγον	P⁴⁶ ℵ* B C³ 1739
πνευματικον εφαγον βρωμα	A 33 1175

10.4

και παντες το αυτο πνευματικον επιον πομα· επινον γαρ εκ πνευματικης ακολουθουσης πετρας, η δε πετρα[183] ην ο Χριστος. (Cit) (CELS IV.322.20)

και παντες το[184] πνευματικον επιον πομα· επινον γαρ εκ πνευματικης ακολουθουσης πετρας, η δε πετρα ην ο Χριστος. (Cit) (IO.COM V.153.10)

---

[182]The original reading of Codex Ephremi Rescriptus (probably βρωμα πνευματικον εφαγον) has been erased and πνευματικον βρωμα εφαγον written over it. Cf. Tischendorf's NT and Hansell.

[183]The earlier editions read πετρα δε, however both GCS and SC agree in following the Vatican MS of CELS--the earliest and best MS of CELS--in reading δε πετρα.

[184]Preuschen, the editor of IO.COM, feels that αυτο should probably be inserted here, as indeed one MS of IO.COM reads it here.

1 Corinthians in Origen

και παντες το αυτο πομα πνευματικον επιον· επινον γαρ εκ πνευματικης ακολουθουσης πετρας, η δε πετρα ην ο Χριστος. (Cit) (MAT.COM XVI.477.3)

η πετρα δε ην ο Χριστος· επινον γαρ εκ πνευματικης ακολουθουσης πετρας, (Ad) (IER.HOM XVI.134.15)

(αφ' ου επινον οι) [επινον][185] εκ πνευματικης ακολουθουσης πετρας. (All) (MAT.COM XII.86.2)

της πνευματικης ακολουθουσης πετρας (All) (MAT.COM XII.88.17)

η πετρα δε[186] ην ο Χριστος. (Cit) (IER.HOM XVIII.163.5)

η πετρα Χριστος ην. (All) (IO.COM VI.155.25)

ει γαρ η πετρα Χριστος ην. (All) (IO.COM XX.363.27)

TEXT: και παντες το αυτο[187] πνευματικον επιον (πομα)[188]· επινον γαρ εκ πνευματικης ακολουθουσης πετρας, η πετρα δε[189] ην ο Χριστος.

αυτο	ℵ B C D F G 33 223 876 1175 1739 1780 1881 MajT Or
omit	P46 A

---

[185] Many editions, including GCS, add επινον here on the basis of the Latin translation, even though there is no Greek MS support.

[186] The catena MSS of the IER.HOM reads δε πετρα.

[187] Origen's text almost certainly read αυτο, only one citation omits it and not all MSS of that citation agree with the omission.

[188] Two citations support the presence of πομα here, while one has it before πνευματικον. The two which have it here are part of longer citations (2 to 4 verses), and should be given more weight. Yet certainty is not possible and the variant will not be included in the analysis.

[189] The evidence appears to be evenly balanced between η πετρα δε and η δε πετρα. Three long citations of two or four verses read the latter, whereas a short citation and an adaptation, both from IER.HOM, support the former. Long citations, which may have been "looked up", usually should be given preference. However, the predilection of scribes and the distinctiveness of η πετρα δε strongly suggests that this was Origen's reading. Later scribes would not have changed η δε πετρα but would have been strongly tempted to "correct" η πετρα δε.

πνευματικον επιον πομα   P⁴⁶ ℵ A B C 33 1175 1739
πομα πνευματικον επιον   D F G 223 876 1780 1881 MajT

η πετρα δε   ℵ B D*,² 1739 Or
η δε πετρα   P⁴⁶ A C D¹ 33 223 876 1175 1780 1881 MajT
πετρα δε   F G

10.11

ταυτα παντα¹⁹⁰ τυπικως συνεβαινεν εκεινοις, εγραφη δε δ' ημας, εις ους τα τελη των αιωνων κατηντησε. (Cit) (CELS IV.316.12)

(ατινα) τυπικως συνεβαινεν εκεινοις, εγραφη δε δ' ημας, εις ους τα τελη των αιωνων κατηντησεν. (Cit) (IO.COM I.11.13)

εγραφη δ' ημας, εις ους τα τελη των αιωνων κατηντησεν. (Cit) (IER.HOM XII.89.20)

(γραψαντες τα) προς νουθεσιαν ημων, εις ους τα τελη των αιωνων κατηντησεν. (Cit) (IO.COM XIII.272.35)

(καθ' ημας συμπληρωτικος χρονους,) εις ους τα τελη των αιωνων κατηντηκεν, (All) (PASC 230.25)

(ουτως εν) τελει αιωνων... (All) (PASC 236.7)

(προς) τα τελη των αιωνων (All) (PASC 236.29)

---

¹⁹⁰GCS is again following the Vatican MS of CELS here. The earlier editions follow the Cod. Venetus Marcianus 45 in reading παντα ταυτα. It is to be noted that neither read a δε.

106 1 Corinthians in Origen

TEXT: (ταυτα παντα) τυπικως συνεβαινεν εκεινοις, εγραφη δε δ' ημας,[191] εις ους τα τελη των αιωνων κατηντησε.

ταυτα δε παντα	C 223 876 1780 MajT Or[192]
παντα δε ταυτα	ℵ D F G pc
ταυτα δε	A B 33 1175 1739 1881
	[P46 lac.]
τυπικως συνεβαινεν	P46vid ℵ B C 33 1175 1739 1881 Or
τυποι συνεβαινον	D F G 223 876 1780 MajT
τυπικως συνεβαινον	A
προς νουθεσιαν	P46 ℵc A B C D F G 33 223 876 1175 1739 1780 1881 MajT Or
εις νουθεσιαν	ℵ*
κατηντησε(ν)	A C D2 33 223 876 1175 1780 1881 MajT Or
κατηντηκε(ν)	P46 ℵ B D* F G 1739
κατηντησαν	P

10.12

ο δοκων εστάναι βλεπετω[193] μη πεση, (Cit) (IO.COM XX.387.12)

ο στηκων βλεπετω μη πεση (All) (IO.COM XXXII.460.2)

TEXT: ο δοκων εστάναι βλεπετω μη πεση.

---

[191]Is this an example of faulty memory on the part of Origen? Or does this reflect another--nearly unpreserved--reading? It should be noted that Origen does have one citation which reflects the standard reading; cf. the citation from IO.COM XIII above. The evidence is too scanty for any certainty, but it would seem that Origen's text read προς νουθεσιαν ημων, and δι' ημας reflects either a error of memory or the above "citations", which contain the latter phrase, are in reality adaptations.

[192]It seems probable that Origen's text included a δε and thus supported the Byzantine reading. Copulatives are often omitted in Patristic citations.

[193]The corrector of the Venetian MS of IO.COM has "corrected" βλεπετω to βλεπω.

10.13

πειρασμος υμας ουκ ειληφεν ει μη ανθρωπινος· πιστος δε ο θεος, [ος][194] ουκ εασει υμας πειρασθηναι υπερ ο δυνασθε, αλλα ποιησει συν τω πειρασμω και την εκβασιν του δυνασθαι υπενεγκειν. (Cit) (ORAT 382.11)

(επει) πιστος ο θεος, ουκ εων πειρασθηναι (τους οχλους) υπερ ο[195] δυνανται, (All) (MAT.COM XI.43.7)

TEXT: πειρασμος υμας ουκ ειληφεν ει μη ανθρωπινος· πιστος δε ο θεος, (ος) ουκ εασει υμας πειρασθηναι υπερ ο δυνασθε, αλλα ποιησει συν τω πειρασμω και την εκβασιν του δυνασθαι υπενεγκειν.

ουκ ειληφεν	P46 ℵ A B C D 33 223 876 1175 1739 1780 1881 MajT Or
ου κατελαβη	F G Vg
εασει	P46 ℵ A B C 33 223 876 1175 1739 1780 1881 MajT Or
αφησει	D F G
υμας πειρασθηναι	P46 ℵ A C D F G 33 223 876 1739 1780 1881 MajT Or
πειρασθηναι υμας	B 1175
υπερ ο	P46 ℵ A B C D 33 223 876 1175 1739 1780 1881 MajT Or
υπερ ο ου	F G pc
δυνασθε	P46 ℵ A B C D 33 223 876 1175 1739 1780 1881 MajT Or
δυνασθε υπενεγκειν	F G

---

[194] Koetschau, following earlier editors, inserts ος here; it does not appear in the MS of ORAT, but its omission is probably either a scribal error or an error of memory on Origen's part.

[195] The Monacensis MS of MAT.COM and the corrector of the Cantabrigiensis have ὁ, while the original hand of Cantabrigiensis reads ὦν.

και την   P⁴⁶ ℵ A B C D F G 223 876 1175 1739 1780 1881 MajT Or
την   33

υπενεγκειν   P⁴⁶ ℵ* A B C¹⁹⁶ D* F G 33 1175 1739 1881 Or
υμας υπενεγκειν   ℵ² C¹⁹⁷ D² 223 876 1780 MajT

10.18

(σπανιος δε ο εκ του) κατα σαρκα Ισραηλ (πιστευων,) (All) (IO.COM I.4.30)

κατα σαρκα Ισραηλ (ετι οντες εν τω σωματι,) (All) (MAT.COM X.23.12)

(επι του) κατα σαρκα Ισραηλ (νομιζοντες λελεχθαι,) (All) (MAT.COM XI.63.8)

(νοεισθω δε ο) Ισραηλ (ουχ ο) κατα σαρκα, (All) (MAT.COM XIII.590.27)

TEXT: ...κατα σαρκα Ισραηλ....

10.20

(και μετα τουτο τιθεις δαιμονιοις θυεσθαι τα θυομενα, παριστησι) κοινωνους των δαιμονιων γινεσθαι (All) (CELS VIII.241.5)

και κοινωνος δε των δαιμονιων γινεται (ο και αυτα ειδως) δαιμονιοις τεθυσαι (και ουδε ηττον χρωμενος μετα μεμολυσμενης) της περι των δαιμονιως κοινωνησαντων¹⁹⁸ τω θυματι φαντασιας. (All) (MAT.COM XI.54.7)

(και ου χρη τον του θεου ανθρωπον) κοινωνον (τραπεζης) δαιμονιων γινεσθαι. (All) (CELS VIII.245.3)

---

[196] According to Tischendorf's NT and NA²⁶.
[197] According to Hansell.
[198] The Cantabrigiensis MS of the MAT.COM reads κοινωνισαντων.

(οις τα) θυομενα θυεται, (μη δειν ημας αυτων μεταλαμβανειν, τους επισταμενους διαφοραν τραπεζης κυριου και τραπεζης δαιμονιων και δια το επιστασθαι παντα μεν πραττοντας, ινα τραπεζης κυριου αει μετεχωμεν, παντι δε τροπω φυλαττομενους, ινα μηδε ποτε) κοινωνοι (τραπεζης γενωμεθα των δαιμονιων.) (All) (CELS VIII.241.16)

TEXT: ...κοινωνους των δαιμονιων γινεσθαι.[199]

κοινωνους των δαιμονιων	ℵ A B C D¹ 33 223 876 1175 1739 1780 1881 MajT Or
δαιμονιων κοινωνους	D*,² F G [P⁴⁶ lac.]
γινεσθαι	P⁴⁶ ℵ A B C D 33 223 876 1175 1739 1780 1881 MajT Or
ειναι	F G

10.21

ου δυνασθε ποτηριον κυριου πινειν και ποτηριον δαιμονιων (Cit) (MART 38.12)

ου δυνασθε κυριου τραπεζης μετεχειν και τραπεζης δαιμονιων (Cit) (MART 36.7)

τις η του κυριου τραπεζα, μετεχειν αυτης βουλοιμεθα, (All) (MART 38.6)

(τους μεταλαμβανοντας) δαιμονιων τραπεζης (παριστησι τε οτι αδυνατον εστι τον αυτον) τραπεζης κυριου μετεχειν και τραπεζης δαιμονων. (All) (CELS VIII.241.7)

---

[199]While the rest of the verse can not be reconstructed from this evidence, it is not likely that Origen's text agreed with the majority of Byzantine and Alexandrian witnesses in reading θυουσιν τα εθνη (or θυει τα εθνη). Rather, it seems that Origen's text probably followed B D F G in reading θυουσιν. Still this is virtually an argument from silence and cannot be used in the analysis.

(και ου χρη τον του θεου ανθρωπον κοινωνον) τραπεζης δαιμονιων (γινεσθαι.) (All) (CELS VIII.245.3)

(οις τα θυομενα θυεται, μη δειν ημας αυτων μεταλαμβανειν τους επισταμενους διαφοραν) τραπεζης κυριου[200] και τραπεζης δαιμονιων (και δια το επιστασθαι παντα μεν πραττοντας, ινα) τραπεζης κυριου (αει μετεχωμεν, παντι δε τροπῳ φυλαττομενους, ινα μηδε ποτε κοινωνοι) τραπεζης (γενωμεθα των) δαιμονιων. (All) (CELS VIII.241.16)

TEXT: ου δυνασθε ποτηριον κυριου πινειν και ποτηριον δαιμονιων, ου δυνασθε κυριου τραπεζης μετεχειν και τραπεζης δαιμονιων.

10.31

ειτε εσθιετε ειτε πινετε ειτε τι ποιειτε, παντα εις δοξαν θεου ποιειτε. (Cit) (CELS VIII.248.4)

(και παλιν εν αλλῳ τοπῳ κειται·) ειτε εσθιετε ειτε πινετε, (παντα εν ονοματι θεου ποιειτε.)[201] (Cit) (CELS VIII.248.5)

ειτε εσθιετε ειτε πινετε ειτε τι αλλο[202] ποιειτε, εις δοξαν θεου ποιειτε. (Cit) (MAT.COM XI.53.25)

(ειτ᾽ εσθιομεν ειτε πινομεν,) παντα εις δοξαν θεου (ποιουμεν.) (Ad) (CELS VIII.248.21)

(οτε ουν) εις δοξαν θεου (εσθιομεν και πινομεν) (All) (CELS VIII.248.7)

εις δοξαν θεου (πραττοντες μεχρι του εσθιειν[203] και του πινειν,) (All) (IO.COM I.47.23)

(ουκ) εις δοξαν θεου (αυτοις κεχρημεθα ουδε εν ονοματι Χριστου,) (All) (MAT.COM XI.53.33)

---

[200]αει μετεχωμεν is added by the Vatican MS of CELS.
[201]Origen seems to be trying to quote Col. 3.17, but he succeeds only in mixing the first part of 1 Cor. 10.31 with the latter part of Col. 3.17, substituting θεου for κυριου Ιησου in the latter reference.
[202]The Monacensis MS of MAT.COM reads αλλο τι.
[203]An erasure has occurred here and εσθ- must be supplied.

TEXT: ειτε εσθιετε ειτε πινετε ειτε τι ποιειτε, παντα εις δοξαν θεου ποιειτε.

τι ποιειτε	ℵ A B C 33 223 876 1739 1780 MajT Or
ποιειτε τι	D F G
ποιειτε	1175
	[P⁴⁶ lac.] [1881 h.t.]
θεου ποιειτε	ℵ A B C D 33 223 1175 1739 1780 1881 MajT Or
θεου	P⁴⁶ F G
	[876 h.t.]

Chapter 11

11.1

μιμηται μου γινεσθε, καθως καγω Χριστου. (Cit) (IO.COM XX.368.24)

μιμηται μου γινεσθε, καθως καγω Χριστου. (Cit) (MAT.COM X.14.27)

μιμηται μου γινεσθε, καθως καγω Χριστου. (Cit) (MAT.COM XVI.462.11)

οτι μιμηται γεγονεν Χριστου. (All) (IO.COM XXVIII.392.3)

αλλα και ειπερ μιμητης Χριστου εστι Παυλος (All) (IO.COM XXVII.392.32)

TEXT: μιμηται μου γινεσθε, καθως καγω Χριστου.

11.3

(επει) κεφαλη ανδρος ο Χριστος, (ο αποστολος λεγει.) (All) (HERACL 20.22)

(οτι πας ανηρ, ου) Χριστος εστι κεφαλη. (All) (CELS VI.133.11)

TEXT: ...οτι (παντος) ανδρος (η) κεφαλη (ο)[204] Χριστος (εστιν),...

ο Χριστος	P[46] ℵ A B[3] C D[2] 33 223 876 1175 1739 1780 1881 MajT
Χριστος	B* D* F G

---

[204]The evidence is just too meagre to decide for or against the inclusion of the definite article.

11.4

πας ανηρ ευχομενος η προφητευων κατα κεφαλης εχων καταισχυνει την κεφαλην αυτου, (Cit) (ORAT 300.25)

TEXT: πας ανηρ ευχομενος η προφητευων κατα κεφαλης εχων καταισχυνει την κεφαλην αυτου.

11.5

πασα δε γυνη προσευχομενη η προφητευουσα ακατακαλυπτω τη κεφαλη καταισχυνει την κεφαλην εαυτης...(Cit) (ORAT 300.27)

TEXT: πασα δε γυνη προσευχομενη η προφητευουσα ακατακαλυπτω τη κεφαλη καταισχυνει την κεφαλην εαυτης...

πασα δε	P^{46} ℵ B C D F G 33 223 876 1175 1739 1780 1881 MajT Or
και πασα	A
πασα	P
τη κεφαλη	P^{46} ℵ A B C D^2 33 223 876 1175 1739 1780 1881 MajT Or
κεφαλη	D* F G
εαυτης	B D^2 223 876 1780 MajT Or
αυτης	P^{46} ℵ A C D* F G 33 1175 1739 1881

11.7

...εικων και δοξα θεου (υπαρχει·) (All) (CELS VI.133.11)

(ην ουδε) κατακαλυπτεσθαι (ετι Ιησους εβουλετο, εφ' ης η) εικων και η δοξα (ηδη ην του) θεου (All) (IO.COM XXXII.440.9)

TEXT: ...εικων και δοξα θεου (υπαρχων)·

11.19

δει γαρ και αιρεσεις εν υμιν ειναι, ινα οι δοκιμοι φανεροι γενωνται [εν υμιν]²⁰⁵ (Cit) (CELS III.212.24)

TEXT: δει γαρ και αιρεσεις εν υμιν ειναι, ινα οι δοκιμοι φανεροι γενωνται.²⁰⁶

εν υμιν¹	P⁴⁶ ℵ A B C (D²) 33 223 876 1175 1739 1780 1881 MajT Or
omit	D* F G
ειναι	P⁴⁶ ℵ A B C D F G 223 876 1175 1739 1780 1881 MajT Or
υπαρχειν	33
ινα οι	ℵ A C D² F G 223 876 1780 MajT Or²⁰⁷
ινα και οι	P⁴⁶ B D* 33 1175 1739 1881
γενωνται	P⁴⁶ ℵ A B C D F G 33 223 876 1739 1780 1881 MajT Or
γενονται	L P 1175
omit	P⁴⁶ C Or
εν υμιν²	ℵ A B D F G 33 223 876 1175 1739 1780 1881 MajT

11.25

τουτο ποιειτε, οσακις εαν πινητε, εις την εμην αναμνησιν, (Cit) (IER.HOM XII.88.1)

---

²⁰⁵The second εν υμιν is present only in MSS of the Philocalia, but is absent in complete MSS of CELS.
²⁰⁶The second εν υμιν should be omitted with the complete MSS of CELS.
²⁰⁷The NA²⁷ lists Or as a witness for the inclusion of και. However Origen only refers to this verse three other times: Once each in his homilies on Leviticus and Numbers, which have survived only in Latin translation, and once in his commentary on Titus, which is only available only in Minge. None of these sources should overrule a Greek citation in the well preserved CELS.

(και ως εν τω ευαγγελιω γεγραπται) ποτηριον καινης διαθηκης, (All) (MAT.COM XVII.690.12)

αιματ[ος δε] της πιστεως του ευαγ[γελι]ου της καινης²⁰⁸ διαθηκης, (All) (PASC 218.30)²⁰⁹

TEXT: τουτο ποιειτε, οσακις εαν πινητε, εις την εμην αναμνησιν.

εαν	P⁴⁶vid ℵ B C 33 1175 1739 1881 Or
αν	D F G 223 876 1780 MajT
	[A lac.]

11.27

(ωσπερ ο) αναξιως εσθ[ιων]²¹⁰ τον αρτον του κυριου η πινων αυτου το ποτηριον (εις κριμα εσθιει και πινει), (cf. vs. 29) (All) (IO.COM XXXII.468.6)

(ει γαρ τουτο, ηγιαζεν αν και) τον εσθιοντα αναξιως²¹¹ του κυριου, (All) (MAT.COM X.57.22)

(τον μη) αναξιως του κυριου (εσθιοντα αυτου.) (All) (MAT.COM XI.58.7)

---

²⁰⁸The Tura papyrus fragment of Origen's Treatise *On the Passover* reads: κενης, a scribal itacism for καινης.

²⁰⁹This last allusion is just as likely an allusion to Luke 22.20 as it is to 1 Cor. 11.25. The previous one is more likely an allusion to Luke 22.20. Neither will be used in the reconstruction of this verse.

²¹⁰-ιων has been supplied here, as a small erasure occurring in the MS leaves only εσθ...

²¹¹One early edition of the MAT.COM adds τον αρτον here.

1 Corinthians in Origen

TEXT: εσθ(ιη) τον αρτον (του κυριου) η πιν(η) τον ποτηριον (του κυριου) αναξιως (του κυριου),[212]...

αρτον η	P[46] ℵ A B C D F G 33 81 1175 1739*
αρτον τουτον η	223 876 1739[c] 1780 1881 MajT
η πινη	P[46] ℵ B C D F G (33) 223 876 1175 1739 1780 1881 MajT Or
και πινη	A
πινη	P[46] ℵ A B C D 33 223 876 1739 1780 MajT
πινει	L 1881
πινηται	F G
πινητε	1175
του κυριου αναξιως του κυριου	ℵ D[2] L MajT[213]
του κυριου αναξιως	P[46] A B C D F G 33 223 876 1175 1739 1780 1881

11.28

(και) δοκιμαζετω ανθρωπος εαυτον, και ουτως (ου μονον) εκ του αρτου εσθιετω και εκ του ποτηριου πινετω, (Ad) (IO.COM XXVIII.393.14)

δοκιμαζετω δε εκαστος εαυτον, και ουτως εσθιετω εκ[214] του αρτου (και τα λοιπα,) (Cit) (MAT.COM X.34.17)

---

[212]This reconstruction is very tenuous. The last two allusions may indicate that Origen's text added a second του κυριου, but given the nature of the evidence this is far from certain. Consequently this variant will not be included in the analysis.

[213]The Majority text is divided here between the omission and inclusion of the second του κυριου. However, the edge must go towards its inclusion as Hodges and Farstad include it in their text.

[214]εκ is omited by the Monacensis MS of MAT.COM.

TEXT: δοκιμαζετω (δε) ανθρωπος εαυτον[215], και ουτως εκ του αρτου εσθιετω και εκ του ποτηριου πινετω.

ανθρωπος εαυτον	P[46] ℵ A B 223 876 1175 1739 1780 1881 MajT
εαυτον ανθρωπος	C (D) F G
εαυτον εκαστος	33

11.29

(ωσπερ ο ναξιως εσθ[ιων][216] την αρτον του κυριου η πινων αυτου τον ποτηριον) εις κριμα εσθιει και πινει, (cf. vs. 27) (All) (IO.COM XXXII.468.6)

TEXT: Reconstruction not attempted.

11.30

δια τουτο εν υμιν πολλοι ασθενεις και αρρωστοι και κοιμωνται ικανοι. (Cit) (MAT.COM X.33.19)

δια τουτο εν υμιν πολλοι ασθενεις και αρρωστοι και κοιμωνται ικανοι. (Cit) (MAT.COM XI.57.24)

(ως ετυχε δε μεταλαμβανη αρτου κυριου και ποτηριου αυτου,) ασθενης η αρρωστος γινεται η (και εκ του ιν' ουτως ειπω καρουσθαι υπο της του αρτου δυναμεως) κοιμωμενος. (All) (MAT.COM X.34.18)

TEXT: δια τουτο εν υμιν πολλοι ασθενεις και αρρωστοι και κοιμωνται ικανοι.

---

[215] The secound citation comes very near to the reading of Codex 33, near enough to cast doubt on Origen's text. Thus this variant will not be included in the analysis.

[216] -ιων has been supplied here, as a small erasure occurring in the MS leaves only εσθ...

Chapter 12

12.3

ουδεις δυναται ειπειν· κυριος Ιησους, ει μη εν πνευματι αγιω, και ουδεις εν πνευματι θεου[217] λαλων λεγει· αναθεμα Ιησους[218], (το αυτο ονομαζων αγιον και) πνευμα θεου. (Cit) (ORAT 347.21)

(οτι ειπερ) ουδεις δυναται ειπειν κυριος Ιησους ει μη εν πνευματι αγιω, (Cit) (IO.COM XXVIII.408.15)

ουδεις δυναται ειπειν· κυριος Ιησους, ει μη εν πνευματι αγιω, (Cit) (IO.COM XXXII.444.4)

ουδεις δυναται ειπειν κυριος Ιησους ει μη εν πνευματι αγιω, (Cit) (IO.COM XXXII.480.21)

(το·) κυριος Ιησους. (ει δε τοιουτοι οι λεγοντες·) κυριος Ιησους, (ταχα πας ο αμαρτανων, δια του παρανομειν αναθεματιζων·) αναθεμα Ιησους. (ωσπερ ουν ο τοιοσδε λεγει·) κυριος Ιησους (και ο τουτω εναντιως διακειμενος το) αναθεμα Ιησους,...(All) (ORAT 348.4)

(τι δε το ειπειν) εν πνευματι αγιω, κυριον Ιησουν, (All) (ORAT 347.24)

(ουδεις ουν τολμησει τινα τουτων αποφηνασθαι) εν πνευματι αγιω, λεγειν κυριον Ιησουν, (All) (ORAT 347.27)

εν πνευματι θεου λαλωσι, (λεγοντες περι αυτου το) Κυριος Ιησους...(All) (MAT.COM XII.88.1)

---

[217]Cod. T, the only complete MS of ORAT, reads αγιω rather than θεου, as do the earlier editions of ORAT. However, the later reference to πνευμα θεου included above leads Koetschau the editor of the GCS edition of ORAT to conclude that the correct reading is θεου.

[218]Again Cod. T and the early editions of ORAT agree on reading: Ιησουν. However on the basis of other references to Ιησους in Origen's discussion of 12.3 (cf. the next entry) and on the basis of κυριος Ιησους in this citation, Koetschau decides in favor of αναθεμα Ιησους.

Origen's Text of 1 Corinthians 12 119

TEXT: ουδεις δυναται ειπειν· κυριος Ιησους, ει μη εν πνευματι αγιω, και ουδεις εν πνευματι θεου λαλων λεγει· αναθεμα Ιησους[219].

λαλων	P46 ℵ A B C 33 223 876 1175 1739 1780 1881 MajT Or
omit	D F G
αναθεμα Ιησους	ℵ A B C 33 1175ᶜ 1739 1881 Or
αναθεμα Ιησουν	P46 D G 223 876 1175* 1780 MajT
αναθεμα Ιησου	F 629
κυριος Ιησους	P46 ℵ A B C 33 1739 1881 Or
κυριον Ιησουν	D F G 223 876 1175 1780 MajT

12.4

διαιρεσεις δε χαρισματων εισι, το δ' αυτο πνευμα· (Cit) (IO.COM II.65.3)

διαιρεσεις γαρ χαρισματων εισιν. (Cit) (IO.COM VI.143.1)

TEXT: διαιρεσεις δε χαρισματων εισι, το δ' αυτο πνευμα·

12.5

και διαιρεσεις διακονιων εισι, και ο αυτος κυριος· (Cit) (IO.COM II.65.3)

---

[219]It seems unlikely the Origen's text read Ιησουν either following αναθεμα or with κυριον. The only two instances of κυριον Ιησουν are in allusions, which cannot overrule four clear citations. Further, the one first citation, from ORAT, should probably be corrected for the reasons mentioned by Koetschau.

120 1 Corinthians in Origen

TEXT: και διαιρεσεις διακονιων εισι, και ο αυτος κυριος·

και ο αυτος	P[46] ℵ A[c] B C D F G 223 876 1175 1739 1780 1881 MajT Or
και αυτος	A*
ο δε αυτος	33 pc

12.6

και διαιρεσεις ενεργηματων εισι, και ο αυτος εστι θεος ο ενεργων τα παντα εν πασιν. (Cit) (IO.COM II.65.3)

TEXT: και διαιρεσεις ενεργηματων εισι, και ο αυτος εστι θεος ο ενεργων τα παντα εν πασιν.

και ο αυτος	P[46] B C 1175 1739 Or
ο δε αυτος	ℵ A 33 223 876 1881 1780 MajT
ο αυτος δε	D F G
εστι(ν) θεος ο ενεργων	ℵ[2] 223 876 1780 MajT Or
θεος ο ενεργων εστι(ν)	B 1739
θεος εστι(ν) ο ενεργων	1175
θεος ο ενεργων	P[46] ℵ* A C D F G 33 1881
τα παντα	P[46] ℵ A B C D[2] F G 33 223 876 1175 1739 1780 1881 MajT Or
παντα	D*

12.7

(και επουρανιων πνευματικων χαρισματων ειναι τα σωματικα,) εκαστω (διδομενα των αγιων) προς το σμφερον. (All) (ORAT 337.8)

TEXT: Reconstruction not attempted.

12.8

ᾧ μεν γαρ δια του πνευματος διδοται λογος σοφιας, αλλῳ δε λογος γνωσεως κατα το αυτο πνευμα, (Cit) (CELS VI.84.1)

ᾧ μεν γαρ δια του πνευματος διδοται λογος σοφιας, αλλῳ δε λογος γνωσεως κατα το αυτο πνευμα, (Cit) (IER.HOM VIII.60.29)

ᾧ μεν γαρ δια του πνευματος διδοται λογος σοφιας, αλλῳ δε λογος γνωσεως κατα το αυτο πνευμα, (Cit) (IO.COM XIX.302.7)

(του καλουμενου παρα τῳ Παυλῳ χαρισματος εν τῳ) δια το πνευμα (λογῳ) σοφιας και (εν τῳ) κατα το πνευμα (λογῳ)[220] γνωσεως) (All) (CELS III.216.10)

(λεγοιντο αν ειναι χαρισμασιν λογῳ) σοφιας δια του πνευματος (του θεου και λογῳ) γνωσεως κατα το αυτο πνευμα. (All) (IO.COM XIII.282.8)

(του εν λογῳ) σοφιας δια πνευματος (θεου χαρισματος και πλουσιωτερου και δωρεας της) εν λογῳ γνωσεως κατα το πνευμα, (All) (MAT.COM XV.460.22)

(και ο Παυλος δ' εν τῳ κατα λογῳ των υπο του θεου διδομενων χαρισματων πρωτον εταξε) τον λογον της σοφιας (και δευτερον, ως υποβεβηκοτα παρ' εκεινον,) τον λογον γνωσεως (τριτον δε που και κατωτερω την πιστιν,) (All) (CELS III.242.22)

(η ως) σοφιας λογον (τον αλλοτριον της σοφιας) (All) (MART 9.17)

(ο δε κοσμηθεις χαρισματι καλουμενῳ) λογῳ σοφιας (All) (CELS I.94.26)

---

[220] λογῳ is the reading of the corrector of the Vatican codex, the most important MS of CELS; the original hand reads αλογῳ. It is to be noted that both the GCS and SC editions of CELS follow this correction. Koetschau, the GCS editor, also notes that following σοφιας there is a large erasure, which could have held 5 letters.

(οπερ εστι) λογος σοφιας, (και [ο])²²¹ τουτῳ επεται) λογος γνωσεως· (All) (IO.COM II.81.23)

(φαμεν) λογῳ σοφιας (καλουμενῳ,) δια του πνευματος (διδομενῳ.) (All) (CELS VII.175.16)

(μονον ινα δοθῃ και τουτων ο) δια του πνευματος (διδομενος) λογος σοφιας (απο του θεου και ο) κατα το πνευμα (επιχορηγουμενως) λογος γνωσεως. (All) (MAT.COM XIV.289.2)

TEXT: ῳ μεν γαρ δια του πνευματος διδοται λογος σοφιας, αλλῳ δε λογος γνωσεως κατα το αυτο πνευμα,

12.9

ετερῳ δε πιστις εν τῳ αυτῳ πνευματι. (Cit) (CELS VI.84.4)

ετερῳ πιστις εν τῳ αυτῳ πνευματι. (Cit) (IER.HOM VIII.60.30)

ετερῳ πιστις εν τῳ αυτῳ πνευματι. (Cit) (IO.COM XIX.302.8)

ετερῳ πιστις εν τῳ αυτῳ πνευματι. (Cit) (IO.COM XX.369.26)

αλλῳ δε πιστις εν τῳ αυτῳ πνευματι. (Cit)²²² (IO.COM XIII.282.10)

(φησι γαρ ο Παυλος μεθ' ετερα·) αλλῳ πιστις εν τῳ αυτῳ πνευματι. (Cit) (ROM.COM 206.1)

(και ο Παυλος δ' εν τῳ κατα λογῳ των υπο του θεου διδομενων χαρισματων πρωτον εταξε τον λογον της σοφιας και δευτερον, ως υποβεβηκοτα παρ' εκεινον, τον λογον γνωσεως τριτον δε που και κατωτερω) την πιστιν, (All) (CELS III.242.22)

---

²²¹Preuschen follows Wendland in emending the text by adding ὁ.
²²²Because of the context (a discussion of 1 Cor 12) and Origen's introduction of this reference (κατα το) I believe this should be considered a citation, regardless of its errant beginning αλλῳ δε....

(και επει τον λογον προετιμα των τεραστιων ενεργειων, δια τουτ' ενεργηματα δυναμεων και) χαρισματα ιαματων[223] (εν τη κατωτερω τιθησι·) (All) (CELS III.242.25)

TEXT: ετερῳ δε[224] πιστις εν τῳ αυτῳ πνευματι, (αλλῳ δε) χαρισματα ιαματων...

| ετερῳ | ℵ* B D* F G 1739 |
| ετερῳ δε | P46 ℵ2 A C D2 33 223 876 1175 1780 1881 MajT |

| χαρισματα ιαματων | P46 ℵ A B C D 33 223 876 1175 1739 1780 1881 MajT Or |
| χαρισματα τα ιαματων | F G |

12.10

(ουτω δη ουτε) τα ενεργηματα των δυναμενων (χωρις πιστεως) (All) (MAT.COM X.26.16)

(και επει τον λογον προετιμα των τεραστιων ενεργειων, δια τουτ') ενεργηματα δυναμεων (και χαρισματα ιαματων[225] εν τη κατωτερω τιθησι·) (All) (CELS III.242.25)

(μη δοκιμοι τραπεζιται μηδε επισταμενοι) διακρινειν πνευμα ενεργουντα, (All) (MAT.COM XII.71.5)

---

[223] One MS of the Philocalia reads χαρισματων, rather than χαρισματα ιαματων.

[224] With two citations including δε (one of which is somewhat suspect), and three excluding δε, it would seem that the evidence is rather balanced, with a slight edge going toward its omission. However, such omissions are common to Patristic citations and its presence in a very clear citation may very well indicate its presence in Origen's text. Because of this balance of evidence the variant will not be used in the analysis.

[225] One MS of the Philocalia reads χαρισματων, rather than χαρισματα ιαματων.

124 1 Corinthians in Origen

TEXT: ...ενεργηματα δυναμεων,...διακρισεις πνευαμτων,...

ενεργηματα δυναμεων	ℵ A B C 223 876 1175 1739 1780 1881 MajT Or
ενεργεια δυναμεως	D F G
ενεργηματα δυναμεως	P46
	[33 illegible]226
διακρισεις	P46 A B C227 D2 223 876 1739 1780 1881 MajT Or
διακρισις	ℵ C228 D* F G 33 1175

12.11

(η κατ' αναλογιαν της πιστεως η) καθως βουλεται (ο διδους·)
(All) (ORAT 337.10)

TEXT: Reconstruction not attempted.

12.12

(και τοτε τα) πολλα μελη (το) εν εσται σωμα, παντων των του σωματος229 μελων πολλων οντων γινομενων ενος σωματος·
(All) (IO.COM X.211.3)

TEXT: Reconstruction not attempted.

12.18

(και) εθετο ο θεος τα μελη, εκαστον αυτων εν τω σωματι, (All)
(MAT.COM XIV.277.8)

---

226 Acctually only last letter of δυναμεως/ν is unreadable here. Thus, 33 supports either the Alexandrian/Byzantine reading or the singular reading of P46.

227 According to Hansell.

228 According to Tiscehdorf's NT and NA26.

229 There is an important variant here: D Ψ and the Byzantine text add του ενος after του σωματος. It would seem that Origen does not follow this addition, however this single allusion is simply too loose to be sure.

Origen's Text of 1 Corinthians 12   125

TEXT: εθετο ο θεος τα μελη, εκαστον αυτων εν τω σωματι...

εθετο ο θεος   P⁴⁶ 33 Vg Or
ο θεος εθετο   ℵ A B C D F G 223 876 1175 1739 1780 1881 MajT

12.21

(ινα μη δυνηται ευλογως) ειπειν ο οφθαλμος, τη χειρι· χρειαν σου ουκ εχειν. (Ad) (MAT.COM XIII.245.19)

(λεγετω τη τοιαυτη χειρι ο οφθαλμος·) χρειαν σου ουκ εχω. (Ad) (MAT.COM XIII.245.25)

η κεφαλη τοις ποσιν (ειπειν·) χρειαν υμων ουκ εχω. (Cit) (MAT.COM XIII.245.32)

(λεγετω η κεφαλη τω τοιουτω ποδι·) χρειαν σου ουκ εχω. (Ad) (MAT.COM XIII.245.35)

TEXT: (ου δυναται δε) ειπειν ο οφθαλμος, τη χειρι· χρειαν σου ουκ εχω, (η παλιν) η κεφαλη τοις ποσιν χρειαν υμων ουκ εχω·

12.25

ινα μηδαμως η σχισμα εν τω σωματι, αλλα το αυτο υπερ αλληλων μεριμνωσιν τα μελη, (Cit) (IO.COM X.211.9)

ινα το αυτο μεριμνωσιν υπερ αλληλων τα μελη, (All) (MAT.COM XIV.277.10)

TEXT: ινα μηδαμως η σχισμα εν τω σωματι, αλλα το αυτο υπερ αλληλων μεριμνωσιν τα μελη.

σχισμα	P[46] A B C D[2] 33 1175 1739 1780 Or
σχισματα	ℵ D* F G 223 876 MajT[230]
σχημα	1881
το αυτο	P[46] ℵ A B C D[2] 33 223 876 1175 1739 1780 1881 MajT Or
τα αυτα	D* F G
μεριμνωσιν	P[46] ℵ A B C 33 223 876 1175 1739 1780 1881 MajT Or
μεριμνα	D F G

12.26

ει πασχει μελος εν, συμπασχει παντα τα μελη· και ει δοξαζεται μελος εν, συγχαιρει παντα τα μελη. (Cit) (ORAT 322.18)

και πασχοντος μεν ενος μελους συμπασχη παντα δοξαζομενου δε συγχαιρη, (All) (MAT.COM XIV.277.12)

---

[230]Hodges and Farstad print the plural in their text, but indicate in their apparatus that the Majority text is fairly evenly split between the plural and the singular.

TEXT: ει²³¹ πασχει μελος εν, συμπασχει παντα τα μελη· και ει δοξαζεται μελος εν, συγχαιρει παντα τα μελη.

εν μελος¹	P⁴⁶* ℵ B C D F G 33 223 876 1175 1739 1780 1881 MajT (Or)
μελος¹	P⁴⁶ᶜ A
εν μελος²	ℵ² C D F G 33 223 876 1175 1780 1881 MajT (Or)
μελος²	P⁴⁶ ℵ* A B 1739
ει τι	B F G 1175 1739
ετι	P⁴⁶
ειτε	ℵ A C D 33 223 876 1780 1881 MajT

12.27

υμεις δε εστε σωμα Χριστου και μελη εκ μερους. (Cit) (IO.COM X.209.22)

υμεις δε εστε σωμα Χριστου και μελη εκ μερους. (Cit) (MAT.COM XIV.326.16)

TEXT: υμεις δε εστε σωμα Χριστου και μελη εκ μερους.

εστε σωμα	P⁴⁶ ℵ A B C D 33 223 876 1175 1739 1780 1881 MajT Or
σωμα εσται	F G
μερους	P⁴⁶ ℵ A B C D² F G 33 223 876 1175 1739 1780 1881 MajT Or
μελους	D* Ψ Vg

---

²³¹It is difficult to decided whether ει reflects εἴτε or εἰ τι. Given the balance of probabilities the variant will not be used in the analysis.

12.28

εθετο δε ο θεος εν τη εκκλησια πρωτον αποστολους (ου προεθετο· ηδη γαρ ησαν), δευτερον προφητας, τριτον διδασκαλους (και τα εξης...) (Cit) (ROM.COM 160.8)

(ουκ εστι λελογισμενη υπο των τεθεντων απο του θεου) εν τη εκκλησια πρωτον αποστολων, δευτερον προφητων, και τριτον διδασκαλων, (All) (MAT.COM XI.59.9)

(ετι δε ει) ο θεος εθετο εν τη εκκλησια αποστολους και προφητας και ευαγγελιστας ποιμενας τε και διδασκαλους,[232] (All) (IO.COM IV.7.7)

(ον ο θεος εταξεν) εν τη εκκλησια μετα τους πρωτον (χωραν εν αυτη ειληχοτας) αποστολους και δευτερον προφητας, (All) (IO.COM XXXII.443.14)

TEXT: (και ους μεν) ο θεος εθετο εν τη εκκλησια πρωτον αποστολους και δευτερον προφητας τριτον διδασκαλ(ους...)

τριτον	P[46] ℵ A B C D[2] F G 33 223 876 1175 1739 1780 1881 MajT Or
τριτον δε	D* pc

12.31

ζηλουτε τα χαρισματα τα κρειττονα· (Cit) (IO.COM II.81.21)

ζηλουντες τα μειζονα χαρισματα (All) (IO.COM XXXII.440.1)

ζηλουν τα χαρισματα τα μειζονα (All) (MAT.COM XIV.340.14)

---

[232]It would appear that in this allusion Origen is either consciously combining Eph 4.11 with 1 Cor 12.28, or is doing so unconsciously do to a faulty memory.

TEXT: ζηλουτε τα χαρισματα τα (μειζονα)²³³.

τα χαρισματα	P⁴⁶ ℵ A B C D 33 223 876 1175 1739 1780 1881 MajT Or
χαρισματα	F G

μειζονα	P⁴⁶ ℵ A B C 33 1175 1739 1881 MajT Or
κρειττονα	(D F G)²³⁴ 223 876 1780 MajT

---

²³³It is unlikely that Origen's text read κρειττονα. The allusions seem to indicate that the κρειττονα of the citation is a scribal harmonization to the majority text. This variant will not be included in the analysis.

²³⁴The three Westerns have the variant spelling -σσονα.

Chapter 13

13.1

(εαν δε και) αγγελων γλωσσας (συγκρινης) ανθρωπων γλωσσαις, (All) (IER.HOM I.27.2)

(ει) μη αγαπην ειχον (οι προφηται και δια τουτο) χαλκος (ησαν) ηχων[235] η κυμβαλον αλαλαζον, (All) (IO.COM VI.129.17)[236]

(και ο χωρις αγαπης εχων γνωσιν μυστηριων η προφητειαν) γεγονεν χαλκος ηχων η κυμβαλον αλαλαζον, (ουτως ει μηδεν εστιν ετερον η ηχος η προφητικη φωνη,) (All) (IO.COM VI.129.5)[237] (Cf. 13.2)

TEXT: ...γεγον(α) χαλκος ηχων η κυμβαλον αλαλαζον.

γεγονα	ℵ^c A B C D^2 33 223 876 1175 1739 1780 1881 MajT Or
εν ειμι	D*
εν ειμι ἦ	F G
	[ℵ* h.t.] [P^{46} lac.]
αλαλαζον	ℵ^c B C F G 223 876 1739 1780 1881 MajT Or
αλαλαζων	A D 33 1175
	[ℵ* h.t.] [P^{46} lac.]

13.2

και ο χωρις αγαπης εχων γνωσιν μυστηριων η προφητειαν (γεγονεν χαλκος ηχων η κυμβαλον αλαλαζον, ουτως ει μηδεν εστιν ετερον η ηχος η προφητικη φωνη,) (All) (IO.COM VI.129.5)[238] (Cf. 13.1)

---

[235] Possible corrections suggested in Wendland's edition are ηχουντες and ηχων τις.

[236] This allusion is from a passage quoted from Heracleon.
[237] This allusion is from a passage quoted from Heracleon.
[238] This allusion is from a passage quoted from Heracleon.

(τον ειδοτα) παντα τα μυστηρια και πασαν την γηωσιν, (All) (IO.COM XX.372.30)

(αναλογον ολοις τοις δογμασι και) παση τη γνωσει και πασι τοις μυστηριοις, (All) (IO.COM XX.372.28)

...κ]αν εχω πασαν την πιστιν ωστε ορη μεθισταναι, αγαπην [δε μη ε]χω, (ουδεν ωφελουμαι,) (Ad) (ROM.COM 182.11) (Cf. 13.3)

εαν εχω πασαν την πιστιν[239], ωστε ορη μεθιστανειν. (Cit) (MAT.COM XIII.192.17)

και εαν εχω πασαν την πιστιν, ωστε ορη μεθιστανειν. (Cit) (MAT.COM XIII.198.6)

(μεθιστησιν ο εχων) πασαν την πιστιν, (All) (MAT.COM XIII.198.10)

καν εχω πασαν την πιστιν. (All) (IO.COM XXXII.450.14)

(...τις εστιν ο) πασαν εχων την πιστιν, (All) (IO.COM XXXII.450.32)

...πασαν την πιστιν εχειν, (All) (IO.COM XXXII.452.14)

την πασαν εχειν πιστιν, (All) (IO.COM XXXII.452.33)

(επαν ουν εχη τις) την πασαν πιστιν, (All) (MAT.COM XIII.197.16)

εχει την πασαν πιστιν (All) (MAT.COM XIII.197.23)

---

[239]One MS, the Cod. Cantabrigiensis replaces πασαν την πιστιν with πιστιν πασαν.

1 Corinthians in Origen

TEXT: (...και ειδω) παντα τα μυστηρια και πασαν την γηωσιν, (και εαν)[240] εχω πασαν την πιστιν, ωστε ορη μεθιστανειν[241]...

τα μυστηρια παντα	P^{46} ℵ A B C D 33 223 876 1175 1739 1780 1881 MajT (Or)
τα μυστηρια τα παντα	F G
καν εχω	P^{46} A B 33 1175 1739 1881
και εαν εχω	ℵ^c C D F G 223 876 1780 MajT [ℵ* h.t.]
μεθιστανειν	A C 223 876 1881 MajT
μεθισταναι	P^{46} ℵ^c B D F G 33 1175 1739 1780 [ℵ* h.t.]

13.3

ινα ψωμιση[242] πενητας τα υπαρχοντα αυτου, (ως δια τουτου σωθησομενος. (All) (MAT.COM XII.131.7)

(...κ]αν εχω πασαν την πιστιν ωστε ορη μεθισταναι, αγαπην [δε μη ε]χω,) ουδεν ωφελουμαι, (Ad) (ROM.COM 182.11) (Cf. 13.2)

TEXT: Reconstruction not attempted.

13.5

(αλλ' επει η αγαπη) ου ζητει τα εαυτης, (Cit) (MAT.COM XII.163.30)

---

[240] The evidence seems evenly balanced between και εαν and καν. Therefore, this variant cannot be used in the analysis.

[241] μεθισταναι (another form for the present active infinitive) deserves as much consideration as does μεθιστανειν, as it appears in the adaptation from ROM.COM. However neither has sufficient support to negate the other, thus this variant will not be included in the analysis.

[242] Klostermann, on the basis of the Latin translation, suggests that ανθρωπος should be inserted here.

(και την μη) τα εαυτης (ζητουσαν αγαπην εχοντος) (All)
(MAT.COM XII.164.6)

TEXT: ...ου ζητει τα εαυτης,...

τα	ℵ A C D F G 33 223 876 1175 1739 1780 1881 MajT Or
το	P46*
το μη	P46c B

13.7

(η αγαπη γαρ) παντα στεγει, παντα πιστευει, παντα ελπιζει, παντα υπομενει· (Cit) (MAT.COM XII.120.21)

(περι ης γεγραπται·) η αγαπη παντα ταυτα πιστευει...(Ad)
(ROM.COM 182.16)

παντα πιστευει, (Cit) (ROM.COM 214.3)

TEXT: παντα στεγει, παντα πιστευει, παντα ελπιζει, παντα υπομενει.

13.8

η αγαπη ουδεποτε εκπιπτει (Cit) (MAT.COM XII.120.23)

TEXT: η αγαπη ουδεποτε εκπιπτει·

η αγαπη	P46 ℵ A C D F G 33 223 876 1175 1739 1780 1881 MajT Or
αγαπη	B
εκπιπτει	ℵ² C³ D F G 223 876 1175 1780 1881 MajT Or
πιπτει	P46 ℵ* A B C* 33 1739

13.9

εκ μερους γινωσκομεν και εκ μερους προφητευομεν (Cit)
(IO.COM XX.372.32)

εκ μερους γαρ γινωσκομεν και εκ μερους προφητευομεν (Cit)
(IO.COM XIII.239.6)[243]

(Παυλος εμωρανθη απο γνωσεως) εκ μερους γινωσκων και εκ μερους προφητευων. (All) (IER.HOM VIII.61.16)

(και) εκ μερους γινωσκομεν και εκ μερους προφητευομεν (Cit)
(ROM.COM 228.4)

αρτι προφητευω εκ μερους, και εκ μερους γινωσκω· (Ad)
(REG.HOM 292.23)

(πλην) εκ μερους (γινωσκων...) (All) (ORAT 358.8)

(ελαμβανεν την) εκ μερους γνωσιν, (All) (IO.COM XIII.234.13)

(και την ετι) εκ μερους γνωσιν (την πασαν προφητικην,) (All) (MAT.COM X.11.9)

(οι) εκ μερους (γινωσκοντες ουδε μνημονευομεν·) (All)
(MAT.COM XII.78.5)

(ου φθανοντες ουδε επι την) εκ μερους (γνωσιν των) εκ μερους (αυτον γινωσκοντων) (All) (MAT.COM XVII.624.2)

[εκ μερους γαρ γινωσκομε]ν [και εκ μερους προφητευομε]ν
(Cit) (PASC XXXIV.220.10)

---

[243]This citation is from a passage quoted from Heracleon.

TEXT: εκ μερους (γαρ) γινωσκομεν και εκ μερους προφητευομεν·

γαρ P⁴⁶ ℵ A B D F G 33 1175 1739 1881 Or²⁴⁴
δε   223 876 1780 MajT
     [C lac.]

13.10

εαν ελθη το τελειον, το εκ μερους καταργηθησεται. (Cit) (CELS VI.91.13)

(διοπερ αρτι πιστευω εκ μερους·) οταν δε ελθη το τελειον, (της πιστεως) το εκ μερους καταργηθησεται, (Ad) (IO.COM X.222.20)

οταν δε ελθη το τελειον, (τοτε)²⁴⁵ το εκ μερους καταργηθησεται. (Cit) (REG.HOM 292.24)

οταν ελθη το τελειον, και το εκ μερους καταργηθησεται. (Cit) (IO.COM XX.372.34)

(ως προς) το τελειον, (οπερ) οταν ελθη, το εκ μερους καταργηθησεται. (All) (MAT.COM XII.78.4)

οταν ελθη το τελιον, (Cit) (MAT.COM XVII.629.10)

(γνωσιν καταργουμενην,) οταν ελθη το τελιον, (Cit) (IO.COM XIII.234.16)²⁴⁶

οταν ελθη το τελειον, (All) (ROM.COM 176.11)

---

²⁴⁴While γαρ only appears twice in the eleven citations, adaptations, and allusions listed above, and one of these is very tenuous, it is very likely that Origen's text read γαρ rather than δε. Conjunctions, when they appear at the beginning of the quoted material are often omitted in Patristic citations, especially those such as γαρ and δε which are post positive. This being the case it is telling that δε never appears here in the all of Origen's references to this verse.

²⁴⁵So reads the GCS editon of this Homily, however a fragment of the Homily found at Tura (and published by O. Guèraud in *RHR* 131 (1946) 98-108) omits τοτε.

²⁴⁶This citation is from a passage quoted from Heracleon.

(ως χρεια γνωσεως της εκ μερους, ητις) καταργηθησεται, οταν ελθη το τελειον. (Ad) (MAT.COM X.10.29)

(καταργουντι) το εκ μερους, οταν (το υπερεχον της γνωσεως Χριστου) (Ad) (MAT.COM X.11.5)

(το [δε]²⁴⁷ τελειου και καταργουντες) το εκ μερους (All) (ORAT 358.10)

(ουτως) το τελειον (του αγιασθηναι εκαστω ημων το ονομα του θεου και το ενστηναι αυτου την βασιλειαν ουχ οιον τε εστιν, εαν μη) ελθη (και) το (περι της γνωσεως και σοφιας) τελειον (ταχα δε και των λοιπων αρετων. (All) (ORAT 358.12)

[ως ο αυτος αποστολος διδα]σκει, [οταν δε ελθη το τ]ελ[ειο]ν το [εκ μερους] καταργηθησεται, (Cit) (PASC XXXIV.220.10)

TEXT: οταν (δε) ελθη το τελειον, το εκ μερους καταργηθησεται²⁴⁸.

το εκ	P⁴⁶ ℵ A B D* F G 33 1175 1739 1881 Or
τοτε το εκ	D² 223 876 1780 MajT
	[C lac.]

το εκ μερους καταργηθησεται	P⁴⁶ ℵ A B D¹ 33 223 876 1175 1739 (1780)²⁴⁹ 1881 MajT Or
καταργηθησεται το εκ μερους	D*,² F G
	[C lac.]

13.11

οτε γεγονα ανηρ, κατηργηκα τα του νηπιου. (Cit) (MAT.COM XI.38.3)

(ο καταργησας) τα του νηπιου. (All) (LVC.HOM 123.20)

---

²⁴⁷On the basis of a μεν in the previous phrase the editor, Koetschau, suggests that δε be supplied here.

²⁴⁸Despite the presence of τοτε in the one citation from the Homily on 1 Sam. 28 it is unlikely that it is a part of Origen's text as both the balance of the relevant evidence and the Tura fragment of the 1 Sam. Homily attests.

²⁴⁹Codex 1780 omits the το.

(και καταργησαντα) τα του νηπιου. (All) (MAT.COM XIII.251.19)

(ανηρ καταργησας) τα του νηπιου, (All) (MAT.COM XV.403.26)

(ο ου παιδον μεν ων αλλα ανηρ) τα του νηπιου (καταργησας), (All) (MAT.COM XV.373.2)

(ως τινας μεν αυτων ειναι [των] καταργησαντων) τα του νηπιου, (All) (MAT.COM XI.37.10)

TEXT: ...οτε γεγονα ανηρ, κατηργηκα τα του νηπιου.

οτε γεγονα	ℵ* A (B) D* 1739 Or
οτε δε γεγονα	ℵ² D² F G 33 223 876 1175 1780 1881 MajT [P⁴⁶ C lac.]
γεγονα	P⁴⁶ ℵ A D F G 33 223 876 1175 1739 1780 1881 MajT Or
εγενομην	B [P⁴⁶ C lac.]
κατηργηκα τα του νηπιου	P⁴⁶ ℵ A B 33 223 876 1175 1739 1780 1881 MajT Or
τα του νηπιου κατηργηκα	D F G [C lac.]

13.12

βλεπομεν αρτι δι' εσοπτρου και εν αινιγματι, τοτε δε προσωπον προς προσωπον (Cit) (CELS VII.201.16)

(και) βλεπομεν γαρ αρτι δι' εσοπτρου και εν αινιγματι, τοτε δε προσωπον προς προσωπον... (Cit) (ROM.COM 228.2)

(ο μεν γαρ συνιων βλεπει) προσωπον προς προσωπον, (ο δε μη βλεπων πω) προσωπον προς προσωπον αλλα δι' εσοπτρου ετι και εν αινιγματι (ουδπεω συνιησιν...) (All) (ROM.COM 138.16) δι' εσοπτρου και [εν]²⁵⁰ αινιγματι, τοτε δε προσωπον προς προσωπον (Cit) (CELS VII.188.14)

(ποτε το) δι' εσοπτρου και εν αινιγματι, (Cit) (MART 13.10)

(και βλεποι το νυν) δι' εσοπτρου και εν αινιγματι, (All) (IO.COM I.20.20)

(αλλα βλεπουσι) δι' εσοπτρου και εν αινιγματι, (All) (IO.COM II.97.7)

δι' εσοπτρου και εν αινιγματι, (All) (IO.COM X.222.22)

([η]²⁵¹ πασαν την νυν) δι' εσοπτρου και αινιγματι, (All) (IO.COM XIII.234.15)²⁵²

δι' εσοπτρου και εν αινιγματι, (All) (MAT.COM XV.417.21)

(εμωρανθη απο γνωσεως) δι' εσοπτρου βλεπων, εν αινιγματι βλεπων, (All) (IER.HOM VIII.61.18)

(ταυτα) δι' αινιγματων (All) (CELS VII.162.5)

(οιστισιν ως εικος [επι]βαινοντες εν αινιγμα[τι] και δι' εσοπτρου βλεπο[μεν] (τα μετα ταυτα,) (All) (PASC XXXIII.218.27)

(της γνωσεως) δι' εσοπτρου και αινιγματι (επι του παροντος τοις αξιοις φαναρουμενης) τοτε δε προσωπον προς προσωπον (αποκαλυπτομενος,) (Ad) (ORAT 322.9)

(αλλ' ως ωνομασεν ο γνησιος του Ιησου μαθητης λεγων·) τοτε δε προσωπον προς προσωπον (Cit) (CELS VI.91.12)

(τοτε εσται η προσκυνησις εν αληθεια τη) προσωπον προς προσωπον (All) (IO.COM XIII.243.9)

---

[250] The εν does not have MSS support. It is suggested by the editor of GCS, who is followed by SC, on the basis of it presence in other citations and allusions in CELS.
[251] η is an emendation suggested by Brooke.
[252] This allusion is from a passage quoted from Heracleon.

(περι ου λεγεται) τοτε δε προσωπον προς προσωπον. (Cit) (IER.HOM VI.50.19)

τοτε δε προσωπον προς προσωπον· (Cit) (HERACL 27.16)

(οσον ουδεπω) προσωπον προς προσωπον (εισεσθε ως φιλοι του εν ουρανοις πατρος) (All) (MART 13.11)

τοτε (φανερωθησομενου, οτε) προσωπον προς προσωπον (All) (ORAT 358.10)

[και βλεπει]²⁵³ προσωπον προς προσωπον (All) (MAT.COM XV.417.28)

αρτι γινωσκω εκ μερους,... (Cit) (IO.COM X.222.18)

TEXT: βλεπομεν (γαρ)²⁵⁴ αρτι δι' εσοπτρου και εν αινιγματι, τοτε δε προσωπον προς προσωπον· αρτι γινωσκω εκ μερους,...

γαρ	(P⁴⁶) ℵ A B D¹ 33 223 876 1175 1739 1780 1881 MajT
omit	D* F G [C lac.]

δι' εσοπτρου και	L P Or
δι' εσοπτρου ως	33
ως δι' εσοπτρου	D 1175 1739 1881 pc
δι' εσοπτρου	P⁴⁶ ℵ A B F G 223 876 1780 MajT [C lac.]

13.13

νυνι δε μενει τα τρια ταυτα, πιστις, ελπις, αγαπη· μειζων δε τουτων η αγαπη. (Cit) (IER.HOM VI.48.1)

---

²⁵³και βλεπει is inserted by Klostermann on the basis of the Latin translation.

²⁵⁴For some the same reasons listed above in note 249 it is very possible that Origen's text included γαρ. Yet here we are dealing with an omission, rather than a γαρ/δε interchange. Therefore, all the omissions listed above are more significant here than was the case in vs. 9. Thus, this variant reading will not be used in the analysis.

(και επειπερ ο πιστευων επ' ελπιδι πιστευει[255], δια τουτο) μενει πιστις, ελπις, αγαπη. (All) (ROM.COM 212.12)

TEXT: νυνι δε μενει τα τρια ταυτα, πιστις, ελπις, αγαπη· μειζων δε τουτων η αγαπη.

νυνι δε μενει	P⁴⁶ ℵ A B D 33 223 876 1175 1739 1780 1881 MajT Or
μενει δε	F G
	[C lac.]

τα τρια ταυτα, πιστις, ελπις, αγαπη·	P⁴⁶ Or
πιστις, ελπις, αγαπη, τα τρια ταυτα·	ℵ A B D F G 33 223 876 1175 1739 1780 1881 MajT
	[C lac.]

μειζων	P⁴⁶ ℵ A B D² F G 33 223 876 1175 1739 1780 1881 MajT Or
μειζω	D*
μειζον	L
	[C lac.]

---

[255] The words και επειπερ...πιστευει do not appear in the Tura fragment—it would seem a lacune is here present. They are supplied from the Vatican MS of the catena by Scherer.

Chapter 14

14.4

ο δε προφητευων εκκλησιαν οικοδομει. (ει δε) ο προφητευων εκκλησιαν οικοδομει.²⁵⁶ (Cit) (REG.HOM 293.2)

ο δε προφητευων εκκλησιαν οικοδομει. (Cit) (REG.HOM 293.10)

TEXT: ο δε προφητευων εκκλησιαν οικοδομει.

εκκλησιαν	P⁴⁶ ℵ A B D 33 223 876 1175 1739 1780 1881 MajT Or
εκκλησιαν θεου	F G Vg^cl
	[C lac.]

14.8

(οτι ωσπερ) εαν αδηλον σαλπιγξ φωνην δῳ ουδεις παρασκευαζεται εις πολεμον (Ad) (IO.COM VI.129.3)²⁵⁷

TEXT: εαν αδηλον σαλπιγξ φωνην δῳ, (τις) παρασκευαζεται εις πολεμον;

φωνην σαλπιγξ	B D F G 223 876 1175 1780 MajT Or
σαλπιγξ φωνην	P⁴⁶ ℵ A 33 1739 1881
	[C lac.]

---

²⁵⁶The Tura of this homily (Guéraud, *RHR* 131 [1946] 98-108) reads προφευτεων both times in this passage.

²⁵⁷This adaptation appears in a long quotation of Heracleon by Origen. Preuschen the editor of IO.COM cautions that although παρασκευαζεται agrees with MS A Origen does not cite the passage word for word, "as the transformation of the question into a statement shows." Therefore one should not be too quick from this adaptation to decide either Heracleon's or Origen's text read παρασκευαζεται rather than παρασκευασεται. For these reasons this variant will not be included in the analysis.

142 1 Corinthians in Origen

παρασκευαζεται   P⁴⁶ A 33 1175
παρασκευασεται   ℵ B D F G 223 876 1739 1780 1881 MajT
                  [C lac.]

14.14

το πνευμα μου προσευχεται, ο δε νους μου ακαρπος εστιν; (Cit) (REG.HOM 292.29)

TEXT: το πνευμα μου προσευχεται, ο δε νους μου ακαρπος εστιν.

προσευχεται   P⁴⁶ ℵ A B C D F G 33 223 876 1739 1780 1881 MajT Or
προσευχετε   1175

14.15

(το) προσευξομαι τω πνευματι, προσευξομαι δε και τω νοι· ψαλω τω πνευματι, ψαλω και τω νοι.[258] (Cit) (ORAT 301.27).

(μαλιστα οτε προσευχομενοι) πνευματι (προσευχονται) και τω νοι. (All) (ORAT 324.14)

(ινα προσευχηται) πνευματι, (προσευχηεται) δε και τω νοι. (All) (MAT.COM XIV.347.4)

TEXT: προσευξομαι τω πνευματι, προσευξομαι δε και τω νοι· ψαλω τω πνευματι, ψαλω και τω νοι.

προσευξομαι[1]   B 223 876 1175 1881 MajT Or
προσευξωμαι[1]   ℵ A Dˢ F G 33 1739 1780
                  [P⁴⁶ C lac.]

---

[258]Koetschau has inserted a δε between ψαλω and και, to bring it in to accordance with his NT text, aganist the MS evidence.

προσευξομαι²   ℵ B 223 876 1739 1881 MajT Or
προσευξωμαι²   A Dˢ F G 33 1175 1780
                        [P⁴⁶ C lac.]

προσευξ(ο)μαι δε και   ℵ A B Dˢ 33 223 876 1175 1739 1780
                              1881 MajT Or
προσευξ(ο)μαι δε   K P pc
προσευξ(ο)μαι και   F G
                              [P⁴⁶ C lac.]

ψαλω τῳ πνευματι   ℵ A B Dˢ 33 223 876 1175 1739 1780
                               1881 MajT Or
ψαλω πνευματι   F G P
                               [P⁴⁶ C lac.]

ψαλω και   B F G Latt Or
ψαλω δε και   ℵ A Dˢ 33 223 876 1175 1739 1780 1881 MajT
                          [P⁴⁶ C lac.]

14.25

και τα κρυπτα της καρδιας εις φανερον (All) (IO.COM X.225.1)

TEXT: (και) τα κρυπτα της καρδιας (αυτου φανερα γινεται,...)

καρδιας   ℵ A B D F G 33 223 876 1175 1739 1780 1881
                MajT Or
διανοιας   P⁴⁶
                [C lac.]

14.26

παντα προς οικοδομην (του αδελφου ποιετω·) (Ad) (MAT.COM XVII.683.10)

TEXT: ...παντα προς οικοδομην (γινεσθω.)

14.32

πνευματα προφητων προφηταις υποτασσεται· (Cit) (IO.COM VI.120.18)

και πνευματα δε προφητων προφηταις υποτασσεται (All) (MAT.COM XIII.179.7)

TEXT: και πνευματα προφητων προφηταις υποτασσεται,

πνευματα	P^{46} ℵ A B 33 223 876 1175 1739 1780 1881 MajT Or
πνευμα	D F G Ψ* pc
	[C lac.]

14.38

(και) ει τις αγνοει, αγνοειται. (Cit) (IER.HOM I.7.16)

TEXT: ει τις αγνοει, αγνοειται.

αγνοειται	ℵ* A*vid (D*)[259] (F G)[260] 33 1739 Or
αγνοειτω	P^{46} ℵ^2 A^c B D^2 223 876 (1175) 1780 1881 MajT
	[C lac.]

---

[259]The original hand of Codex D reads αγνοειτε rather than αγνοειται.
[260]Codices F and G read ηγνοειται rather than αγνοειται.

Chapter 15

15.2

εκτος ει μη εικη επιστευσατε (All) (CELS VI.80.3)

TEXT: ...εκτος ει μη εικη επιστευσατε

15.3

παρεδωκα γαρ υμιν εν πρωτοις, ο και παρελαβον, οτι Χριστος απεθανεν υπερ των αμαρτιων ημων κατα τας γραφας (Cit) (CELS II.185.12)

TEXT: παρεδωκα γαρ υμιν εν πρωτοις, ο και παρελαβον, οτι Χριστος απεθανεν υπερ των αμαρτιων ημων κατα τας γραφας

15.5

[και οτι ωφθη κηφα, ειτα τοις δωδεκα] (Cit) (CELS II.185.13)[261]

TEXT: [και οτι ωφθη κηφα, ειτα τοις δωδεκα·]

ειτα	P[46] B D[2] 223 876 1739 1780 1881 MajT
επειτα	ℵ A 33 1175
και μετα ταυτα	D* F G
	[C lac.]
δωδεκα	P[46] ℵ A B D[2] 33 223 876 1175 1739 1780 1881 MajT
ενδεκα	D* F G
	[C lac.]

---

[261] Verse 4 does not appear in the text of *Contra Celsum*, but Koetschau, the editor of GCS, sugests that it fell out due to homoeoteleuton. However, such conjectural "evidence" cannot be used in the textual analysis.

15.6

επειτα ωφθη επανω πεντακοσιοις αδελφοις εφαπαξ, ων οι πλειονες μενουσιν εως αρτι, τινες δε εκοιμηθησαν (Cit) (CELS II.185.14)

πεντακοσιοις αδελφοις εφαπαξ (All) (CELS II.187.6)

TEXT: επειτα ωφθη επανω πεντακοσιοις αδελφοις εφαπαξ, ων οι πλειονες μενουσιν εως αρτι, τινες δε εκοιμηθησαν·

πλειονες	ℵ A B D F G 33 1175 1739 1881 Or
πλειους	223 876 1780 MajT
	[P⁴⁶ C lac.]
δε	P⁴⁶ ℵ* B D* F G 1739 1881 pc Or
δε και	ℵ² A D² 33 223 876 1175 1780 MajT
	[C lac.]
εκοιμηθησαν	P⁴⁶ ℵ A B C D F G 223 876 1175 1739 1780 1881 MajT Or
ετευλτησαν	33

15.7

επειτα ωφθη Ιακωβω, επειτα τοις αποστολοις πασιν (Cit) (CELS II.185.16)

επειτα ωφθη Ιακωβω, επειτα τοις (ετεροις παρα τους δωδεκα) αποστολοις (Ad) (CELS II.187.7)

TEXT: επειτα ωφθη Ιακωβῳ, επειτα τοις αποστολοις πασιν·

επειτα¹	P⁴⁶ ℵ A B (F G)²⁶² 33 223 876 1175 1739 1780 1881 MajT Or
ειτα¹	D
	[C lac.]
επειτα²	P⁴⁶ ℵ* A F G 33 1175 1739 1881 Or
ειτα²	ℵ² B D 223 876 1780 MajT
	[C lac.]

15.8

εσχατον δε παντων ωσπερει τῳ εκτρωματι ωφθη καμοι (Cit) (CELS II.185.17)

εσχατον δε παντων (παυλῳ τῳ) ωσπερει εκτρωματι (και επισταμενῳ) (All) (CELS II.187.8)

(και ταχα το ελαχιστοτερῳ ισον εστι) τῳ εκτρωματι (All) (CELS II.187.11)

TEXT: εσχατον δε παντων ωσπερει τῳ εκτρωματι ωφθη καμοι.

ωσπερει	P⁴⁶ ℵ A B C D² F G 33 223 876 1175 1739 1780 1881 MajT Or
ωσπερ	D*
καμοι	P⁴⁶ ℵ A B D 33 223 876 1175 1780 1881 MajT Or
και μοι	F G 1739
	[C lac.]

---

²⁶²Codex F reads επιστα rather than επειτα, and G has επιτα.

15.9

(αλλα λεγη·) ουκ ειμι ικανος καλεισθαι αποστολος, διοτι εδιωξα την εκκλησιαν του θεου (Cit) (ORAT 315.20)

TEXT: ουκ ειμι ικανος καλεισθαι αποστολος, διοτι εδιωξα την εκκλησιαν του θεου·

15.10

χαριτι δε θεου ειμι ο ειμι (Cit) (ORAT 315.23)

TEXT: χαριτι δε θεου ειμι ο ειμι,...

15.12

ει δε Χριστος κηρυσσεται εκ νεκρων οτι εγηγερται, πως λεγουσιν εν υμιν τινες οτι αναστασις νεκρων ουκ εστιν; (Cit) (MAT.COM XVII.666.16)

(ως ακολουθον οντος τω την απαρχην) εγηγερθαι εκ νεκρων του τους νεκρους εγειρεσθαι (All) (HERACL 5.14)

TEXT: ει δε Χριστος κηρυσσεται εκ νεκρων οτι εγηγερται, πως λεγουσιν εν υμιν τινες οτι αναστασις νεκρων ουκ εστιν;

εκ νεκρων οτι	P46 D*,2 F G pc Or
οτι εκ νεκρων	ℵ A B D1 33 223 876 1175 1739 1780 1881 MajT [C lac.]
εν υμιν τινες	(P46)263 ℵ A B 33 1739 1881 Or
τινες εν υμιν	D F G 223 876 1175 1780 MajT [C lac.]

---

263 P46 omits the οτι following τινες.

15.15

Ευρισκομεθα δε και ψευδομαρτυρες του θεου, οτι εμαρτυρησαμεν κατα του θεου οτι ηγειρεν τον Χριστον, ον ουκ ηγειρεν (κατα τα τουτοις ομοια,) (Cit) (IO.COMM X.212.9)

TEXT: Ευρισκομεθα δε και ψευδομαρτυρες του θεου, οτι εμαρτυρησαμεν κατα του θεου οτι ηγειρεν τον Χριστον, ον ουκ ηγειρεν,

---

omit	D pc it^{a,b,r} Vg^{mss} Syr^p (Or?)[264]
ειπερ αρα νεκροι ουκ εγειρονται	ℵ A B F G 33 223 876 1175 1739 1780 1881 MajT [P^{46} C lac.]

15.19

ει εν τη ζωη ταυτη ηλπικοτες εσμεν εν Χριστω μονον, ελεεινοτεροι παντων ανθρωπων εσμεν (Cit) (MAT.COM XVII.666.29)

(ου παντως) εν τη ζωη ταυτη εν Χριστω ηλπικως εστι μονον (All) (MAT.COM XVII.667.3)

(ουκ) εν ταυτη τη ζωη ηλπικε εν Χριστω (ο εκεινην αθετων ζωσης της ψυχης,) (All) (MAT.COM XVII.667.10)

(αλλ' ουδε) ελεειοντεροι παντων ανθρωπων εσμεν (All) (MAT.COM XVII.667.15)

---

[264] The above citation does little to prove that Origen's text omitted the phrase, such "omissions" occur frequently in Patrsitic citations. Thus the "omission" will not be used in the analysis of Origen's text.

150 1 Corinthians in Origen

TEXT: ει εν τη ζωη ταυτη ηλπικοτες εσμεν εν Χριστω[265] μονον, ελεεινοτεροι παντων ανθρωπων εσμεν.

εν Χριστω ηλπικοτες εσμεν	P[46] ℵ A B D*,[2] F G 33 1175 1739 1881
ηλπικοτες εσμεν εν Χριστω	D[1] 223 876 1780 MajT [C lac.]
παντων ανθρωπων εσμεν	P[46] ℵ A B F G 33 223 876 1175 1739 1780 1881 MajT Or
εσμεν παντων ανθρωπων	D Vg [C lac.]

15.20

(οσον μεν γαρ) Χριστος (ουκ) εγηγερται εκ νεκρων, απαρχη των κεκοιμημενων, (ουδε συνηγερθησαν αυτω οι γινομενοι συμμορφοι τω θανατω και τη αναστασει αυτου,) (All)
(MAT.COM XII.114.9)

TEXT: ...Χριστος εγηγερται εκ νεκρων, απαρχη των κεκοιμημενων.[266]

κεκοιμημενων	P[46] ℵ A B D* F G 33 1175 1739 1881
κεκοιμημενων εγενετο	D[2] 223 876 1780 MajT [C lac.]

---

[265]There is a disagreement concerning the order of the words ηλπικοτες εσμεν εν Χριστω in the citation and allusions from the same section of the same work--the MAT.COM. While the citation and one weak allusion would seem to indicate that the above order was Origen's, one rather close allusion would have it the other way. Given the balance of the evidence this variant will not be included in the analysis.

[266]The way the phrase απαρχη των κεκοιμημενων is used in this one allusion may indicate that Origen's text did indeed omit εγενετο, for the phrase is cited not as a dependant clause (as εγενετο necessitates) but rather as an appositional phrase as is required when εγενετο is not present. In other words the phrase functions in the same sense in Origen's allusion as it does in the Alexandrian and Western MSS. Thus, the nature of the allusion seems to indicate that Origen's text did not include εγενετο. However, admittedly, one brief allusion does not allow for certainty. The variant will not be used in the analysis. Cf. the catena material where εγενετο is universally abscent except in the lemma.

15.22

ωσπερ γαρ εν τω Αδαμ παντες αποθνησκουσιν, ουτως και εν τω κυριω παντες ζωοποιηθησονται (Cit) (IO.COMM XXXII.429.21)[267]

(και) γαρ εν τω Αδαμ (ως φησιν ο λογος,) παντες αποθνησκουσι (Cit) (CELS IV.313.19)

εν τω Αδαμ παντες αποθνησκουσιν (Cit) (IER.HOM VII.56.28)

εν τω Χριστω παντες ζωοποιηθησονται (Cit) (IO.COMM X.212.2)

(εσθιει πας ανθρωπος) εν τω Αδαμ αποθανων (All) (CELS VII.179.24)

εν τω Αδαμ αποθνησκουσιν, και εν τω Χριστω παντες ζωοποιηθησονται (All) (IO.COMM XX.361.7)

...εν τω Αδαμ παντες αποθνησκουσιν,...εν τω Χριστω παντες ζωοποιηθησονται (All) (IO.COMM XX.361.8)

(καθ' ο) εν τω Αδαμ παντες αποθνησκουσιν (All) (IO.COMM XX.361.15)

(τοις) εν τω Αδαμ αποθνησκουσι (All) (MAT.COM XIII.202.32)

TEXT: ωσπερ γαρ εν τω Αδαμ παντες αποθνησκουσιν, ουτως και εν τω Χριστω παντες ζωοποιηθησονται.

15.23

εκαστος δε εν τω ιδιω ταγματι· απαρχη Χριστος, επειτα οι του Χριστου εν τη παρουσια αυτου (Cit) (IO.COMM X.212.2)

εκαστος δε εν τω ιδιω ταγματι (Cit) (IER.HOM VIII.61.4)

---

[267] Preuschen believes that κω is merely a slip of the pen for χω.

εκαστος δε εν τω ιδιω ταγματι· (Cit) (IO.COMM XXXII.429.26)

απαρχη Χριστος, επειτα οι του Χριστου εν τη παρουσια αυτου (Cit) (IO.COMM XXXII.429.29)

απαρχη Χριστος (All) (HERACL 5.14)

(αλλα και) οι του Χριστου (εγερθεντες εκ νεκρων...) (All) (HERACL 6.3)

TEXT: εκαστος δε εν τω ιδιω ταγματι· απαρχη Χριστος, επειτα οι του Χριστου εν τη παρουσια αυτου,

---

εν τη παρουσια αυτου	P[46] ℵ A B D 33 223 876 1175 1739 1780 1881 MajT Or
οι εν τη παρουσια αυτου ελπισαντες	F G Vg[cl] [C lac.]

15.24

ειτα το τελος (Cit) (IO.COMM X.212.4)

(οτι ο Χριστος, παντων αυτω των εχθρων υποταγεντων, παραδωσει) την βασιλειαν τω θεω και πατρι (Ad) (ORAT 358.19)

και παραδω ετοιμον βασιλειαν τω Πατρι ο σωτηρ (Ad) (IO.COMM I.42.6)

οτε παραδιδωσιν ο υιος την βασιλειαν τω θεω και πατρι (Ad) (IO.COMM X.180.12)

το τελος, οταν παραδιδωσιν την βασιλειαν ο υιος τω θεω και πατρι (Ad) (IO.COMM XX.334.29)

ειτα το τελος (οπερ τελος μετα του Χριστου εν τη παρουσια αυτου ενστησεται, οτε) παραδωσει την βασιλειαν τω θεω και

πατρι, (ποτερον καταργησας) πασαν αρχην και πασαν
εξουσιαν και δυναμιν (Ad) (IO.COMM XXXII.429.30)

και καταργηθη αφ' ημων πασα αρχη και εξουσια και δυναμις
(All) (ORAT 359.7)

(εις το την καταργουμενην) και πασαν εξουσιαν και δυναμιν
(All) (IO.COMM XXXII.430.1)

ειτε οταν καραργηση πασαν αρχην, ειτε πασαν εξουσιαν, ειτε
πασαν δυναμιν (All) (IO.COMM XXXII.431.4)

TEXT: ειτα το τελος, οταν παραδιδῳ[268] την βασιλειαν τῳ θεῳ και
πατρι, οταν καραργηση πασαν αρχην και πασαν εξουσιαν και
δυναμιν.

παραδιδῳ   P[46] ℵ A (B) D (F G)[269] 1175 1739[270]
παραδῳ   223 876 1780 1881 MajT
            [C lac.] [33 illegible]

15.25

δει γαρ αυτον βασιλευειν, εως αν θη[271] παντας τους εχθρους
αυτου υπο τους ποδας αυτου (Cit) (IO.COMM I.20.13)

δει γαρ αυτον βασιλευειν, αχρι ου θη παντας τους εχθρους υπο
[τους][272] ποδας αυτου (Cit) (IO.COMM XXXII.430.4)

---

[268]It is possible that the adaptations in IO.COM X and XX are evidence that Origen's text read the present subjunctive, not the aorist subjunctive with the Majority of MSS. However the presence of παραδῳ in IO.COMM I.42.6 means that certainty is not possible. The two future indicatives (ORAT 358.19 and IO.COMM XXXII.429.30) are clearly adaptations to the context.

[269]Codices B, F, and G read παραδιδοι another spelling of παραδιδῳ.

[270]NA[26] fails to list 1175 and 1739 in support of παραδιδῳ.

[271]So reads the Codex Venetus Marcian 43 of IO.COMM rather than αχρι ου θη. The Codex Monacensis is illegible. Preuschen suggests that αχρι ου θη should indeed be read on the basis of the next citation.

[272]The Veneitian MS 43 of IO.COMM reads τους, the Cod. Monacensis omits the article.

δει αυτον βασιλευειν αχρις ου αν θη παντας τους εχθρους υπο τους ποδας αυτου (Cit) (MAT.COM XV.418.26)

(οταν δε) παντες τους εχθρους (υποταξη) υπο τους ποδας αυτου (All) (CELS VI.105.10) (?Vs.27?)

εκαστον ταχα γαρ εαν παντες οι εχθροι υποποδιον γενωνται των Χριστων ποδων (All) (IO.COMM X.216.54)

Αχρι ου θη παντας τους εχθρους αυτου υπο τους ποδας αυτου (All) (IO.COMM XXXII.431.5)

εως αν παντων των εχθρων υποτεθεντων τοις ποσιν του υιου του θεου (All) (IO.COMM XX.363.4)

TEXT: δει γαρ αυτον βασιλευειν αχρι(ς) ου (αν)[273] θη παντας τους εχθρους [αυτου][274] υπο τους ποδας αυτου.

αχρι(ς) οὗ θη	P[46] ℵ* A B D* F G 33 81 1175 1739 1881
αχρι(ς) οὗ ἂν θη	ℵ[c] D[2] 223 876 1780 MajT
	[C lac.]
εχθρους	P[46] ℵ B D 223 876 1175 1739 1780 1881 MajT
εχθρους αυτου	A F G 33
	[C lac.]

15.26

(τοτε) εσχατος εχθρος καταργειται ο θανατος (Cit) (CELS VI.105.1)

---

[273]The presence or absence of the particle αν is most uncertain. Given the balance of the evidence no determination can be made. The variant reading will not be used in the analysis.

[274]The evidence for and aganist including αυτου is ambiguous; Origen with clear citations supports both its omission and inclusion within the same work, the IO.COMM. In any event, the nature of the various citations leave enough reason for doubt so that it is not included in the analysis.

εσχατος δε εχθρος καταργειται ο θανατος (Cit) (IO.COM I.20.14)[275]

(διο και) εσχατος εχθρος καταργειται ο θανατος (Cit) (IO.COM XIX.323.18)

εσχατος εχθρος καταργειται ο θανατος (Cit) (IO.COM XX.381.2)

(ειτα·) εσχατος εχθρος καταργειται ο θανατος (Cit) (IO.COM XXXII.430.5)

(και) τον εσχατον εχθρον καταργηθηναι, τον θανατον (All) (ORAT 359.8)

εσχατος εχθρος αυτου θανατος καταργηθη (All) (IO.COM XX.363.4)

εως ο εσχατος εχθρος, ο θανατος, υπ' αυτου καταργηθη (All) (IO.COM VI.166.13)

(τοτε) ο εσχατος εχθρος θανατος καταργηθη (All) (IO.COM X.216.6)

εσχατος εχθρος καταργηθησεται ο θανατος (All) (IO.COM XXXII.431.6)

(και) εσχατος εχθρος καταργειται (παντων των εχθρων αυτου,) θανατος εστιν (All) (MAT.COM XII.143.28)

ο εσχατος εχθρος Χριστου καταργηθη θανατος (All) (MAT.COM XIV.332.31)

(εως ου) ο εσχατος εχθρος θανατος καταργηθη (All) (MAT.COM XV.418.28)

TEXT: εσχατος εχθρος καταργειται ο θανατος.

---

[275]δε is read by the Venetian MS 43, MS Monacensis is illegible.

15.27

οταν δε ειπη οτι παντα υποτετακται, δηλον οτι εκτος του
υποταξανος αυτω τα παντα (Cit) (IO.COM XXXII.430.8)

(οταν δε) παντες τους εχθρους (υποταξη) υπο τους ποδας
αυτου (All) (CELS VI.105.10) (Cf. first All. vs. 25)

TEXT: (παντα γαρ υπεταξεν) υπο ποδας αυτου. οταν δε ειπη οτι
παντα υποτετακται, δηλον οτι εκτος του υποταξανος αυτω τα
παντα.

οτι	(א)[276] A D F G 223 876 1175 1739 1780 1881 MajT Or	
omit	P[46] B 33 [C lac.]	
υποτετακται	P[46] א A B D 33 223 876 1175 1739 1780 1881 MajT Or	
υποτετακται αυτω	F G Vg [C lac.]	

15.28

οταν δε αυτω παντα υποταγη, τοτε αυτος ο υιος υποταγησεται
τω υποταξαντι αυτω παντα (Cit) (IO.COM VI.166.15)

ινα η ο θεος τα παντα εν πασι (Cit) (ORAT 358.21)

ινα γενηται ο θεος τα παντα εν πασιν (All) (IO.COM I.42.9)

(οταν γενηται) ο θεος τα παντα εν πασιν (All) (IO.COM
I.45.5)

(το) παντα (γαρ και) εν πασι (Χριστος ο μονογενης) (All)
(IO.COM I.40.2)

---

[276]Codex Sinaiticus includes the article τα following οτι.

και οτε γενεται ο θεος τα παντα εν πασιν (All) (IO.COM XX.334.30)

οταν γενται ο θεος [παντα εν π]ασιν (All) (ROM.COM 128.14)

TEXT: οταν δε αυτω παντα υποταγη, τοτε αυτος ο υιος υποταγησεται τω υποταξαντι αυτω παντα, ινα η ο θεος τα παντα εν πασιν.

αυτω παντα υποταγη	Or
υποταγη αυτω τα παντα	P46 ℵc A B F G 33 223 876 1175 1739 1780 MajT
αυτω υποταγη τα παντα	D
	[P46 C lac.] [ℵ* 1881 h.t.]
τοτε αυτος	B D* F G 33 1175 1739 Or
τοτε και αυτος	ℵ A D2 223 876 1780 MajT
	[P46 C lac.] [1881 h.t.]
τα παντα³	ℵ D2 F G 223 876 1175 1780 MajT Or
παντα³	A B D* 33 1739 pc
	[P46 C lac.] [1881 h.t.]

15.29

(και τω) ει ολως νεκροι ουκ εγειρονται, τι και βαπτιζονται υπερ αυτων; (Cit) (MAT.COM X.667.24)

TEXT: ...ει ολως νεκροι ουκ εγειρονται, τι και βαπτιζονται υπερ αυτων;

αυτων	P46 ℵ A B D* F G 33 1175 1739 1881 Or
των νεκρων	D2 223 876 1780 MajT
αυτων νεκρων	69
	[C lac.]

15.30

τι και ημεις κινδυνευομεν πασαν ωραν; (Cit) (MAT.COM XVII.667.26)

TEXT: τι και ημεις κινδυνευομεν πασαν ωραν;

15.31

νη την ημετεραν καυχησιν, αδελφοι (Cit) (ROM.COM 232.9)

TEXT: ...νη την ημετεραν καυχησιν, αδελφοι...

ημετεραν	A 876 1881 Or
υμετεραν	P⁴⁶ ℵ B D F G 33 223 1175 1739 1780 MajT [C lac.]
αδελφοι	ℵ A B 33 1175 Or
omit	P⁴⁶ D F G 223 876 1739 1780 1881 MajT [C lac.]

15.32

(και τῳ) ει κατα ανθρωπον εθηριομαχησα εν Εφεσῳ, τι μοι το οφελος; ει νεκροι ουκ εγειρονται, φαγωμεν και πιωμεν, αυριον γαρ αποθνησκομεν. (Cit) (MAT.COM XVII.667.27)

φαγωμεν και πιωμεν, αυριον γαρ αποθνησκομεν (Cit) (MAT.COM XVII.668.7)

ει κατα ανθρωπον εθηριομαχησα εν Εφεσῳ (Cit) (MART 39.6)

TEXT: ει κατα ανθρωπον εθηριομαχησα εν Εφεσω, τι μοι το οφελος; ει νεκροι ουκ εγειρονται, φαγωμεν και πιωμεν, αυριον γαρ αποθνησκομεν.

το οφελος   P⁴⁶ ℵ A B D² 33 223 876 1175 1739 1780 1881
              MajT Or
οφελος   D* F G
              [C lac.]

αποθνησκομεν P⁴⁶ ℵ A B D F G 33 223 876 1739 1780 1881
              MajT Or
αποθνησκωμεν L 1175
              [C lac.]

15.35

αλλ' ερει τις· πως εγειρονται οι νεκροι; ποιω δε σωματι ερχονται; (Cit) (CELS V.19.18)

(περι δε του) πως οι νεκροι εγειρονται, και ποιω σωματι ερχονται; (All) (CELS VIII.246.5)

TEXT: αλλ' ερει τις· πως εγειρονται οι νεκροι; ποιω δε σωματι ερχονται;

15.36

αφρον, συ ο σπειρεις ου ζωοποιειται, εαν μη αποθανη· (Cit) (CELS V.19.19)

ου ζωοποιειται, εαν μη αποθανη· (Cit) (CELS II.23.14)

TEXT: αφρον, συ ο σπειρεις ου ζωοποιειται, εαν μη αποθανῃ·

αποθανῃ	P⁴⁶ ℵ A B 33 223 876 1739 1780 1881 MajT Or
πρωτον αποθανῃ	(F)²⁷⁷ G 1175
αποθανῃ πρωτον	D
	[C lac.]

15.37

και ο σπειρεις, ου το σωμα το γενησομενον σπειρεις αλλα γυμνον κοκκον, ει τυχοι, σιτου η τινος των λοιπων (Cit) (CELS V.19.20)

σιτου η τινος των λοιπων (All) (CELS II.23.12)

ου το γενησομενον σωμα (All) (CELS V.23.15)

TEXT: και ο σπειρεις, ου το σωμα το γενησομενον σπειρεις αλλα γυμνον κοκκον, ει τυχοι, σιτου η τινος των λοιπων·

γενησομενον	ℵ A B D 33 223 876 1175 1739 1780 1881 MajT Or
γεννησομενον	P⁴⁶ F G it^d
	[C lac.]

15.38

ο δε θεος διδωσιν αυτῳ σωμα, καθως ηθελησε, και εκαστῳ των σπερματων ιδιον σωμα.²⁷⁸ (Cit) (CELS V.19.22)

ο θεος ουν διδωσιν εκαστῳ καθως ηθελησε (All) (CELS V.19.30)

---

²⁷⁷Codex F reads πρωτων rather than πρωτον.

²⁷⁸Delarue's 1733 edition of the works of Origen adds a το before ιδιον, seemingly without MSS support. Both GCS and SC agree in omitting the article.

ο γαρ θεος αυτω διδωσι σωμα, καθως ηθελησε (All) (CELS V.23.15)

TEXT: ο δε θεος διδωσιν αυτω²⁷⁹ σωμα, καθως ηθελησε, και εκαστω των σπερματων ιδιον σωμα.

διδωσιν αυτω	P⁴⁶ ℵ A B 33 1175
αυτω διδωσιν	D F G 223 876 1739 1780 1881 MajT
	[C lac.]
ιδιον	ℵ* A B D G 33 1175 1739 1881 Or
το ιδιον	ℵᶜ (F)²⁸⁰ 223 876 1780 MajT
	[P⁴⁶ C lac.]

15.40

και σωματα επουρανια και σωματα επιγεια· αλλ' ετερα μεν η των επουρανιων δοξα, ετερα δε η των επιγειων. (Cit) (CELS V.10.24)

και σωματα επουρανια, και σωματα επιγεια, και αλλη μεν επουρανιων σωματα δοξα αλλη δε επιγειων, και ουδε των επουρανιων η αυτη.²⁸¹ (Ad) (CELS IV.329.21)

TEXT: και σωματα επουρανια και σωματα επιγεια· αλλ' ετερα μεν η των επουρανιων δοξα, ετερα δε η των επιγειων.

σωματα²	P⁴⁶ ℵ A B C D 33 223 876 1175 1739 1780 1881 MajT Or
omit	F G
	[C lac.]

---

²⁷⁹One very clear citation and an allusion read διδωσιν αυτω, but one very good allusion reverses this order. Given the balance of the evidence this variant cannot be used for the analysis.

²⁸⁰Codex F, in place of το ιδιον, has των ιδιων.

²⁸¹MS A reads επουρανιων before ἡ αυτη; however, three earlier editions, i.e., those edited by Höeschel, Spencer, and Delarue reads ουρανιων.

15.41

αλλη δοξα ηλιου, και αλλη δοξα σεληνης, και αλλη δοξα αστερων, αστηρ γαρ αστερος διαφερει εν δοξη (Cit) (CELS IV.299.15)

αλλη δοξα ηλιου, και αλλη δοξα σεληνης, και αλλη δοξα αστερων· αστηρ γαρ αστερος διαφερει εν δοξη (Cit) (CELS V.10.27)

αλλη δοξα ηλιου, και αλλη δοξα σεληνης, και αλλη δοξα αστερων· αστηρ γαρ αστερος διαφερει εν δοξη (Cit) (MAT.COM X.3.24)

αλλη γαρ δοξα ηλιου και αλλη δοξα αστερων, (και εν αυτοις δε ταις αστροις) αστηρ αστερος διαφερει εν δοξη (All) (CELS IV.329.30)

ωσπερ και το ειναι εν δοξη ηλιου η σεληνης η αστερων (All) (IO.COM XXXII.441.4)

TEXT: αλλη δοξα ηλιου, και αλλη δοξα σεληνης, και αλλη δοξα αστερων· αστηρ γαρ αστερος διαφερει εν δοξη.

15.42

ουτως και η αναστασις των νεκρων (Cit) (CELS IV.299.16)

ουτω και η αναστασις των νεκρων (Cit) (CELS V.10.29)

ουτω και η αναστασις των νεκρων (Cit) (MAT.COM X.3.26)

σπειρεται εν φθορα, εγειρεται εν αφθαρσια (Cit) (CELS V.20.3)

εν τη ιερα των νεκρων αναστασει (All) (IO.COM XXXII.441.4)

(διο και) την αναστασιν των νεκρων (All) (CELS IV.330.2)

(επει σπειρομενα τινα αυτων) εν φθορα εγειρεται εν αφθαρσια (All) (CELS IV.330.4) (αφ' ου μη φθειρομενου) εγειρεται το σωμα εν αφθαρσια (All) (CELS V.24.5)

(μετα το σπαρηναι) εν φθορα (εγειρων αυτο) εν αφθαρσια (All) (CELS V.23.16)

(μηδε το) σπειρομενου εν φθορα (αλλα το απ' αυτου) εγειρομενου εν αφθαρσια (All) (CELS V.25.22)

(ου γαρ το) σπειρομενον εν φθορα (All) (CELS VI.99.27)

TEXT: ουτω(ς) και η αναστασις των νεκρων. σπειρεται εν φθορα, εγειρεται εν αφθαρσια.

15.43

σπειρεται εν ατιμια, εγειρεται εν δοξη· σπειρεται εν ασθενεια, εγειρεται εν δυναμει (Cit) (CELS V.20.4)

(και σπειρομενα) εν ατιμια εγειρεται εν δοξη, (και σπειρομενα) εν ασθενεια εγειρεται εν δυναμει (All) (CELS IV.330.5)

(και μετα το σπαρηναι) εν ατιμια (εγειρων αυτο) εν δοξη (και μετα το σπαρηναι) εν ασθενεια (εγειρων αυτο) εν δυναμει (All) (CELS V.23.17)

(ου γαρ το σπειρομενον εν φθορα και) εν ατιμια και εν ασθενεια (All) (CELS VI.99.27)

TEXT: σπειρεται εν ατιμια, εγειρεται εν δοξη· σπειρεται εν ασθενεια, εγειρεται εν δυναμει·

15.44

σπειρεται σωμα ψυχικον, εγειρεται σωμα πνευματικον (Cit) (CELS V.20.5)

(ου γαρ το σπειρομενον εν φθορα και εν ατιμια και εν ασθενεια) σωμα ψυχικον (φαμεν ανιστασθαι) (All) (CELS VI.99.27) και σπειρομενα σωματα ψυχικα εγειρεται πνευματικα (All) (CELS IV.330.6)

(και μετα το σπαρηναι) σωμα ψυχικον (εγειρων αυτο) πνευματικον (All) (CELS V.23.19)

σπειρεται ψυχικον, εγειρεται πνευματικον (All) (HERACL 5.25)

TEXT: σπειρεται σωμα ψυχικον, εγειρεται σωμα πνευματικον.

15.45

ο εσχατος Αδαμ εις πνευμα ζωοποιουν (Cit) (IO.COM I.23.7)

ο εσχατος Αδαμ εις πνευμα ζωοποιουν (Cit) (IO.COM I.40.5)

TEXT: ...ο εσχατος Αδαμ εις πνευμα ζωοποιουν.

Αδαμ	ℵ A B C* D F G 33 223 876 1175 1739 1881 MajT Or
omit	P46 Cc282 1780

15.47

ο πρωτος ανθρωπος εκ γης χοικος· ο δευτερος ανθρωπος εξ ουρανου (Cit) (IO.COM XIX.321.9)

---

[282] A corrector of Codex Ephremi may have omitted Αδαμ. Hansell lists this correction with two question marks.

TEXT: ο πρωτος ανθρωπος εκ γης χοικος· ο δευτερος ανθρωπος εξ ουρανου.

ανθρωπος	ℵ* B C D* F G 33 1175 1739* Or
ο κυριος	630 Marcion
ανθρωπος ο κυριος	ℵ² A D¹ 223 876 1739ᶜ 1780 1881 MajT
ανθρωπος πνευματικος	P⁴⁶
εξ ουρανου	P⁴⁶ ℵ A B C D 33 223 876 1175 1739 1780 1881 MajT Or²⁸³
εξ ουρανου ο ουρανιος	F G Latt

15.48

οιος ο χοικος και οι χοικοι· και οιος ο επουρανιος, τοιουτοι και οι επουρανιοι (Cit) (CELS V.20.7)

οιος (μεν γαρ) ο χοικος (ο πονηρος δηλαδη), τοιουτοι και οι χοικοι, και οιος ο επουρανιος (τουτεστιν ο Χριστος), τοιουτοι και οι επουρανιοι (All) (MAT.COM XV.402.9)

TEXT: οιος ο χοικος και οι χοικοι· και οιος ο επουρανιος, τοιουτοι και οι επουρανιοι.

επουρανιος	ℵ A B C D² 33 223 876 1175 1739 1780 1881 MajT Or
ουρανιος	P⁴⁶ D* F G
επουρανιοι	ℵ A B C D² 33 223 876 1175 1739 1780 1881 MajT Or
ουρανιοι	(P⁴⁶)²⁸⁴ D* (F G)²⁸⁵

---

²⁸³It seems highly unlikely that Origen's text included the phrase ο ουρανιος, for the addition, had it been apart of Origen's text would have only added to the strengh of his argument which forms the context of our only citation of the verse in his writings. Had it been apart of Origen's text there is no reason for him not to have included it.

²⁸⁴p46 omits the article οι.

²⁸⁵Codices F and G read ουρανοι rather than ουρανιοι.

15.49

και καθως εφορεσαμεν την εικονα του χοικου, ουτω φορεσωμεν και την εικονα του επουρανιου (Cit) (CELS V.20.8)

της του χοικου εικονος και της του επουρανιου (All) (MART 35.2)

φορουντες την εικονα του χοικου, (αει δε) φορουντες την εικονα του επουρανιου (All) (ROM.COM 216.16)

φορεσωμεν την εικονα του επουρανιου (All) (CELS V.20.14)

την εικονα του επουρανιου (All) (ORAT 348.22)

την εικονα του επουρανιου (All) (ORAT 349.22)

(και φορουντι) την εικονα του επουρανιου (All) (ORAT 352.16)

την εικονα του επουρανιου (All) (ORAT 359.27)

εικονα του χοικου φορουντα (All) (ORAT 362.15)

την εικονα του επουρανιου φορων (All) (ORAT 362.10)

(τον φορεσαντα) την εικονα του επουρανιου (All) (IER.HOM VIII.58.9)

(τω φορουντι) την εικονα του χοικου (All) (IER.HOM VIII 58.2)

(εαν φορεσης) την εικονα του επουρανιου (αποθεμενος) την εικονα του χοικου (All) (IER.HOM XIV.113.21)

και την εικονα του χοικου φερουσιν (All) (IO.COM II.59.30)

(και αναλαμβανει) την εικονα του επουρανιου (All) (IO.COM XIX.322.18)

ου φορει την του χοικου εικονα (All) (IO.COM XX.361.35)

(το φορειν) την εικονα του επουρανιου (All) (MAT.COM XIV.290.9) την εικονα του χοικου, (...) εφορεσαμεν (αμαρτωλοι οντες) την εικονα του χοικου, φορεσωμεν (μετανοουντες) την εικονα του επουρανιου (Ad) (IER.HOM II.17.12)

TEXT: και καθως εφορεσαμεν την εικονα του χοικου, [ουτω(ς)]²⁸⁶ φορεσωμεν την εικονα του επουρανιου.

και καθως	P⁴⁶ ℵ A B C D 33 233 876 1175 1739 1780 1881 MajT Or
αρα καθως	F Gᶜ
καθως	G*
φορεσωμεν	(P⁴⁶)²⁸⁷ ℵ A C D F G 33 223 876 1175 1739 MajT Or
φορεσομεν	B I 1780 1881

15.50

τουτο δε φημι, αδελφοι, οτι σαρξ και αιμα βασιλειαν θεου κληρονομησαι ου δυναται, ουδ' η φθορα την αφθαρσιαν κληρονομει²⁸⁸ (Cit) (CELS V.20.14)

και αναλυσαι απο των μετα σαρκος και αιματος κυματων (All) (MART 43.11)

(της μη ωφελουσης) σαρκος και συγγενους αυτη αιματος μη δυναμενων κληρονομεν βασιλειαν θεου (All) (ORAT 363.19)

---

[286] ουτω(ς) probably does not reflect Origen's text as it is a singular reading; it however is included in brackets since it appears in the one citation above.
[287] P⁴⁶ adds δη after φορεσωμεν.
[288] δυναται appears in GCS and SC. Some older editions, i.e., Spencer's and Delarue's read δυνανται in their txt, while Höeschel includes it as a note.

TEXT: τουτο δε φημι, αδελφοι, οτι σαρξ και αιμα βασιλειαν θεου κληρονομησαι ου δυναται, ουδ' η φθορα την αφθαρσιαν κληρονομει.

δε   ℵ A B C 33 223 876 1175 1739 1780 1881 MajT Or
γαρ   D F G
       [P^{46} lac.]

κληρονομησαι ου δυναται   ℵ B pc Or
ου κληρονομησουσιν   F G it^a Vg^{ms}
κληρονομησαι ου δυνανται   A C D 33 223 876 1175 1739 1780 1881 MajT
       [P^{46} lac.]

κληρονομει   ℵ A B C^2 D^2 33 223 876 1175 1739 1780 1881 MajT Or
κληρονομησει   C* D* F G Vg
       [P^{46} lac.]

15.51

ου παντες κοιμηθησομεθα, παντες δε αλλαγησομεθα (Cit) (CELS V.18.11)

ιδου μυστηριον υμιν λεγω (Cit) (CELS V.20.19)

TEXT: ιδου μυστητιον υμιν λεγω· ου παντες κοιμηθησομεθα, παντες δε αλλαγησομεθα.

παντες^1 P^{46} B C* D* 1739 Or
παντες^1 μεν   ℵ A C^2 D^2 F G 33 223 876 1175 1780 1881 MajT

παντες^1 ℵ B C D F G 33 233 876 1175 1739 1780 1881 MajT Or
οι παντες^1 A
       [P^{46} lac.]

ου παντες κοιμηθησομεθα παντες δε	Or²⁸⁹
παντες κοιμηθησομεθα ου παντες δε	ℵ C 33
παντες κοιμηθησομεθα και ου παντες δε	1739
παντες κοιμηθησομεθα οι παντες δε	A*
παντες ουν κοιμηθησομεθα ου παντες δε	F G
παντες ου κοιμηθησομεθα, ου παντες δε	P⁴⁶ Aᶜ
παντες αναστησομεθα, ου παντες δε	D* Lat
παντες ου κοιμηθησομεθα παντες δε	B D² 223 876 1175 1780 1881 MajT

15.52

εν ατομω, εν ριπη οφθαλμου, εν τη εσχατη σαλπιγγι· σαλπισει γαρ, και οι νεκροι εγερθησονται αφθαρτοι, και ημεις αλλαγησομεθα (Cit) (CELS V.18.12)

σαλπισει γαρ, και οι νεκροι εγερθησονται αφθαρτοι (Cit) (CELS II.187.26)

και ημεις αλλαγησομεθα (Cit) (CELS II.187.29)

και οι νεκροι εγερθησονται αφθαρτοι, και ημεις αλλαγησομεθα (Cit) (CELS V.18.16)

σαλπισει γαρ, και οι νεκροι αναστησονται αφθαρτοι, και ημεις αλλαγησομεθα (Cit) (IO.COM XX.362.11)

εν ατομω, εν ριπη οφθαλμου (Cit) (MAT.COM XIV.298.7)²⁹⁰

οι νεκροι εγερθησονται (Ad) (CELS II.187.30)²⁹¹

ριπη οφθαλμου (All) (MAT.COM XIV.298.23)

---

²⁸⁹While certainty is not possible, the catena of LVC.HOM adds further evidence that ου παντες... was indeed Origen's text.

²⁹⁰Both the Monacensis MS and the Cantabrigiensis MS read οφθαλμων.

²⁹¹Cf. 1 Thess. 4.16 which uses αναστησονται.

170 1 Corinthians in Origen

TEXT: εν ατομῳ, εν ριπῃ οφθαλμου, εν τῃ εσχατῃ σαλπιγγι· σαλπισει γαρ, και οι νεκροι εγερθησονται[292] αφθαρτοι, και ημεις αλλαγησομεθα.

ριπῃ	ℵ A B C D² (33)[293] 223 876 (1175)[294] 1780 1881 MajT Or
ροπῃ	P⁴⁶ D* F G 1739

εγερθησονται	P⁴⁶ ℵ B C D² 33 223 876 1175 1739 1780 1881 MajT Or
αναστησονται	A D* F G P pc

15.53

δει γαρ (τῳ πασαν φυσιν σωματος ειναι φθαρτην) το φθαρτον τουτο (σκηνος) ενδυσασθαι αφθαρσιαν, (και το ετερον αυτου, τυγχανον) θνητον (και δεκτικον του επακολουθουντες τῳ αμαρτανειν θανατου,) ενδυσασθαι αθανασιαν (Ad) (CELS V.21.2)

το (μεν) φθαρτον ενδυσασθαι αυτο αφθαρσιαν, (την διαφερουσαν του αφθαρτου,) το δε θνητον ενδυσασθαι αθανασιαν (All) (CELS VII.183.12)

ενδυσασθαι (λεγων την) αφθαρσιαν (και την) αθανασιαν (All) (CELS VII.183.18)

δειν δυναμενοι ουσιαν θνητην μεταβαλλουσαν εις αθανατον, και φυσιν φθαρτην επι το αφθαρτον (All) (IO.COM XIII.293.16)

(ου ταυτον δε εστιν [το]) την φθαρτην φυσιν ενδυεσθαι αφθαρσιαν, (και το) την φθαρτην φυσιν μεταβαλλειν εις αφθαρσιαν (All) (IO.COM XIII.293.21)

---

[292]The αναστησονται found in IO.COM XX.362.11 is, at best, a faint possiblity. The balance of the evidence strongly suggests that Origen's text read εγερθησονται. αναστησονται may be an error of memory on Origen's part or a scribal harmonization to error 1 Thess 4.16.
[293]Codex 33 reads ερριπη here.
[294]Codex 1175 reads ρηπη here.

(ηδη τοινυν) το φθαρτον (ημων ενδυσασθω την εν αγνεια και παση καθαροτητι αγιωσυνην και) αφθαρσιαν, και το θνητον (αμφιεσασθω, του θανατου κατηργημενου, την πατρικην) αθανασιαν (All) (ORAT 385.11)

(αυτην λεγων ειναι) το ενδυομενοι αφθαρσιαν φθαρτον και αθανασιαν θνητον (All) (IO.COM XIII.292.2)[295]

TEXT: δει γαρ το φθαρτον του ενδυσασθαι αφθαρσιαν, (και το) θνητον (τουτο) ενδυσασθαι αθανασιαν.

15.54

(αυτην λεγων ειναι) το ενδυομενον αφθαρσιαν φθαρτου και αθανασιαν θνητον, οταν, καταποθη ο θανατος αυτης εις νεικος (All) (IO.COM XIII 292.2)[296]

οτε το φθαρτον ενδυσεται την αφθαρσιαν και το θνητον την αθανασιαν, τοτε γενησεται (το παλαι υπο των προφητων προειρημενον, αναιρεσας) της νικης του θανατου (All) (CELS V.21.5)[297]

οταν το φθαρτον τουτο ενδυσηται αφθαρσιαν, τοτε γενησεται ο λογος ο γεγραμμενος· καταποθη ο θανατος εις νικος (All) (CELS VI.105.12)

---

[295] This allusion is from a quote of Harcleon.
[296] This allusion is from a quote of Harcleon.
[297] ενδυσεται is read by both GCS and SC; the Vatican MS however reads ενδυσηται.

TEXT: οταν το φθαρτον τουτο ενδυσηται αφθαρσιαν, και το θνητον (τουτο ενδυσηται την) αθανασιαν, τοτε γενησεται ο λογος ο γεγραμμενος· καταποθη ο θανατος εις νικος.

το φθαρτον τουτο ενδυσηται αφθαρσιαν, και το θνητον τουτο ενδυσηται αθανασιαν
    ℵ² B C²vid D 33 223 876 1780 1739c 1881 MajT Or
το θνητον τουτο ενδυσηται αθανασιαν, και το φθαρτον τουτο ενδυσηται αφθαρσιαν
    A
το θνητον τουτο ενδυσηται αθανασιαν
    P46 ℵ* C*298 1175 1739*
    [F G h.t.]

αθανασιαν   P46 B C² D 223 876 1175 1739 1780 1881 MajT Or
την αθανασιαν   ℵ A C*299 33
              [F G: h.t.]

15.55

που σου, θανατε, το κεντρον; που σου αδη, το νικος; (Cit) (ORAT 359.10)

(ουτος εστιν κ[υριο]ς ο του) θανατου το κεντρον (αμβλυνας και την δυναμιν αυτου καθαιρησας) (All) (PASC XLVIII. 246.36)

---

[298] So according to NA27. According to Hansell and Tischendorf Codex C is illegible at this point.

[299] So Hansell, but with question marks. This passage is nearly illegible.

TEXT: που σου, θανατε, το κεντρον; που σου αδη, το νικος;[300]

που σου, θανατε, το κεντρον; που σου αδη, το νικος;
    A^c (D²) 223 876 1780 1881 MajT Or
που σου, θανατε, το κεντρον; που σου θανατε, το νικος;
    D* F G;
που σου, θανατε, το νικος; που σου αδη, το νικος;
    ℵ²
που σου, θανατε, το νικος; που σου αδη, το κεντρον;
    33 1175 (1739^c) 2464 Or^cat
που σου, θανατε, το νικος; που σου θανατε, το κεντρον;
    P⁴⁶ ℵ* B C 1739*[301]
    [A* h.t.]

---

[300]Cf. the evidence of the Catena below. It provides a very different picture of Origen's text of this verse.

[301]The original text of 1739 has been erased and the corrected text cited above (with **two** το's before κεντρον). The original text is probably this one, although there is no way to be certain.

CHAPTER 4

Origen's Text of 1 Corinthians: The Running Text

This chapter gathers together into a "running text" Origen's text of 1 Corinthians to the extent it can be recovered from the evidence offered in the previous chapter. In this "running text" parentheses ( ) denote reconstructions of different degrees of certainty, but virtually certain reconstructions are not in parentheses. Explanations of these reconstructions can be found in Chapter 3, in the footnotes to the apparatus of the verse in question. Brackets [ ] indicate doubtful material such as re-translations from Latin or, in the case of 7.29, material which probably did not come from Origen's manuscript(s) of 1 Corinthians. Ellipses (...) indicate both instances where no evidence of Origen's text exist and instances where the evidence is so allusive as not to allow a safe reconstruction. Versification follows the NA[27].

Chapter 1

...²τη εκκλησια του θεου...συν πασι τοις επικαλουμενοις το ονομα του κυριου (ημων) Ιησου Χριστου.... ...⁵...εν παντι λογω και παση γνωσει,.... ...¹⁰...ινα (...) μη η (μηκετι) εν υμιν σχισματα (αλλ') ητε κατηρτισμενοι τω αυτω νοι και (εν) τη αυτη γνωμη. ¹²...εγω μεν ειμι Παυλου, εγω δε Απολλω, εγω δε Κηφα, εγω δε Χριστου. ...²⁰...εμωρανεν ο θεος την σοφιαν του κοσμου; ²¹επειδη γαρ εν τη σοφια του θεου ουκ εγνω ο κοσμος δια της σοφιας τον θεον, ευδοκησεν ο θεος δια της μωριας του κηρυγματος σωσαι τους πιστευοντας.... ²³ημεις δε κηρυσσομεν Ιησουν Χριστον εσταυρωμενον, Ιουδαιοις μεν σκανδαλον εθνεσι δε μωριαν, ²⁴αυτοις δε τοις κλητοις, Ιουδαιοις τε και Ελλησι, Χριστον θεου δυναμιν και θεου σοφιαν· ²⁵οτι το μωρον του θεου σοφωτερον των ανθρωπων εστιν, και το ασθενες του θεου ισχυροτερον των ανθρωπων εστιν. ²⁶βλεπετε γαρ την κλησιν υμων, αδελφοι, οτι ου πολλοι σοφοι κατα σαρκα, ου πολλοι δυνατοι, ου πολλοι ευγενεις· ²⁷αλλα τα μωρα του κοσμου εξελεξατο ο θεος, ινα καταισχυνη τους σοφους και τα ασθενη του κοσμου εξελεξατο ο θεος, ινα καταισχυνη τα ισχυρα, ²⁸και τα αγενη του κοσμου και τα εξουθενημενα εξελεξατο ο θεος, και τα μη οντα, ινα τα οντα καταργηση, ²⁹...μη καυχησηται πασα σαρξ ενωπιον (του θεου). ³⁰...ος εγενηθη σοφια ημιν απο θεου δικαιοσυνη τε και αγιασμος και απολυτρωσις,...

Chapter 2

...²εγω δε εκρινα μηδεν ειδεναι εν υμιν ει μη Ιησουν Χριστον και τουτον εσταυρωμενον. ³καγω εν ασθενεια και εν φοβω και εν τρομω πολλω εγενομην προς υμας, ⁴και ο λογος μου και το κηρυγμα μου ουκ εν πειθοις σοφιας λογοις αλλ' εν αποδειξει πνευματος και δυναμεως, ⁵ιν' η πιστις ημων μη η εν σοφια ανθρωπων αλλ' εν δυναμει θεου. ⁶σοφιαν δε λαλουμεν εν τοις τελειοις, σοφιαν δε ου του αιωνος τουτου ουδε των αρχοντων του αιωνος τουτου των καταργουμενων· ⁷αλλα λαλουμεν·θεου σοφιαν εν μυστηριω την αποκεκρυμμενην, ην προωρισεν ο θεος προ των αιωνων εις δοξαν ημων, ⁸ην ουδεις των αρχοντων του αιωνος τουτου εγνωκεν· ει γαρ εγνωσαν, ουκ αν τον κυριον της δοξης εσταυρωσαν. ⁹...α οφθαλμος ουκ ειδεν (και) ους ουκ ηκουσεν (και) επι καρδιαν ανθρωπου ουκ ανεβη, α ητοιμασεν ο θεος τοις αγαπωσιν αυτον. ¹⁰...το πνευμα παντα (ερευνα,) και τα βαθη του θεου. ¹¹...γαρ οιδεν ανθρωπων τα του ανθρωπου, ει μη το πνευμα του ανθρωπου το εν αυτω. ουτω και τα του θεου ουδεις εγνωκεν, ει μη το πνευμα του θεου. ¹²ημεις δε ου το πνευμα του κοσμου ελαβομεν αλλα το πνευμα το εκ του θεου, ινα (ε)ιδωμεν τα υπο του θεου χαρισθεντα ημιν· ¹³α και λαλουμεν ουκ εν διδακτοις ανθρωπινης σοφιας λογοις αλλ' εν διδακτοις πνευματος, πνευματικα πνευματικοις συγκρινοντες. ¹⁴ψυχικος γαρ ανθρωπος ου δεχεται τα του πνευματος του θεου· μωρια γαρ αυτω εστι(ν), και ου δυναται γνωναι, οτι πνεματικως ανακρινεται. ¹⁵ο πνευματικος ανακρινει παντα, αυτος δε υπ' ουδενος ανακρινεται. ¹⁶τις γαρ εγνω νουν κυριου, ος συμβιβασει αυτον; ημεις δε νουν Χριστου εχομεν.

Chapter 3

¹καγω ουκ ηδυνηθην υμιν λαλησαι ως πνευματικοις αλλ' ως σαρκινοις, ως νηπιοις εν Χριστω. ²γαλα υμας εποτισα, ου βρωμα· ουπω γαρ εδυνασθε. αλλ' ουδε ετι νυν δυνασθε, ³ετι γαρ σαρκικοι εστε, οπου γαρ εν υμιν ζηλος και ερις ουχι σαρκικοι εστε και κατα ανθρωπον περιπατειτε; ...⁶εγω εφυτευσα, Απολλως εποτισεν, αλλ' ο θεος ηυξησεν.... 9...θεου γεωργιον, θεου οικοδομη εστε. ¹⁰...ως σοφος αρχιτεκτων θεμελιον τεθεικα,.... ¹²...χρυσον, αργυρον, λιθ(ον) τιμι(ον), ξυλα, χορτον, καλαμην, ¹³...εκαστου δε το εργον οποιον εστι, το πυρ αυτο δοκιμασει. ¹⁴ει τινος το εργον μενει, ο εποικοδομησε, μισθον λημψεται. ¹⁵ει τινος το εργον κατακαησεται, ζημιωθησεται, αυτος δε σωθησεται ουτως δε ως δια πυρος. ...¹⁷ει τις φθειρει τον ναον του θεου,... ¹⁸...ει τις δοκει σοφος ειναι εν υμιν, εν τω αιωνι τουτω μωρος γενεσθω, ινα γενηται σοφος. ¹⁹η γαρ σοφια του κοσμου τουτου μωρια παρα θεω

εστιν.... ²²...ειτε ζωη ειτε θανατος ειτε ενεστωτα ειτε μελλοντα, παντα...

Chapter 4

¹ουτως ημας λογιζεσθω ανθρωπος ως υπηρετας Χριστου και οικονομους μυστηριων θεου. ²(ωδε) λοιπον ζητειτ(αι) εν τοις οικονομοις ινα πιστος τις ευρεθη.... ⁵...μη προ καιρου τι κρινετε, εως αν ελθη ο κυριος, ος και φωτισει τα κρυπτα του σκοτους και φανερωσει τας βουλας των καρδιων·... ⁶...υπερ α γεγραπται... ⁹δοκω γαρ ο θεος ημας τους αποστολους εσχατους απεδειξεν, ως επιθανατιους, οτι θεατρον εγενηθημεν τω κοσμω και αγγελοις και ανθρωποις. ...¹¹αχρι της αρτι ωρας και πεινωμεν και διψωμεν και γυμν(ι)τευομεν και κολαφιζομεθα και αστατουμεν ¹²και κοπιωμεν εργαζομενοι ταις ιδιας χερσι· λοιδορουμενοι ευλογουμεν, διωκομενοι ανεχομεθα, ¹³(δυσφημουμενοι) παρακαλουμεν, ως περικαθαρματα του κοσμου εγενηθημεν, παντων περιψημα εως αρτι. ...¹⁹...γνωσομαι ου τον λογον των πεφυσιωμενων, αλλα την δυναμιν· ²⁰ου γαρ εν λογω η βασιλεια του θεου αλλ' εν δυναμει.

Chapter 5

...⁴...συναχθεντων υμων και του εμου πνευματος συν τη δυναμει του κυριου Ιησου, ⁵παραδουναι τον τοιουτον τω σατανα εις ολεθρον της σαρκος, ινα το πνευμα σωθη εν τη ημερα του κυριου (Ιησου Χριστου). ...⁷...(νεον φυραμα),...και γαρ το πασχα ημων ετυθη Χριστος. ⁸ωστε εορταζωμεν μη εν ζυμη παλαια μηδε εν ζυμη κακιας και πονηριας, αλλ' εν αζυμοις ειλικρινειας και αληθειας. ¹¹εαν (δε) τις αδελφος ονομαζομενος η πορνος η πλεονεκτης η ειδωλολατρης...τω τοιουτω μηδε συνεσθιειν. ¹²τι γαρ μοι τους εξω κρινειν;...

Chapter 6

...²...εν υμιν κρινεται ο κοσμος.... ³...οιδα(ατε)...αγγελους κρινουμεν,.... ⁹...μη πλανασθε· ουτε πορνοι, ουτε μοιχοι, ουτε μαλακοι, ουτε αρσενοκοιται, ¹⁰ουτε κλεπται, ου μεθυσοι, ου λοιδοροι, (ουχ αρπαγες), βασιλειαν θεου κληρονομησουσιν. ...¹²παντα μεν γαρ εξεστιν, αλλ' ου παντα συμφερει·.... ¹⁵...(αρας ουν) τα μελη του Χριστου (ποιησω) πορνης μελη;... ¹⁶...ο κολλωμενος τη πορνη εν σωμα εστιν;... ¹⁷ο (δε) κολλωμενος τω κυριω εν πνευμα εστιν. ...¹⁹...(το σωμα) (υ)μων ναος...

Chapter 7

¹...[καλον ανθρωπῳ γυναικος μη απτεσθαι·] ²δια δε τας πορνειας εκαστος την εαυτου γυναικα εχετω, και εκαστη τον ιδιον ανδρα εχετω. ³τῃ γυναικι ο ανηρ την οφειλην αποδιδοτω, ομοιως (δε) και η γυνη τῳ ανδρι. ...⁵μη αποστερειτε αλληλους, ει μη τι αν εκ συμφωνου προς καιρον, ινα σχολασητε τῃ προσευχῃ και παλιν επι το αυτο ητε, ινα μη (επιχαρῃ υμιν) ο σατανας δια την ακρασιαν υμων. ⁶τουτο δε λεγω κατα συγγνωμην, ου κατ' επιταγην. ⁷θελω δε παντας ανθρωπους ειναι ως εμαυτον, αλλ' εκαστος ιδιον εχει χαρισμα εκ θεου, ος μεν ουτως, ος δε ουτως. ...¹²...εγω λεγω, και ουχ ο κυριος·.... ¹⁷...εν πασαις εκκλησιαις διατασσομαι. ...²³τιμης ηγορασθητε· μη γινεσθε δουλοι ανθρωπων. ...²⁹...[οι εχοντες γυναικας ως οι μη εχοντες....] ³¹...παραγει γαρ το σχημα του κοσμου τουτου. ...³⁹γυνη δεδεται εφ' οσον χρονον ζῃ ο ανηρ αυτης· εαν δε κοιμηθῃ ο ανηρ, ελευθερα εστιν ῳ θελει γαμηθηναι, μονον εν κυριῳ. ⁴⁰μακαριωτερα δε εστιν εαν ουτως μεινῃ, κατα την εμην γνωμην· δοκω δε καγω πνευμα θεου εχειν.

Chapter 8

...²ει τις δοκει εγνωκεναι, ουπω εγνω καθως δει γνωναι· ...⁴...ειδωλον εν κοσμῳ... ⁵και γαρ ειπερ εισι (λεγομενοι θεοι) ειτ' εν ουρανῳ ειτ' επι (της) γης, ωσπερ εισι θεοι πολλοι και κυριοι πολλοι, ⁶αλλ' ημιν εις θεος ο πατηρ, εξ ου τα παντα και ημεις εις αυτον, και εις κυριος Ιησους Χριστος, δι' ου τα παντα και ημεις δι' αυτου. ⁷αλλ' ουκ εν πασιν η γνωσις.... ⁸βρωμα (δε) ημας ου παραστησει/παριστησι τῳ θεῳ· ουτε γαρ εαν φαγωμεν, περισσευομεν, ουτε εαν μη φαγωμεν, υστερουμεθα. ...¹¹...γνωσει, (ο αδελφος) δι' (ον) Χριστος απεθανε(ν). ¹²...(αμαρτανοντες) εις τους αδελφους και τυπτ(οντες) αυτων την συνειδησιν ασθενουσαν εις Χριστον... ¹³...ει σκανδαλιζει τον αδελφον μου κρεα, ου μη φαγω κρεα εις τον αιωνα, ινα μη τον αδελφον μου σκανδαλισω.

Chapter 9

¹ουκ ειμι ελευθερος; ουκ ειμι αποστολος; ουχι Ιησουν τον κυριον ημων εωρακα; ου το εργον μου υμεις εστε εν κυριῳ; ²ει και αλλοις ουκ ειμι αποστολος, αλλα γε υμιν ειμι· η γαρ σφραγις μου της αποστολης υμεις εστε εν κυριῳ. ...⁸...η και ο νομος ταυτα ου λεγει; ⁹εν γαρ τῳ (Μωυσεως) νομῳ γεγραπται· ου φιμωσεις βουν αλοωντα. μη των βοων μελει τῳ θεῳ ¹⁰η δι' ημας παντως λεγει; δι' ημας γαρ εγραφη οτι οφειλει

επ' ελπιδι ο αροτριων, αροτριαν, και ο αλοων επ' ελπιδι του μετεχειν. ...¹³...οι τω θυσιαστηριω παρεδρευ(οντες).... ¹⁹ελευθερο(ς γαρ ων) εκ παντων, πασι (εμαυτον) (ε)δουλωσ(α), ινα τους πλειονας (κερδησω). ²⁰και τοις Ιουδαιοις (ως) Ιουδαιος (εγενομην), ινα Ιουδιους (κερδησω), και τοις υπο νομον ως υπο νομον, ινα τους υπο νομον (κερδησω)· ²¹τοις τε ανομοις ως ανομος, μη ων ανομος θεου αλλ' εννομος Χριστου, ινα (κερδησω) τους ανομους· ²²(εγενομην) τοις ασθενεσιν ασθενης, ινα τους ασθενεις (κερδησω)· τοις πασι(ν) γεγον(α) παντα, ινα παντ(ως).... ²⁶...ουτως (τρεχω) ως ουκ αδηλως ουτω πυκτευω ως ουκ αερα δερων· ²⁷...(υπωπιαζω μου) το σωμα και (δουλαγωγω),....

Chapter 10

¹ου θελω γαρ υμας αγνοειν, αδελφοι, οτι οι πατερες ημων παντες υπο την νεφελην ησαν και παντες δια της θαλασσης διηλθον ²και παντες εις τον Μωυσην εβαπτισαντο εν τη νεφελη και εν τη θαλασση ³και παντες το αυτο βρωμα πνευματικον εφαγον, ⁴και παντες το αυτο πνευματικον επιον (πομα)· επινον γαρ εκ πνευματικης ακολουθουσης πετρας, η πετρα δε ην ο Χριστος. ...¹¹(ταυτα παντα) τυπικως συνεβαινεν εκεινοις, εγραφη δε δ' ημας, εις ους τα τελη των αιωνων κατηντησε. ¹²...ο δοκων εσταναι βλεπετω μη πεση. ¹³πειρασμος υμας ουκ ειληφεν ει μη ανθρωπινος· πιστος δε ο θεος, (ος) ουκ εασει υμας πειρασθηναι υπερ ο δυνασθε, αλλα ποιησει συν τω πειρασμω και την εκβασιν του δυνασθαι υπενεγκειν. ...¹⁸...κατα σαρκα Ισραηλ.... ...²⁰...κοινωνους των δαιμονιων γινεσθαι. ²¹ου δυνασθε ποτηριον κυριου πινειν και ποτηριον δαιμονιων, ου δυνασθε κυριου τραπεζης μετεχειν και τραπεζης δαιμονιων. ...³¹ειτε εσθιετε ειτε πινετε ειτε τι ποιειτε, παντα εις δοξαν θεου ποιειτε.

Chapter 11

¹μιμηται μου γινεσθε, καθως καγω Χριστου. ...³...οτι (παντος) ανδρος (η) κεφαλη (ο) Χριστος (εστιν),.... ⁴πας ανηρ ευχομενος η προφητευων κατα κεφαλης εχων καταισχυνει την κεφαλην αυτου, ⁵πασα δε γυνη προσευχομενη η προφητευουσα ακατακαλυπτω τη κεφαλη καταισχυνει την κεφαλην εαυτης·.... ...⁷...εικων και δοξα θεου (υπαρχων)· ...¹⁹δει γαρ και αιρεσεις εν υμιν ειναι, ινα οι δοκιμοι φανεροι γενωνται. ...²⁵...τουτο ποιειτε, οσακις εαν πινητε, εις την εμην αναμνησιν. ...²⁷...εσθ(ιη) τον αρτον (του κυριου) η πιν(η) τον ποτηριον (του κυριου) αναξιως (του κυριου),.... ²⁸δοκιμαζετω (δε) ανθρωπος εαυτον, και ουτως εκ του αρτου εσθιετω και εκ του ποτηριου πινετω. ...³⁰δια τουτο εν υμιν πολλοι ασθενεις και αρρωστοι και κοιμωνται ικανοι.

Chapter 12

...³...ουδεις δυναται ειπειν· κυριος Ιησους, ει μη εν πνευματι αγιω, και ουδεις εν πνευματι θεου λαλων λεγει· αναθεμα Ιησους. ⁴διαιρεσεις δε χαρισματων εισι, το δ' αυτο πνευμα· ⁵και διαιρεσεις διακονιων εισι, και ο αυτος κυριος· ⁶και διαιρεσεις ενεργηματων εισι, και ο αυτος εστι θεος ο ενεργων τα παντα εν πασιν. ...⁸ῳ μεν γαρ δια του πνευματος διδοται λογος σοφιας, αλλῳ δε λογος γνωσεως κατα το αυτο πνευμα, ⁹ετερῳ δε πιστις εν τῳ αυτῳ πνευματι, (αλλῳ δε) χαρισματα ιαματων.... ¹⁰...ενεργηματα δυναμεων,...διακρισεις πνευαμτων,....
...¹⁸...εθετο ο θεος τα μελη, εκαστον αυτων εν τῳ σωματι.... ²¹(ου δυναται δε) ειπειν ο οφθαλμος, τῃ χειρι· χρειαν σου ουκ εχω, (η παλιν) η κεφαλη τοις ποσιν χρειαν υμων ουκ εχω· ...²⁵ινα μηδαμως η σχισμα εν τῳ σωματι, αλλα το αυτο υπερ αλληλων μεριμνωσιν τα μελη. ²⁶ει πασχει μελος εν, συμπασχει παντα τα μελη· και ει δοξαζεται μελος εν, συγχαιρει παντα τα μελη. ²⁷υμεις δε εστε σωμα Χριστου και μελη εκ μερους. ²⁸(και ους μεν) ο θεος εθετο εν τῃ εκκλησιᾳ πρωτον αποστολους και δευτερον προφητας τριτον διδασκαλ(ους).... ...³¹ζηλουτε τα χαρισματα τα (μειζονα)....

Chapter 13

¹...γεγον(α) χαλκος ηχων η κυμβαλον αλαλαζον. ²(...και ειδω) παντα τα μυστηρια και πασαν την γηωσιν, και εαν/καν εχω πασαν την πιστιν, ωστε ορη μεθιστανειν/μεθιστᾳναι.... ...⁵...ου ζητει τα εαυτης...· ...⁷παντα στεγει, παντα πιστευει, παντα ελπιζει, παντα υπομενει. ⁸η αγαπη ουδεποτε εκπιπτει·.... ⁹εκ μερους (γαρ) γινωσκομεν και εκ μερους προφητευομεν· ¹⁰οταν (δε) ελθη το τελειον, το εκ μερους καταργηθησεται. ¹¹...οτε γεγονα ανηρ, κατηργηκα τα του νηπιου. ¹²βλεπομεν (γαρ) αρτι δι' εσοπτρου και εν αινιγματι, τοτε δε προσωπον προς προσωπον· αρτι γινωσκω εκ μερους,.... ¹³νυνι δε μενει τα τρια ταυτα, πιστις, ελπις, αγαπη· μειζων δε τουτων η αγαπη.

Chapter 14

⁴...ο δε προφητευων εκκλησιαν οικοδομει. ...⁸εαν αδηλον σαλπιγξ φωνην δῳ, (τις) παρασκευαζεται εις πολεμον; ...¹⁴...το πνευμα μου προσευχεται, ο δε νους μου ακαρπος εστιν. ¹⁵...προσευξομαι τῳ πνευματι, προσευξομαι δε και τῳ νοι· ψαλω τῳ πνευματι, ψαλω και τῳ νοι. ...²⁵(και) τα κρυπτα της καρδιας (αυτου φανερα γινεται,)....

26...παντα προς οικοδομην (γινεσθω). ...32και πνευματα προφητων προφηταις υποτασσεται, ...38ει τις αγνοει, αγνοειται.

Chapter 15

2...εκτος ει μη εικη επιστευσατε. 3παρεδωκα γαρ υμιν εν πρωτοις, ο και παρελαβον, οτι Χριστος απεθανεν υπερ των αμαρτιων ημων κατα τας γραφας... 5και οτι ωφθη κηφα, ειτα τοις δωδεκα· 6επειτα ωφθη επανω πεντακοσιοις αδελφοις εφαπαξ, ων οι πλειονες μενουσιν εως αρτι, τινες δε εκοιμηθησαν· 7επειτα ωφθη Ιακωβω, επειτα τοις αποστολοις πασιν· 8εσχατον δε παντων ωσπερει τω εκτρωματι ωφθη καμοι. 9ουκ ειμι ικανος καλεισθαι αποστολος, διοτι εδιωξα την εκκλησιαν του θεου· 10χαριτι δε θεου ειμι ο ειμι,.... 12ει δε Χριστος κηρυσσεται εκ νεκρων οτι εγηγερται, πως λεγουσιν εν υμιν τινες οτι αναστασις νεκρων ουκ εστιν; ...15Ευρισκομεθα δε και ψευδομαρτυρες του θεου, οτι εμαρτυρησαμεν κατα του θεου οτι ηγειρεν τον Χριστον, ον ουκ ηγειρεν,.... ...19ει εν τη ζωη ταυτη ηλπικοτες εσμεν εν Χριστω μονον, ελεεινοτεροι παντων ανθρωπων εσμεν. 20...Χριστος εγηγερται εκ νεκρων, απαρχη των κεκοιμημενων. ...22ωσπερ γαρ εν τω Αδαμ παντες αποθνησκουσιν, ουτως και εν τω Χριστω παντες ζωοποιηθησονται. 23εκαστος δε εν τω ιδιω ταγματι· απαρχη Χριστος, επειτα οι του Χριστου εν τη παρουσια αυτου, 24ειτα το τελος, οταν παραδιδω την βασιλειαν τω θεω και πατρι, οταν καραργηση πασαν αρχην και πασαν εξουσιαν και δυναμιν. 25δει γαρ αυτον βασιλευειν αχρι(ς) ου (αν) θη παντας τους εχθρους [αυτου] υπο τους ποδας αυτου. 26εσχατος εχθρος καταργειται ο θανατος. 27(παντα γαρ υπεταξεν) υπο ποδας αυτου. οταν δε ειπη οτι παντα υποτετακται, δηλον οτι εκτος του υποταξανος αυτω τα παντα. 28οταν δε αυτω παντα υποταγη, τοτε αυτος ο υιος υποταγηεστιν τω υποταξαντι αυτω παντα, ινα η ο θεος τα παντα εν πασιν. 29...ει ολως νεκροι ουκ εγειρονται, τι και βαπτιζονται υπερ αυτων; 30τι και ημεις κινδυνευομεν πασαν ωραν; 31...νη την ημετεραν καυχησιν, αδελφοι.... 32ει κατα ανθρωπον εθηριομαχησα εν Εφεσω, τι μοι το οφελος; ει νεκροι ουκ εγειρονται, φαγωμεν και πιωμεν, αυριον γαρ αποθνησκομεν. ...35αλλ᾽ ερει τις· πως εγειρονται οι νεκροι; ποιω δε σωματι ερχονται; 36αφρον, συ ο σπειρεις ου ζωοποιειται, εαν μη αποθανη· 37και ο σπειρεις, ου το σωμα το γενησομενον σπειρεις αλλα γυμνον κοκκον, ει τυχοι, σιτου η τινος των λοιπων· 38ο δε θεος διδωσιν αυτω σωμα, καθως ηθελησε, και εκαστω των σπερματων ιδιον σωμα. ...40και σωματα επουρανια και σωματα επιγεια· αλλ᾽ ετερα μεν η των επουρανιων δοξα, ετερα δε η των επιγειων. 41αλλη δοξα ηλιου, και αλλη δοξα σεληνης, και αλλη δοξα αστερων· αστηρ γαρ αστερος διαφερει εν δοξη. 42ουτω(ς) και η αναστασις των νεκρων. σπειρεται εν φθορα, εγειρεται εν αφθαρσια. 43σπειρεται εν ατιμια, εγειρεται εν δοξη· σπειρεται εν ασθενεια, εγειρεται εν δυναμει·

⁴⁴σπειρεται σωμα ψυχικον, εγειρεται σωμα πνευματικον. ⁴⁵...ο εσχατος Αδαμ εις πνευμα ζωοποιουν. ...⁴⁷ο πρωτος ανθρωπος εκ γης χοικος· ο δευτερος ανθρωπος εξ ουρανου. ⁴⁸οιος ο χοικος και οι χοικοι· και οιος ο επουρανιος, τοιουτοι και οι επουρανιοι. ⁴⁹και καθως εφορεσαμεν την εικονα του χοικου, [ουτω(ς)] φορεσωμεν την εικονα του επουρανιου. ⁵⁰τουτο δε φημι, αδελφοι, οτι σαρξ και αιμα βασιλειαν θεου κληρονομησαι ου δυναται, ουδ' η φθορα την αφθαρσιαν κληρονομει. ⁵¹ιδου μυστηπιον υμιν λεγω· ου παντες κοιμηθησομεθα, παντες δε αλλαγησομεθα. ⁵²εν ατομω, εν ριπη οφθαλμου, εν τη εσχατη σαλπιγγι· σαλπισει γαρ, και οι νεκροι εγερθησονται αφθαρτοι, και ημεις αλλαγησομεθα. ⁵³δει γαρ το φθαρτον του ενδυσασθαι αφθαρσιαν, (και το) θνητον (τουτο) ενδυσασθαι αθανασιαν. ⁵⁴οταν το φθαρτον τουτο ενδυσηται αφθαρσιαν, και το θνητον (τουτο ενδυσηται την) αθανασιαν, τοτε γενησεται ο λογος ο γεγραμμενος· καταποθη ο θανατος εις νικος. ⁵⁵που σου, θανατε, το κεντρον; που σου αδη, το νικος;

CHAPTER 5

Origen's Text of 1 Corinthians: The Catenae Material

The following material is not included in the previous chapter because it is derived from catenae MSS. The difficulties related with this material are discussed above in Chapter 2. However, its usefulness for examining Origen's exegetical method has necessitated that it not be omitted altogether.

1.2

(ει παντες ησαν) εκκλησια, (τις ετι χρεια προ[σ]κεισθαι[1]) συν πασι τοις επικαλουμενοις; (ει παντες ομοιως επεκαλουντο, τις χρεια μη) πασιν επικαλουμενοις (εγεραφθαι μονον αλλα περ[α][2] αυτων) τη εκκλησια του θεου; (All) (COR.CAT I.232.2)

1.4

ευχαριστω τω θεω μου παντοτε· (Cit) (COR.CAT II.233.9)

ευχαριστω τω θεω μου παντοτε περι υμων επι τη χαριτι του θεου τη δοθειση υμιν εν Χριστω Ιησου, (Cit) (PS.CAT 14a.5)

1.5

οτι εν παντι επλουτισθητε εν αυτω, εν παντι λογω και παση γνωσει. (Cit) (PS.CAT 14a.6)

---

[1]The -σ- is added by the editor, it is not present in the Vatican MS.
[2]The Vatican MS of the COR.CAT reads περι; Turner has suggested the emendation προ; περα is Jenkins emendation.

οτι εν παντι επλουτισθητε εν αυτω. (Cit) (COR.CAT II.233.18)

(και πλουτουντες) εν παντι λογω και παση γνωσει· (Ad) (COR.CAT XIX.359.74)

(μακαπιοι οι) εν παντι πλουτουντες (και μηδενος των κατα θεον υστερουμενοι, αλλα πασαν επιτηδευοντες αρετην και των παρ' αυτου αφθονως και πλουσιως απολαυοντες δωρεων) εν παντι λογω και παση γνωσει· (Ad) (COR.CAT II.233.19)

εν παντι (γαρ πεπλουτισθαι ημας ο Παυλος φησιν,) εν λογω και γνωσει. (Ad) (MAT.CAT CDLIII.181.31)

(ουτω δη και το) εν παση γνωσει· (All) (COR.CAT II.233.27)

πλουτουντας λογω (σοφιας,)[3] (All) (Cf. 12.8) (COR.CAT II.233.16)

1.6

καθως το μαρτυριον του χριστου εβεβαιωθη εν υμιν· (Cit) (COR.CAT II.233.31)

(ουπω) το μαρτυριον του χριστου εβεβαιωθη εν ημιν· (Ad) (COR.CAT II.233.38)

(πασα γραφη η μαρτυρουσα περι Χριστου) μαρτυριον (εστι) Χριστου· (καλον ουν εστι) βεβαιωθηναι (και εν τω απο των γραφων) μαρτυριω Χριστου. (και αλλως· ιδε) το μαρτυριον Χριστου, (All) (COR.CAT II.233.40)

(και βεβαιον εστι) το μαρτυριον Χριστου εν (τοις αγιοις.) (All) (COR.CAT II.233.44)

1.7

ωστε υμας μη υστερεισθαι εν μηδενι χαρισματι· (Cit) (COR.CAT II.233.46)

---

[3]λογω σοφιας represents the emendation by Jenkins. The Vatican MS reads λογω· σοφια·

απεκδεχομενους την αποκαλυψιν του κυριου ημων Ιησου Χριστου· (Cit) (COR.CAT II.234.48)

απεκδεχεται την αποκαλυψιν του κυριου ημων Ιησου Χριστου, (ητοι ην Χριστος Ιησους αποκαλυπτει.) (All) (COR.CAT II.234.48)

1.8

ος και βεβαιωσει υμας εως τελους· (Cit) (COR.CAT II.234.52)

(μαρτυριον δε) το βεβαιουμενον (ου προς ημερας, αλλ') εως τελους. (All) (COR.CAT II.234.53)

ανεγκλητους εν τη ημαρα του κυριου ημων Ιησου Χριστου. (Cit) (COR.CAT II.234.54)

(το) ανεγκλητον, εν τη ημαρα του κυριου ημων Ιησου Χριστου. (Ad) (COR.CAT II.234.55)

1.9

(εκληθημεν) εις κοινωνιαν του υιου αυτου· (All) (COR.CAT III.234.3)

1.10

(το) παρακαλω δε υμας, αδελφοι, δια του ονοματος του κυριου ημων Ιησου Χριστου ινα παντες τα αυτα λεγητε και μη η εν υμιν σχισματα (και οσα τοιαυτα.) (Cit) (COR.CAT II.232.2)

(τηρει την ενοτητα του πνευματος ο) κατηρτισμενος τω αυτω νοι και τη αυτη γνωμη (της Αληθειας και του Λογου και της Σοφιας προς τον πλησιον. οταν δε μη) το αυτο λεγωμεν παντας, και (δια τουτο) μη[4] η εν ημιν σχισματα, (All) (EPH.CAT XVI.412.2)

---

[4]Cramer omits μη (accidentally?).

(καλον ουν εστι) το αυτο λεγειν παντας (ημας ινα ωμεν) κατηρτισμενοι εν τω αυτω νοι και τη αυτη γνωμη· (Ad) (COR.CAT XVI.246.18)

(στρεφομενοι περι αυτους) εν τω καταρτιζεσθαι ενι νοι και μια γνωμη, (All) (? FR XXXI.38.1)

παρακαλω δε υμας, αδελφοι, δια του ονοματος του κυριου ημων Ιησου Χριστου ινα το αυτο λεγητε παντες και μη η εν υμιν σχισματα, ητε δε κατηρτισμενοι εν τω αυτω νοι και εν τη αυτη γνωμη. (L) (COR.CAT II.232.18)

1.11

(κατα τας αρχας της επιστολης οφασκεν Ακουω) σχισματα εν υμιν υπαρχειν· (All)[5] (COR.CAT LXXXIX.50.2)

1.12

εκαστος (γαρ) υμων, (φησι,) λεγει εγω μεν ειμι Παυλου, εγω δε Απολλω-- (Cit) (COR.CAT LXXXIX.50.3)

1.17

απεστειλεν (ουν) με Χριστος ου βαπτιζειν αλλ' ευαγγελιζεσθαι, ουκ εν σοφια λογου, (Cit) (COR.CAT V.235.12)

(μειζον το) ευαγγελιζεσθαι (του) βαπτιζειν· (All) (COR.CAT V.234.2)

1.19

(ει δε θελετε νοησαι τι εστιν) απολω την σοφιαν των σοφων και την συνεσιν των συνετων αθετησω, (Cit) (COR.CAT VIII.236.4)

---

[5]This allusion to 1.11 uses σχισματα from 1.10.

(ταυτα σοφωτερα των σοφων περι ων λελεκται το) απολω την σοφιαν των σοφων[6] (Cit) (PR.CAT IX.393.6)

(α ουκ εγνωσται τοις αρχουσι του αιωνος τουτου τοις ενεργουσι) την σοφιαν των σοφων (του κοσμου τουτου·) (All) (COR.CAT IX.239.21)

1.20

ουχι εμωρανεν ο θεος την σοφιαν του κοσμου τουτου; (Cit) (IER.CAT XXXIX.218.14)

1.21

(πως δε και) εν τη σοφια του θεου ουκ εγνω ο κοσμος δια της σοφιας τον θεον; η σοφια του θεου (εν νομω και προφηταις εστιν·) ο κοσμος ουκ εγνω (εν νομω και προφηταις κηρυσσομενον τον Χριστον.) (Ad) (COR.CAT VIII.237.13)

(ινα) τη μωρια του κηρυγματος (πιστευσωσιν οι πιστευσαντες εις Ιησουν Χριστον εσταυρωμενον.) (All)   (Cf. 1.23) (COR.CAT VIII.237.17)

1.23

(δυναμιν ελαβομεν απο του πιστευειν εις Ιησουν) Χριστον εσταυρωμενον· (All) (COR.CAT VIII.236.2)

(ινα τη μωρια του κηρυγματος πιστευσωσιν οι πιστευσαντες εις Ιησουν) Χριστον εσταυρωμενον. (All) (Cf. 1.21) (COR.CAT VIII.237.17)

(το ονομα του) χριστου[7] (δοκει) σκανδαλον (ειναι·) (All) (COR.CAT VI.235.2)

---

[6]One MS of the Athos recension and one of the Paris recension omit περι...σοφων due to homoeoteleuton. The other MS of the Paris recension adds σοφιαν above the line, immediately after the last σοφων. This Paris MS also omits the των before σοφων.

[7]The Vatican MS of COR.CAT reads χριστου, but Jenkins speculates this is an error for σταυρου.

1.24

(ιν' ωσπερ εστι) θεου δυναμις και θεου σοφια, (All) (EPH.CAT I.235.12)

(οτι αυτος ο λογος εστι) σοφια θεου και δυναμις. (All) (MAT.COM CCCXII.138.4)

1.26

βλεπομεν[8] ουν την κλησιν ημων, οτι ου πολλοι σοφοι κατα σαρκα, ου πολλοι δυνατοι, ου πολλοι ευγενεις· (Ad) (PRINC XXVIII.298.14)

(επει δε) ου πολλοι (μεν) εν υμιν σοφοι, (τινες δε ζητητεον ει και τουτους κλητεον·)[9] (All) (LVC.CAT CCIX.317.11)

(οντες μεν γαρ ενθαδε οι) κατα σαρκα σοφοι (και) δυνατοι (και) ευγενεις· (All) (ROM.CAT XXV.361.62)

(προσεθηκε δε το[10]) ου πολλοι σοφοι (το) κατα σαρκα, (ειδως οτι των σοφων εισι διαφοραι, και οι μεν εισι) σοφοι κατα σαρκα (οι δε κατα πνευμα· και) κατα σαρκα (εισι) σοφοι (οι λεξειδια μονα μεμελετηκοτες και καλλωπιζοντες ο τι ποτ' ουν ως αληθειαν ουκ ον αληθειαν. ομως δε και ουδε ουτως απεκλεισε τους) κατα σαρκα σοφους (απο της πιστεως· ου γαρ ειπεν ουδεις) σοφος κατα σαρκα (προσερχεται τω λογω,) (All) (COR.CAT VIII.19)

ευγενεις κατα σαρκα (εισιν οι εκ πατερων πλουσιων και ενδοξων·) (All) (COR.CAT VIII.237.30)

1.27-28

αλλα τα μωρα του κοσμου εξελεξατο ο θεος, ινα καταισχυνῃ τους σοφους και τα αγενη[11] και τα εξουθενημενα[12] εξελεξατο

---

[8] The corrector of on MS of PRINC has changed βλεπομεν to βλεπωμεν.
[9] This allusion is omitted in the MSS of the catena collected by Niketas of Harkel.
[10] Vatican MS: το; Jenkins' emendation: τω.
[11] Two MSS read αγενη and two others read ασθενη.
[12] Two MSS read εξουδ-, rather than εξουθ-.

ο θεος και τα μη οντα, (ινα εκεινα τα προτερον οντα[13] καταργηση·) (Ad) (PRINC XXVIII.298.15)

τα μωρα του κοσμου και αγενη και ασθενη[14]. (All) (LVC.CAT CCXIV.320.4)

τα μη οντα ωνομασε τα μωρα του κοσμου, τα ασθενη, τα αγενη, τα εξουθενημενα· (All) (COR.CAT VIII.238.53)

αλλα τα μωρα του κοσμου εξελεξατο ο θεος, ινα καταισχυνη τους σοφους. (Cit) (PR.CAT VIII.392.14)

τα (γαρ) μωρα του κοσμου εξελεξατο ο θεος, ινα καταισχυνη τους σοφους (και τα επι τουτοις[15]·) (Cit) (PR.CAT VIII.392.

τα μωρα (ουν) του κοσμου εξελεξατο ο θεος, ινα καταισχυνη τους σοφους. (Cit) (COR.CAT VIII.237.41)

(ουχ απλως) τους σοφους, (αλλα κατα κοινου) του κοσμου· (ινα επη) τα του κοσμου μωρα εξελεξατο ο θεος, ινα καταισχυνη τους σοφους (του κοσμου·) (Ad) (COR.CAT VIII.237.42)

(ειχε δε καρπους ου μονον) εν τοις μωροις του κοσμου (ους ανοητους νυν ονομαζει,) (All) (ROM.CAT A XI.80.1)

(τινα ουν) εξελεξατο ο θεος; (ουχ απλως) τα μωρα, (αλλα μετα προσθηκης της) του κοσμου· (All) (COR.CAT VIII.237.34)

και τα αγενη του κοσμου και τα εξουθενημενα εξελεξατο ο θεος· (Cit) (COR.CAT VIII.238.47)

τα αγενη (ουν) του κοσμου (ευγενη δε του θεου) εξελεξατο ο θεος· (Ad) (COR.CAT VIII.238.50)

τα εξουθενημενα του κοσμου εξελεξατο ο θεος (Ad) (PS.CAT 22a.5)

---

[13]The same two divergent MSS listed in the two previous notes rearranges this phrase thus: ινα τα προτερον οντα εκεινα.
[14]The MSS of the catena commentary compiled by Peter of Laodicea omit ασθενη.
[15]Instead of επι τουτοις the Paris recension of the PR.CAT reads the more expected εξης.

εξελεξατο ο θεος τα μη οντα ινα τα οντα καταργηση, (Cit)
(ROM.CAT XXV.361.590

και τα μη οντα, ινα τα οντα καταργηση. (Cit) (COR.CAT
VIII.238.53)

εξελεξατο (γαρ) ο θεος τα μη οντα, (φησιν ο αυτος Παυλος,)
ινα τα οντα καταργηση. (και ζητησει τις πως) τα οντα
καταργει· (Ad) (EPH.CAT II.235.6)

τα μη οντα (νυν) εξελεξατο ο θεος, ινα τα οντα καταργηση,
(Ad) (COR.CAT VIII.238.56)

1.29

μη καυχησηται πασα σαρξ ενωπιον του θεου· (Cit) (PRINC
III.216.12)

(το) οπως μη καυχησηται πασα σαρξ ενωπιον του θεου· (Cit)
(EPH.CAT II.235.6)

οπως μη καυχησηται πασα σαρξ ενωπιον (Cit) (COR.CAT
VIII.238.56)

και μη καυχησηται (ο κατα σαρκα Ισραηλ, καλουμενος υπο του
αποστολου) σαρξ ενωπιον του θεου. (Ad) (PRINC
XXVIII.299.2)

1.30

εξ αυτου δε υμεις εστε εν Χριστω Ιησου, ος εγενηθη σοφια ημιν
απο θεου δικαιοσυνη τε και αγιασμος και απολυτρωσις. (Cit)
(COR.CAT VIII.238.59)

ος εγενηθη ημιν σοφια απο θεου και δικαιοσυνη και αγιασμος
και απολυτρωσις, (Ad) (MAT.CAT A LXXXIII.49.3)

αγιασμου τε (φημι) και δικαιοσυνης. (All) (COR.CAT
VIII.238.63)

1.31

(δια τουτο γαρ ταυτα παντα ημιν εστι Χριστος,) ινα (το γεγραμμενον γενηται) ο καυχωμενος εν κυριω καυχασθω. (Ad) (COR.CAT VIII.238.60)

2.3

(και διο τουτο ελεγεν) καγω εν ασθενεια εγενομην προς υμας· (δια τουτο και) εν φοβω και εν τρομω πολλω (εγενετο, οπως των ακουοντων περιγενηται.) (Ad) (COR.CAT LXXXIX.50.16)

(ουκ) εν ασθενεια (παρεγινοντο ουδε) εν φοβω (ουδε) εν τρομω· (οτε δε παρεγινοντο προς τους ασθενεστερους,) εν ασθενεια και εν φοβω και εν τρομω (επεδημουν·) (All) (COR.CAT LXXXIX.50.11)

2.4

και ο λογος μου και το κηρυγμα μου ουκ εν πειθοις σοφιας λογοις αλλ' εν αποδειξει πνευματος και δυναμεως· (Cit) (EPH.CAT VIII.242.15)

ο λογος (γαρ) και το κηρυγμα μου, (φησιν ο εχων το βιβλιον της κτησεως,) ουκ εν πειθοι σοφιας λογοις, αλλ' εν αποδειξει πνευματος και δυναμεως. (Cit) (IER.CAT LXI.228.14)

(οτι) ο λογος και το κηρυγμα (παρα τοις πολλοις δεδυνηται) ουκ εν πειθοις σοφιας λογοις αλλ' εν αποδειξει πνευματος και δυναμεως. (Ad) (PRINC XXVIII.304.9)

(οι αγιοι ανδρας τον λογον αυτων και) το κηρυγμα ουκ εν[16] πειθοις[17] σοφιας (ειναι λογων,) αλλ' εν αποδειξει πνευματος και δυναμεως, (All) (IO.COM IV.98.4)

(χρωμενος) αποδειξει πνευματος και δυναμεως, (All) (IO.COM IV.99.9)

---

[16] One MS of the Philocalia tradition omits εν.
[17] One MS of the Philocalia tradition reads πειθοι.

2.5

η πιστις ημων (αν ευλογως υπελαμβανετο) εν σοφια ανθρωπων και ουκ εν δυναμει θεου· (Ad) (PRINC XXIX.304.7)

2.6

σοφιαν δε λαλουμεν εν τοις τελειοις, σοφιαν δε ου του αιωνος τουτου ουδε των αρχοντων του αιωνος[18] τουτου των καταργουμενων,[19] (Cit) (PRINC XXVIII.312.12)

(επιφερει και λεγει) σοφιαν δε λαλουμεν εν τοις τελειοις, σοφιαν δε ου του αιωνος τουτου ουδε των αρχοντων του αιωνος τουτου των καταργουμενων. (Cit) (COR.CAT IX.238.4)

(τοτε) λαλουμεν σοφιαν εν τοις τελειοις· σοφιαν δε (λεγω) ου του αιωνος τουτου ουδε (παραπλησιαν της σοφιας) των αρχοντων του αιωνος τουτου. (Ad) (COR.CAT IX.239.11)

(ημεις ουν ει) σοφιαν λαλουμεν (και λεγομεν αυτην) εν τοις τελειοις, ου (την) του αιωνος τουτου (λεγουμεν·) (Ad) (COR.CAT IX.239.17)

σοφιαν (γαρ επαγγελλεται ο ταυτην κεκτημενος) λαλειν εν τοις τελειοις, (ετεραν τυγχανουσαν παρα την) σοφιαν του αιωνος τουτου (και την σοφιαν) των αρχοντων του αιωνος τουτου την καταργουμενην. (Ad) (PRINC XXVIII.305.1)

(περι ης φησιν·) σοφιαν δε λαλουμεν εν τοις τελειοις. (Cit)[20] (LVC.CAT CLXXXVI.305.13)

σοφιαν (γαρ φησι) λαλουμεν εν τοις τελειοις (και τα εξης). (Cit) (COR.CAT XLIII.514.45)

(αλλα και εν σοφοις,) σοφιαν λαλων εν τοις τελειοις (την εν μυστηριω αποκεκρυμμενην.) (Cf. also 2.7) (All) (ROM.CAT A XI.80.2)

---

[18]The phrase τουτου ουδε των αρχοντων του αιωνος is omitted by three witnesses to PRINC, probably as a result of homoeoteleuton.
[19]Two witnesses read την καταργουμενην.
[20]This sentence is omitted from one MS of the catena commentary compiled by St. Thomas Aqunias.

(οι την) σοφιαν του αιωνος τουτου (ασκησαντες,) (All) (MAT.CAT CLIII.76.3)

(και ειποιμι δ' αν οτι ποιητικη) σοφια (εστι) του αιωνος τουτου, (All) (COR.CAT IX.239.15)

(ο αρχων) του αιωνος (τουτον), (All) (LVC.HOM 35.8)

(αμα δε δεδηλωκεν οτι τα φερομενα παρα τοις αλλοις μαθηματα ουκ εστιν ανθρωπων κατα την αρχην αλλα δυναμεων αορατων) των καταργουμενων. (All) (COR.CAT IX.239.13)

2.7

αλλα λαλουμεν θεου σοφιαν εν μυστηριω την αποκεκρυμμενην, ην προωρισεν ο θεος προ των αιωνων εις δοξαν ημων, (Cit) (PRINC XXVIII.312.14)

αλλα λαλουμεν θεου σοφιαν εν μυστηριω την αποκεκρυμμενην, ην προωρισεν ο θεος προ των αιωνων εις δοξαν ημων, (Cit) (COR.CAT XLIX.33.56)

(και απαξαπλως επι παντων κατα την αποστολικην επαγγελιαν ζητητεον) σοφιαν εν μυστηριω την αποκεκρυμμενην, ην προωρισεν ο θεος προ των αιωνων εις δοξαν (των δικαιων,) (Ad) (PRINC XXVIII.316.1)

αλλα λαλουμεν σοφιαν εν μυστηριω (All) (COR.CAT IX.239.21)

(και την εν τοις προφηταις) εν μυστηριω την αποκεκρυμμενην σοφιαν (ορα Μωυσην και Ηλιαν εν δοξη.) (All) (LVC.CAT CXL.284.20)

(αλλα και εν σοφοις, σοφιαν λαλων εν τοις τελειοις) την εν μυστηριω αποκεκρυμμενην. (Cf. also 2.6) (All) (ROM.CAT A XI.80.2)

(και της) εν μυστηριω (σοφιας) αποκεκρυμμενης, (ην ουδεις των αρχοντων του αιωνος τουτου εγνωκεν,) (All) (PS.COMM2 214.24)

2.8

ην ουδεις των αρχοντων του αιωνος τουτου εγνωκε. (Cit) (PRINC XXVIII.316.4)

(και της εν μυστηριω σοφιας αποκεκρυμμενης,) ην ουδεις των αρχοντων του αιωνος τουτου εγνωκεν, (Cit) (PS.COMM2 214.24)

(α ουκ εγνωσται) τοις αρχουσι του αιωνος τουτου (τοις ενεργουσι την σοφιαν των σοφων του κοσμου τουτου· ουτω δε) ουκ εγνωσαν· (All) (COR.CAT IX.239.21)

ει γαρ εγνωσαν, ουκ αν τον κυριον της δοξης εσταυρωσαν. (Cit) (IER.CAT II.273.24)

ει γαρ εγνωσαν, ουκ αν τον κυριον της δοξης εσταυρωσαν (φησιν ο αποστολος.) (Cit) (MAT.CAT A 261.21)

ει γαρ εγνωσαν, ουκ αν τον κυριον της δοξης εσταυρωσαν. (Cit) (COR.CAT IX.239.24)

2.9

α οφθαλμος ουκ ειδε και ους ουκ ηκουσε και επι καρδιαν ανθρωπου ουκ ανεβη, α ητοιμασεν ο θεος τοις αγαπωσιν αυτον. (Cit) (MAT.CAT A 128.6)

(η δε αμοιβη βασιλεια θεου,) α οφθαλμος ουκ ειδε και ους ουκ ηκουσεν και επι καρδιαν ανθρωπου ουκ ανεβη, α ητοιμασεν ο θεος τοις αγαπωσιν αυτον. (Cit) (PS.CAT 112a.13)

(τινα δε ταυτα;) α οφθαλμος ουκ ειδε και ους ουκ ηκουσε και επι καρδιαν ανθρωπου ουκ ανεβη· ταυτα γαρ ητοιμασεν ο θεος τοις αγαπωσιν αυτον. (Ad) (CT.CAT 108.31)

(πλην μειζον) ητοιμασε τοις αγαπωσιν (παρα τα ητοιμασμενα τοις φοβουμενοις.) (All) (COR.CAT X.239.4)

2.10

το γαρ πνευμα παντα ερευνα, και τα βαθη του θεου. (Cit) (COR.CAT X.239.6)

το πνευμα παντα ερευνα, και τα βαθη του θεου. (Cit) (PS.CAT B 86.26)

(εαν δε τις υπο του) παντα ερευνωντος πνευματος και τα βαθη του θεου (φωτισθεις ευρη τινας χωρας του εξηκεναι) (All) (ROM.CAT XXXI.366.31)

(ιν' εκεινου γενομενου εν ημιν ερευνωντος) παντα και τα βαθη του θεου, (ανακραθεντος τε ημιν, ημεις εκεινω συνερευνησωμεν) παντα και τα βαθη του θεου. (All) (COR.CAT X.239.8)

(οι δε τα εντοσθιδα τρωγοντες φιλοπονουντες ουτοι οψονται) και τα βαθη του θ[εο]υ. (All) (PASC XXXI.214.17)[21]

(ιν' ο δυναμενος διδαχθηναι) ερευνησας (και) τοις βαθεσι (του νου των λεξεων εαυτον επιδους), (All) (PRINC XXVIII.319.1)

2.11

τις γαρ οιδεν τα του ανθρωπου; (και τα εξης.) (Cit) (? FR XIV.27.15)

(και) το πνευμα του ανθρωπου (καθ' εκαστον ημων) το εν ημιν (αγιον ψευηται, οιμαι δε οτι και η ψυχη.) (All) (EPH.CAT XXI.556.17)

(εοικε δε δια τουτων διδασκειν ο αποστολος οτι ουκ εστιν ανθρωπος ος ουκ εχει ετερον πνευμα εν αυτω παρα) το πνευμα του ανθρωπου το εν αυτω. (Cit) (COR.CAT XLVII.30.17)

(μηποτ' ουν επειπερ εστι και) πνευμα του ανθρωπου το εν αυτω, (All) (EPH.CAT XXVI.563.13)

ουδεις γαρ οιδεν τα του θεου ει μη το πνευμα του θεου, (Ad) (PS.CAT A 203.17)

---

[21]This allusion is from a passage of PASC perserved only in the catena of Procopius.

2.12

(και γαρ) ουδεις οιδεν τα του θεου ει μη το πνευμα του θεου. (Ad) (COR.CAT XI.240.4)

ινα ειδωμεν τα υπο του θεου χαρισθεντα ημιν· (Cit) (PRINC XXVIII.310.11)

(εις ο Παυλος εισελθων εφη· ημεις δε νουν Χριστου εχομεν,) ινα ειδωμεν τα υπο του θεου χαρισθεντα ημιν. (Cf. 2.16) (Ad) (CT.CAT 108.30)[22]

(εαν γαρ μη γενηται) το πνευμα το εκ του θεου (διδασκον ημας εν υμιν, ου δυναμεθα λεγειν) οτι οιδαμεν τα υπο του θεου χαρισθεντα ημιν, (Ad) (COR.CAT XI.240.2)

(κατανοησωμεν) τα υπο του θεου χαρισθεντα ημιν· (All) (COR.CAT XI.240.2)

2.13

α και λαλουμεν ουκ εν διδακτοις ανθρωπινης σοφιας λογοις αλλ' εν διδακτοις πνευματος, πνευματικοις πνευματικα συγκρινοντες. (Cit) (PS.COM1 244.13)

α και λαλουμεν, ουκ εν διδακτοις ανθρωπινης σοφιας λογοις αλλ' εν διδακτοις πνευματος. (Cit) (PRINC XXVIII.310.11)

α και λαλουμεν (φησιν) ουκ εν διδακτοις ανθρωπινης σοφιας λογοις αλλ' εν διδακτοις πνευματος (και τα εξης.) (Cit) (COR.CAT XI.240.6)

πνευματικοις (γαρ) πνευματικα συγκρινοντες, (Ad) (COR.CAT XI.240.20)

---

[22]This adaptation is perserved only in the catena of Procopius.

2.14

ψυχικος γαρ ανθρωπος ου δεχεται τα του πνευματος· μωρια γαρ αυτω εστιν. (Cit) (COR.CAT VIII.237.39)

ψυχικος γαρ ανθρωπος ου δεχεται τα του πνευματος, (ψυχικος γαρ ην·) (Cit) (COR.CAT XI.240.29)

(τον αυτον τροπον ουδε) ψυχικος δυναται (ειδεναι ποια) τα του θεου (και ποια ουχι, μονου δε πνευματικου εστιν τουτου το εργον.) (All) (COR.CAT LXXII.41.12)

(επει δε ταυτα ειπεν, αναγκαιων επιφερει οτι εισι τινες ανθρωποι μη παραδεχομενοι) τα του πνευματος του θεου, (All) (COR.CAT XI.240.27)

(εξευτελιζομενοι υπο[23] των) τα του πνευματος (μωριαν[24] και ευωνα κρινοντων,) (All) (LVC.CAT CXCII.308.5)

(ου μονον [τω][25]) τα του πνευματος (μεμαθηκεναι του κινησαντες τον Ησαιαν, (All) (COR.CAT XI.240.22)

και ου δυναται γνωναι (ο ψυχικος) οτι πνευματικως ανακρινεται· (Ad) (COR.CAT XI.240.32)

(ουκ οιδεν δια τουτο [ο][26] ακουει) οτι ανακρινεται πνευματικως, (All) (COR.CAT XI.240.32)

2.15

ο δε πνευματικος ανακρινει τα παντα, αυτος δε υπ' ουδενος ανακρινεται. (Cit) (COR.CAT LXXIII.41.5)

ο (γαρ) πνευματικος ανακρινει τα παντα αυτος δε υπ' ουδενος ανακρινεται· (Cit) (COR.CAT XVIII.355.35)

---

[23]One sixteenth century MS of the catena commentary compiled by Niketas of Harkel reads υπερ rather than υπο.

[24]The same MS of Niketas' commentary mentioned in the previous note reads μωρια.

[25]τω does not appear in the Vatican MS of COR.CAT. It is inserted by Jenkins.

[26]The Vatican MS of COR.CAT reads: ουκ οιδεν. δια τουτο.... Jenkins follows here an emendation suggested by Armitage Robinson: ουκ οιδεν δια τουτο ὃ....

ο δε πνευματικος ανακρινει μεν παντα, αυτος δε υπ' ουδενος ανακρινεται, (Cit) (COR.CAT XI.240.20)

(γενομενος δε ικαινος εστιν) ανακρινειν τα παντα (τα Ελληνων, τα βαρβαρων, τα σοφων, τα ανοητων.) (All) (COR.CAT XI.241.43)

2.16

ημεις δε νουν Χριστου εχομεν, (Cit) (PRINC XXVIII.310.10)

(εις ο Παυλος εισελθων εφη·) ημεις δε νουν Χριστου εχομεν, (ινα ειδωμεν τα υπο του θεου χαρισθεντα ημιν.) (Cf. 2.12) (Ad) (CT.CAT 108.30)[27]

(ο γαρ πνευματικος) νουν εχει κυριου. (All) (COR.CAT LXXIII.41.9)

(τον εν αυτοις) νουν και[28] (αποδεχομενος,) (All) (MAT.CAT CCXVIII.104.7)

3.1

καγω ουκ ηδυνηθην υμιν λαλησαι ως πνευματικοις αλλ' ως σαρκικοις, ως νηπιοις ες Χριστω. (Ad)[29] (COR.CAT XXI.361.6)

(ως λεγει ο αποστολος,) νηπιοι ες Χριστω και σαρκινοι (εν Χριστω·) (All) (COR.CAT XII.241.3)

(ο δ' ετι μικρος και) νηπιος εν Χριστω (All) (MAT.COM CCXIX.104.2)

---

[27]This adaptation is perserved only in the catena of Procopius.
[28]Klostermann suggests the emendation νουν κυ, which would make this an allusion to the v.l. supported by B D* F G 81.
[29]Verse 1 here follows verses 2 & 3, thus it should be viewed as either an adaptation or a citation resulting from faulty memory.

3.2

γαλα (γαρ φησι) εποτισα υμας ου βρωμα· ουπω γαρ εδυνασθε, αλλ' ουδε ετι νυν δυνασθε. (Cit) (COR.CAT XII.241.7)

(προς ους φησιν) γαλα υμας εποτισα, ου βρωμα· ουπω γαρ εδυνασθε· αλλ' ουδε ετι νυν δυνασθε, (Cit) (COR.CAT XXI.361.4)

3.3

ετι γαρ εστε σαρκικοι. (Cit) (COR.CAT XXI.361.6)

(των εν ανθρωποις αμαρτηματων τα ελαττονα εστι) ζηλος και ερεις. (All) (COR.CAT XIII.242.2)

(και των περιπατων δε ημων ο μεν τις εστι) κατα ανθρωπον, (ο δε κατα θεον. εαν ως οι πολλοι των ανθρωπων περιπατωμεν,) κατα ανθρωπον περιπατουμεν· (All) (COR.CAT XIII.242.9)

(διαφερομεν των πολλων και ου) κατα ανθρωπον περιπατουμεν. (σαφης ουν ο βιος τω δυναμενω βλεπειν ποιος εστιν ο) κατα ανθρωπον (και ποιος ο κατα θεον.) (All) (COR.CAT XIII.242.11)

(εαν εν πορνεια τις εσται, ουκετι) σαρκινος (ο τοιουτος εστιν αλλα χειρων η) σαρκινος. (All) (COR.CAT XIII.242.2)

(εγω νομιζω διαφοραν ειναι) σαρκινου (και χοικου·) (All) (COR.CAT XIII.242.4)

(ουκ ει) σαρκινος (αλλα χοικος·) (All) (COR.CAT XIII.242.6)

(ου χοικος τελεον ουδε αποπεπτωκας[30] της χαριτος του Χριστου, αλλα) σαρκινος (ει τοτε.) (All) (COR.CAT XIII.242.7)[31]

---

[30]Jenkins follows the suggested emendation of Armitage Robinson and prints αποπεπτωκως.

[31]These last four allusions are found under the discussion of verses 3-5, however they could just as well have been influenced by verse 1.

3.4

οταν γαρ τις λεγη εγω μεν ειμι Παυλου, εγω δε Απολλω, εγω δε Κηφα. (Cit) (COR.CAT XIII.242.14)

(και λεγεις) εγω ειμι Παυλου (και φασκεις) εγω Κηφα (η φης) εγω ειμι Απολλω. (All) (COR.CAT XIX.358.48)

(ουκ αποδιελων εαυτῳ ενα λεγει) εγω ειμι Παυλου (η) Κηφα (η) Απολλω. (All) (COR.CAT XIX.359.68)[32]

(ο γαρ λεγων τοτε) εγω ειμι Απολλω, (ελεγεν περι ανδρος ελλογιμου και αγιου και μακαριου· ο λεγων) εγω ειμι Παυλου, (περι ανδρος λεγει αποστολου ιερου και μακαριου.) (All) (COR.CAT XIII.242.16)

(ει ουν ουτοι) ανθρωποι (εισι και κατα σαρκα περιπατουσιν, οι λεγοντες) εγω Απολλω εγω δε Παυλου· (All) (COR.CAT XIII.243.20)

(οψομεθα οτι ημεις ενιστε ουδε) ανθρωποι (αλλα χειρον η) ανθρωποι εσμεν. (All) (COR.CAT XIII.242.15)

3.6

εγω εφυτευσα, Απολλως εποτισεν, ο δε[33] θεος ηυξησεν·[34] (Cit) (PRINC III.232.7)

εγω εφυτευσα, Απολλως εποτισεν, αλλ' ο θεος ηυξηνεν. (Cit) (COR.CAT XL.510.9)

(και τι φησομεν προς το) εγω εφυτευσα, Απολλως εποτισεν; (ορα δε ει λυεται τῳ) ο δε θεος ηυξηνεν· (Ad) (MAT.COM CCCXXXII.144.1)

(ει) εφυτευσεν ο Παυλος, (συνεφυτευσε τῳ φυτευοντι προηγουμενως θεῳ· ει) εποτισεν Απολλως, (συνεποτισε τῳ

---

[32]These first two allusions and the semi-lemata seem to have been influenced by 1 Cor 1.12 in the addition of Κηφα.
[33]Catena MSS which preserve this passage read αλλ' ο.
[34]Three witnesses of PRINC read the imperfect ηυξανεν.

προηγουμενως ποτισαντι Χριστω· φυτευει γαρ ο θεος·) (All) (COR.CAT XIV.243.2)

3.7

ωστε ουτε ο φυτευων εστι τι ουτε ο ποτιζων, αλλ' ο αυξανων θεος, (Cit) (PRINC III.232.17)

3.8

(παρα τον λογισμον) ο φυτευων δε και ο ποτιζων εν εισιν. (Cit) (COR.CAT XV.245.68)

3.9

θεου γαρ, (φησιν,) εσμεν συνεργοι. (Cit) (LVC.HOM 73.13)

(και τω) θεου εσμεν συνεργοι· (Cit) (MAT.COM CCCXXXII.144.2)

(και γαρ ο Παυλος φησι·) θεου γεωργιον, θεου οικοδομη εστε. (Cit) (IER.CAT LVIII.227.8)

(εφη δε ο αυτος Παυλος) θεου γεωργιον, θεου οικοδομη εστε. (Cit) (EPH.CAT XV.411.42)

θεου γεωργιον, θεου οικοδομη εστε. (Cit) (IER.CAT XII.203.14)

θεου γεωργιον. (All) (IER.CAT LXX.232.16)

(ως δε) θεου γεωργιον (πεπιστευμενος και γεωργων της εκκλησιαν) (All) (COR.CAT XL.510.3)

(περι ης φησιν ο Παυλος·) θεου οικοδομη εστε. (Cit) (IER.CAT LXX.232.11)

(επει ου μονον) γεωργιον (αλλα και) θεου οικοδομη εσμεν, (ζητω τον αρχιτεκτονα της οικοδομης και) τους συνεργουντας αυτω. (All) (COR.CAT XV.243.2)

3.10

κατα την χαριν την δοθεισαν μοι ως σοφος αρχιτεκτων θεμελιον τεθεικα· (Cit) (COR.CAT XV.243.3)

(και επειδη σχισματα ην εν αυτοις φησιν οτι) δοθεισης μοι χαριτος υπο του θεου ως σοφος αρχιτεκων εθηκα τον θεμελιον, αλλος δε εποικοδοεμι· (Ad) (COR.CAT XV.244.6)

(ει γαρ ετερος μετελθων επι) τον θεμελιον (της εκκλησιας) εποικοδομει, (εκεινος ουκ εστιν) αρχιτεκτων (της εκκλησιας αλλ') εποικοδομει (τη εκκλησια.) (All) (COR.CAT XV.244.8)

(ει θελεις ουν ιδειν οτι) σοφος αρχιτεκτων (ο Παυλος,) (All) (COR.CAT XV.244.10)

(και ου μενει) ως σοφος αρχιτεκτων θεμελιον (κατεβαλλετο,) (All) (COR.CAT XV.244.13)

αλλος (ουν φησιν) εποικοδομει· εκαστος δε βλεπετω πως εποικοδομει. (Cit) (COR.CAT XV.244.18)

3.11

θεμελιον γαρ αλλον ουδεις δυναται θειναι παρα τον κειμενον, ος εστιν Ιησους Χριστος· (Cit) (MAT.COM CLII.76.8)

(το) θεμελιον γαρ αλλον ουδεις δυναται θειναι παρα τον κειμενον, ος εστιν Ιησους Χριστος (και τα εξης.) (Cit) (COR.CAT XV.244.38)

(λεγει δε και[35] οτι) θεμελιον αλλον[36] ουδεις δυναται θειναι παρα τον κειμενον, ος εστι Χριστος Ιησους. (Cit) (IER.CAT XII.203.15)

(κηρυχθεντος τοινυν Ιησου Χριστου του θεου λογου, και του θεμελιου τουτου καταβληθεντος,) ουδεις δυναται αλλον

---

[35]Only three MSS of the IER.CAT survive. Of these three the earliest (tenth century) omits και. It is read by two which date from the eleventh century.

[36]αλλον is omitted by the earliest of the three MSS of the IER.CAT; cf. the previous note.

θεμελιον θειναι παρα (Ιησου Χριστον·) (All) (COR.CAT XV.245.44)

3.12

ει δε τις [επ]οικοδομει[37] (και τα εξης.) (Cit) (IER.CAT XII.203.16)

(ως μη) εποικοδομηθεντα (καλω) θεμελιω (τη πιστει,) (All) (ROM.CAT XVIII.222.9)

(εποικοδομουσι τω θεμελιω) χρυσον αργυρον λιθον τιμιον. (All) (COR.CAT XV.245.48)

(δηλον οτι επῳοδομησα τω θεμελιω λιθους τιμιους. (All) (COR.CAT XV.244.27)

χρυσος (γαρ πολλακις τετηρηται, αντι νου λαμβανομενος και νοηματων· ει λεγω καλως εποικοδομω) αργυρον· (ει διηγουμαι δεοντως και εις πολιτειαν προτρεπω καλως τους ακροατας,) λιθους τιμιους (εποικοδομω.) (All) (COR.CAT XV.245.48)

(ει μεν ουν καλα νοουμεν και διανοουμεθα, εποικοδομουμεν) χρυσον· (ει αγνως λεγοντες παντα λογον λεγομενον αγιως λεγομεν, εποικοδομουμεν ως) αργυριον· (ει πασαν πραξιν[38] ην πραττομεν καλη εστιν, εποικοδουμεν ως) λιθον τιμιον, (την δε τιμην των λιθων και την ποιοτητα ο θεος κρινει.) (All) (COR.CAT XV.245.59)

(εποικοδομει δε τις, ει μεν καλως) χρυσον (της αληθειας τα δογματα,) αργυριον (λογον σωτηριον,) λιθους τιμιους (οικοδομιαν εξ αρετων· ει δε κακως, εποικοδομων τω Ιησου πονηρα, λεγω) ξυλα, χορτον, καλαμην, (πως ουκ ασεβει;) (All) (IER.CAT XII.203.18)

(ωμοιωσε) χρυσῳ και αργυριῳ και λιθῳ τιμιῳ (γενικως·) (All) (PS.CAT 126.47)

---

[37] There is no explanation of the brackets in the apparatus; it would seem that they indicate that the MSS of the IER.CAT do not include the prefix επ- here, and it has been supplied by the editor.

[38] The Vatican MS of COR.CAT reads πασαν πραξιν, but Jenkins corrects this to πασα πραξις.

ξυλα, χορτον, καλαμην, (ωνομασμενην.) (All) (? FR XV.27.5)

(φροντιζω δε μηποτε εποικοδομων) ξυλα χορτον καλαμην (εποικοδομησω.) (All) (COR.CAT XV.244.20)

(επῳκοδομησαν τῳ θεμελιῳ) ξυλα χορτον καλαμην· (All) (COR.CAT XV.245.51)

(και ειποιμι αν οτι οι απο των αιρεσεων παντες οι μεν βλασφημοτεροι) ξυλα, (οι δε ελαττον αμαρτησαντες εν τη διδασκαλιᾳ) χορτον, (οι δε ισχνα τινα και ιν᾽ ουτως ονομασω ελαττονα) καλαμην. (All) (COR.CAT XV.245.53)

(ει μεντοιγε αμαρτανω μετα τον θεμελιον, τα μεν μεγαλα μοι των αμαρτηματων) ξυλα (εσται, τα δε υποδεεστερα) χορτος, (τα δε ετι υποδεεστερα) καλαμη. (All) (COR.CAT XV.245.63)

3.13

το γαρ εργον οποιον εστιν εκαστου το πυρ δοκιμασει. (Ad) (COR.CAT XV.244.36)

(ειδως οτι) το εργον (ο εποικοδομω) οποιον εστι το πυρ αυτο δοκιμασει (εν εκεινη τη ημερᾳ). (Ad) (COR.CAT XV.244.19)

3.15

ει τινος [το][39] εργον κατακαησεται, ζημιωθησεται. (Cit) (LVC.CAT CXXIX.280.3)

(επει γεγραπται) αυτος δε σωθησεται, ουτως δε ως δια πυρος (Cit) (COR.CAT XV.244.33)

3.16

(τοτε ουν μαλιστα εσομεθα) ναος θεου, (εαν χωρητικους εαυτους κατασκευασωμεν) του πνευματος του θεου. (ου

---

[39] As there is no explanation in the apparatus concerning το it is most likely that the article does not appear in the LVC.CAT, but was added by Rauer, the editor.

δυναται μεντοι γε εχων τις πνευμα αμαρτιας τινος ειναι) ναος θεου, (επειδηπερ το) πνευμα του θεου (μονον) οικει (εν ω κρινει κατοικειν.) (All) (COR.CAT XVI.246.26)

3.17

ει τις τον ναον του θεου, φθειρει, φθερει τουτον ο θεος. (Cit) (COR.CAT XVI.246.30)

(το) ει τις τον ναον του θεου, φθειρει, φθερει αυτον ο θεος (ουτως εδεξαντο·) (Cit) (EPH.CAT XXXVII.576.16)

(ου πιστευεις οτι) Ει τις τον ναον του θεου, φθειρει, φθερει τουτον ο θεος; (Ad) (COR.CAT XXVII.367.49)

(ισοδυναμει τουτο) το[40] φθειρεσθαι υπο του θεου τον ναον αυτου· (All) (? FR XI.26.1)

(η ερως γυναικος δια σωματικης επιθυμιας απολλυων τους εραστας) φθειροντας τον ναον του θεου[41] (και αιροντας τα μελη του Χριστου και ποιουντας πορνης μελη[42].) (All) (PR.CAT II.389.3)

(καν λιθος η,) φειρει τον ναον του θεου (αμαρτησας, και ο σκανδαλον δε τι παρεχων τη εκκλησια) φθειρει τον ναον του θεου· (κυριωτερον δε) φθειρει τον ναον του θεου (ο πορνευων,) (All) (COR.CAT XVI.246.30)

(ο γαρ εξωθεν πορνευων ου) ναον του θεου φθειρει, (ουκ αρας τα μελη του Χριστου ποιει πορνης μελη,) (All) (COR.CAT XXVI.366.14)

(ο πορνευων) φθειρει τον ναον του θεου· (All) (COR.CAT XXVII.369.54)

---

[40]?FR refers to a MS of the Apocalyse with scholia which is attributed to Origen. Here the scholia reads τουτο το. Diobounitis suggests reading τουτο τω and Turner suggests the emendation τουτω.

[41]The Athos MSS of the PR.CAT read θεου rather than Χριστου, which is supported by the Paris MSS.

[42]πορνης μελη is read by one Athos MS, μελη πορνης by the other Athos MS and μελη is omitted by the Paris MSS.

(οτε) τον ναον του θεου (φθειρω.) (All) (COR.CAT XXXII.372.9)

(και επειδε⁴³) τον ναον του θεου (και την οικοδομην και χρυσιον εχειν ωσπερ ο ναος ον Σολομων ῳκοδομησεν) (All) (COR.CAT XV.244.28)

(ει θελεις αληθινον) ναον του θεου (μαθειν,) (All) (COR.CAT XVI.245.2)

3.18

ει τις δοκει εν υμιν σοφος ειναι εν τῳ αιωνι τουτῳ μωρος γενεσθω, ινα γενηται σοφος, (Cit) (COR.CAT XX.361.40)

(δια τουτο φησι προς αυτους) ει τις δοκει σοφος ειναι εν υμιν (-- ουχ ει τις σοφος εστιν αλλα) δοκει σοφος ειναι εν υμιν--εν τῳ αιωνι τουτῳ μωρος γενεσθω· (Ad) (COR.CAT XVI.247.39)

(ουκ ειπεν απλως) μωρος, (αλλ᾽) εν τῳ αιωνι τουτῳ, (ως γαρ προς τον αιωνα τουτον μωρος ημας λεγουσιν.) μωρος (ουν) γενεσθω εν τῳ αιωνι τουτῳ, ιν᾽ (εκ του) τῳ αιωνι τουτῳ μωρος (γεγονενται) γενηται (αληθως) σοφος· (All) (COR.CAT XVI.247.42)

3.19

η γαρ σοφια του κοσμου τουτου μωρια παρα θεῳ εστιν. (Cit) (COR.CAT XVI.247.45)

γεγραπται γαρ ο δρασσομενος τους σοφους εν τη πανουργιᾳ αυτων. (Cit) (COR.CAT XVI.247.52)

(δι᾽ ους και ειπεν το) ο δρασσομενος τους σοφους εν τη πανουργιᾳ αυτων. (Cit) (COR.CAT XXVII.368.22)

(αλλ᾽ ουκ ελαθε τον) δρασσομενον τους σοφους εν τη πανουργιᾳ αυτων· (Ad) (LVC.CAT XCVI.265.22)

---

⁴³Jenkins suggest inserting δει at this point.

(εγω φημι ου μεγα πραγμα ειναι εαν ο θεος ως θεος δραξηται) τους σοφους εν τη πανουργια αυτων· (All) (COR.CAT XVI.247.53)

3.20

και παλιν κυριος γινωσκει τους διαλογισμους των σοφων οτι εισι ματαιοι. (ου θαυμαστον εαν ο) κυριος (καθ᾽ εαυτου) γινωσκει τους διαλογισμους των σοφων οτι εισι ματαιοι· (Ad) (COR.CAT XVI.247.63)

3.22

(πως δε ο) θανατος (εμος εστιν;) (All) (COR.CAT XVII.353.4)

(και τα) ενεστωτα (δε ημων εστιν·) (All) (COR.CAT XVII.353.6)

(τα δε) μελλοντα·...(και ουχ οιον τε εστιν επι τα) μελλοντα (ελθειν εαν μη πρωτον γενηται μοι τα) ενεστωτα. παντα υμων· (All) (COR.CAT XVII.353.8)

4.1

(τολμω δε και λεγω οτι εν Κορινθω μεν) υπηρετης (γεγονε) του Χριστου, (εν Εφεσω[44] δε) οικονομος μυστηριων θεου. (All) (COR.CAT XVIII.354.15)

(ο μη διαβεβηκως τω λογω περι της καταληψιν των εγκεκρυμμενων εν τη γραφη μυστηριων δυναται μεν) υπηρετης (ειναι) Χριστου, (ου δυναται δε) οικονομος (ειναι) μυστηριων θεου· (All) (COR.CAT XVIII.354.2)

(μη ποτε ουν ο μεν) υπηρετης Χριστου (κατα την κοινοτεραν νοειται διακονιαν προστ[α]ς[45], ο δε) οικονομος[46] μυστηριων θεου (κατα την δοικησιν) (All) (COR.CAT XVIII.354.5)

---

[44]Origen is mistaken here. Paul never claims to be an "administrator of the mystreies of God" in Ephesians. In Eph 3.2 he does speak of "την οικονομιαν της χαριτος του θεου" which was given to him for the sake of the Gentiles. The language here reflects 1 Cor 4.1, not Ephesians.

[45]The Vatican MS reads προστους, but Jenkins has corrected it to προστας.

[46]The Vatican MS in its text reads οικονομους, but has been, subsequently, cor-

(ημεις, φησιν, εσμεν) υπηρεται Χριστου (All) (COR.CAT XVIII.354.10)

(συ δε διακρινεις) οικονομους μυστηριων θεου, (All) (COR.CAT XIX.358.47)

4.2

(φησιν) ο δε λοιπον ζητειται εν τοις οικονομοις ινα πιστος τις ευρεθη. (Cit) (COR.CAT XVIII.354.19)

4.3

εμοι δε εις ελαχιστον εστιν ινα υφ' υμων ανακριθω η υπο ανθρωπινης ημερας. (Cit) (COR.CAT XVIII.354.28)

(φησιν ουν ο Παυλος οτι) εμοι εις ελαχιστον εστιν ινα υφ' υμων ανακριθω. (Cit) (COR.CAT XVIII.354.33)

(εστι τις) ανθρωπινης ημερα, (και εστι τις θεια ημερα,) (All) (COR.CAT XVIII.355.37)

(λεγει) αλλ' ουδε εμαυτον ανακρινω· (Cit) (COR.CAT XVIII.355.42)

4.4

(εγω μεν γαρ φησιν) ουδεν εμαυτω συνοιδα, αλλ' ουκ εν τουτω δεδικαιωμαι. (Cit) (COR.CAT XVIII.355.55)

(και ο Παυλος φησιν) ουδεν εμαυτω συνοιδα· (Cit) (COR.CAT XVIII.355.48)

ουδεν γαρ εμαυτω συνοιδα (Cit) (COR.CAT XVIII.355.42)

(λεγει) αλλ' ουκ εν τουτω δεδικαιωμαι· (Cit) (COR.CAT XVIII.355.54)

rected to read οικονομος. The latter reading is followed by Jenkins.

(φησιν) αλλ' ουκ εν τουτω δεδικαιωμαι, ο δε ανακρινων με κυριος εστιν. (Cit) (COR.CAT XVIII.355.60)

4.5

μη προ καιρου (ουν) τι κρινετε εως αν ελθη ο κυριος, ος και φωτισει τα κρυπτα του σκοτους και φανερωσει τας βουλας των καρδιων. (Cit) (COR.CAT XVIII.356.90)

(ταυτα δε ανθρωπος ουκ οιδεν,) μη προ καιρου τι κρινωμεν εως αν ελθη ο κυριος, ος και φωτισει τα κρυπτα του σκοτους και αποκαλυψει τας βουλας των καρδιων. (Ad) (COR.CAT XVIII.356.96)

(ενθαδε μεν λεγεται) μη προ καιρου τι κρινετε (και τα εξης·) (Cit) (COR.CAT XVIII.355.71)

(ου) προ καιρου τι κρινουμεν, (Ad) (COR.CAT XVIII.355.69)

(τουτο φησιν) εως αν ελθη ο κυριος. (Cit) (COR.CAT XVIII.355.63)

και φωτισει τα κρυπτα του σκοτους και φανερωσει τας βουλας των καρδιων. (Ad) (LVC.CAT CXCI.308.2)

και φωτισει τα κρυπτα του σκοτους και φανερωσει τας βουλας των καρδιων. (Ad) (MAT.COM CCVI.94.3)

(α μεν γαρ ωνομασε) κρυπτα σκοτους, (α δε) βουλας καρδιων. (All) (COR.CAT XVIII.356.92)

(ορα ουν μη τα αμαρτηματα ημων) κρυπτα σκοτους (εστιν, τα δε ανδραγαθηματα) βουλαι των καρδιων· (All) (COR.CAT XVIII.356.93)

(δια τι ουκ ειπεν) και τοτε ο επαινος γενησεται (η ο ψογος) εκαστω απο του θεου, (αλλα μονον) ο επαινος. (Ad) (COR.CAT XVIII.356.106)

και ο (μεν) επαινος απο του θεου (τοις αγιοις,) (Ad) (COR.CAT XVIII.357.111)

4.6

(γεγραπται) ταυτα, (φησιν, εν μετασχηματισμω τω κατα τα τοτε πραγματα, ουχ ινα περι Παυλου και Απολλω ταυτα γινωσκομεν[47] μονον,) (All) (COR.CAT XIX.357.2)

(αλλ' ιδωμεν το) ινα εν ημιν μαθητε το μη υπερ ο γεγραπται. (Cit) (COR.CAT XIX.357.8)

(εις τα) υπερ α γεγραπται, (ουδε νοησει) α γεραπται. (All) (COR.CAT XIX.357.10)

(τινες των καθ' ημας) υπερ α γεγραπται (διδασκουσι·) (All) (COR.CAT XXXV.503.2)

(ταυτα εστι και τα τοιαυτα) α γεγραπται, (ενα) υπερ του ενος μη (φυσιουσθαι) κατα του ετερου· (Ad) (COR.CAT XIX.358.22)

4.7

τις γαρ σε διακρινει; (Cit) (COR.CAT XIX.358.26)

(ενθαδε ουν λεγεται το διακρινειν αντι του) σε (μεν ουδεις) διακρινει (των εν Κορινθω ουδε κρινει·) (All) (COR.CAT XIX.358.46)

(λεγεται προς τον τοιουτον μη λαβοντα) τι δε εχεις ο ουκ ελαβες; ει δε και ελαβες, τι καυχασαι ως μη λαβων; (Cit) (COR.CAT XIX.359.61)

τι δε εχεις ο ουκ ελαβες; (Cit) (COR.CAT XIX.358.28)

(ειδων[48] δε και το) τι δε εχεις ο ουκ ελαβες; (Cit) (COR.CAT XIX.359.58)

ει δε και ελαβες, τι καυχασαι ως μη λαβων; (Cit) (COR.CAT XIX.358.31)

---

[47] Jenkins emends the text to γινωσκωμεν.
[48] Jenkins suggests correcting ειδων to ἴδων.

4.8

ηδη κεκορεσμενοι εστε; ηδη επλουτησατε; χωρις ημων εβασιλευσατε, (Cit) (COR.CAT XIX.359.64)

(δια τουτο λεγει Κορινθιοις) ηδη κεκορεσμενοι εστε; (ακολουθον δε τουτῳ το) ηδη επλουτησατε; (Ad) (COR.CAT XIX.359.71)

(ακολουθως δε και το[49]) χωρις ημων εβασιλευσατε; (Ad) (COR.CAT XIX.359.75)

(και ου λεγει) χωρις (εμου αλλ') ημων, (Ad) (COR.CAT XIX.359.77)

(δια τουτο φησιν) χωρις ημων εβασιλευσατε; και οφελον γε εβασιλευσατε, ινα και ημεις υμιν συμβασιλευσωμεν. (Cit) (COR.CAT XIX.359.87)

και οφελον γε εβασιλευσατε, ινα και ημεις υμιν συμβασιλευσωμεν. (Cit) (COR.CAT XIX.359.79)

4.9

δοκω γαρ, ο θεος ημας τους αποστολους εσχατους απεδειξεν ως επιθανατιους· (Cit) (COR.CAT XX.360.11)

(αρμοζον δε και τοις απο θεου) αποδεδειγμενοις εσχατοις (το γενεσθαι πρωτοις παρα τῳ θεῳ·) (All) (COR.CAT XX.360.17)

(καθ' ετερον δε) επιθανατιος (εστιν ο δικαιος συμμορφος ων του θανατου του Χριστου αει αποθνησκων τῳ κοσμῳ, ουτω δε πρεπον εστι) θεον αποδεικνοειν (και) εσχατους (και) επιθανατιους τους αποστολους (του Χριστου οντας.) (All) (COR.CAT XX.360.27)

(το) οτι θεατρον εγενηθημεν τῳ κοσμῳ και αγγελοις και ανθρωποις. (Cit) (COR.CAT XX.361.31)

---

[49]The Vatican MS reads του, Jenkins has corrected it to το.

4.10

ημεις μωροι δια Χριστον. (Cit) (COR.CAT XX.361.39)

υμεις φρονιμοι (φησιν) εν Χριστῳ. (ου γαρ ησαν αληθως) φρονιμοι εν Χριστῳ, (αλλα ταυτα λεγων ειρωνικως προετρεπεν αυτους γενεσθαι) φρονιμους εν Χριστῳ. υμεις ενδοξοι, ημεις δε ατιμοι· (Cit) (COR.CAT XX.361.47)

(εαν συ ταπεινος ῃς εν κοσμῳ,) υμεις ενδοξοι, ημεις δε ατιμοι· ημεις ασθενεις, υμεις δε ισχυροι. (Cit) (COR.CAT XX.361.51)

4.12

(και του αποστολου λεγοντος) λοιδορουμενοι ευλογουμεν· (Cit) (COR.CAT XXVI.367.45)

4.16

παρακαλω ουν υμας, αδελφοι[50], μιμηται μου γινεσθε. (L) (COR.CAT XXI.362.12)

4.17

(και την περι τον Τιμοθεον φιλοστοργιαν) τεκνον αγαπητον (ονομασας· και την αλλην δε αυτου δεδηλωκεν αρετην) πιστον εν κυριῳ (καλεσας.) (All) (COR.CAT XXI.362.18)

(και απηλθεν επι τον ναον του πατρος,) τας εκκλησιας τας πανταχου. (All) (LVC.HOM 121.12)

δια τουτο επεμψα υμιν Τιμοθεον ος [εστιν][51] τεκνον μου αγαπητον και πιστον εν Χριστῳ· ος υμας αναμνησει τας οδους μου τας εν Χριστῳ καθως πανταχου εν παση εκκλησιᾳ διδασκω. (L) (COR.CAT XXI.362.15)

---

[50]According to Jenkins αδελφοι is absent in the lemmata. Why he then included it in his text is not explained.

[51]εστιν does not appear in the Vatican MS of COR.CAT, but has been added by Jenkins.

4.18

ως μη ερχουμενου δε μου προς υμας εφυσιωθησαν τινας. (L) (COR.CAT XX.362.27)

4.20

αλλ' (οπου) δυναμις (εν λογοις, εκει) η βασιλεια του θεου, (All) (COR.CAT XXII.362.7)

4.21

(επει ουν ειχεν) ραβδον (ο Παυλου λογος, ειχεν δε και) πνευμα πραυτητος (και χρηστοτητος,) (Ad) (COR.CAT XXIII.363.4)

(ουχ οτι χωρις) αγαπης (γινεται η) ραβδος, (αλλ' οτι η) αγαπη (κεκρυπται εν τω) ραβδον (εχοντι,) (All) (COR.CAT XXIII.363.6)

5.1

ολως ακουεται εν υμιν πορνεια ητις ουδε εν τοις εθνεσιν. (Ad) (COR.CAT XXIII.363.8)

(αλλα τον τοιουτον γαμον) πορνειαν (ο αποστολος καλει και τοιαυτην (οιαν μηδε) εν τοις εθνεσιν (εστιν ακουειν,) (All) (COR.CAT XXIII.363.21)

5.2

και υμεις πεφυσιωμενοι εστε και ουχι μαλλον επενθησατε, ινα αρθη[52] υμων ο το εργον τουτο ποιησας. (Cit) (COR.CAT XXIII.363.26)

---

[52]Here Jenkins supplys εν μεσω, but the phrase does not appear in the Vatican MS.

(λεγετε⁵³ το) και υμεις πεφυσιωμενοι εστε (Cit) (COR.CAT XXII.363.29)

(ειτα ο τηλικουτος ως εσχατος εν κοσμω επιπλησσει) τοις πεφυσιωμενοις, (All) (COR.CAT XX.361.39)

5.3

απειναι (δε) τω σωματι (και) παρειναι τω πνειματι (Παυλου εστι και των παραπλησιων αυτω·) (All) (COR.CAT XXIV.364.21)

5.4

συναχθεντων υμων και του εμου πνευματος συν τη δυναμει του κυριου Ιησου. (Cit) (MAT.COM A DIII.206.8)

(και η δυναμις) του κυριου Ιησου (συναχθησεται μεθ᾽ ημων,) (All) (MAT.COM A DIV.207.8)

(ου μονος γαρ παρην τω πνευματι, αλλα και η δυναμις Ιησου.) (All) (COR.CAT XXIV.365.37)

(αλλ᾽ ινα εξουσιαν λαβη μονης της ψυχης⁵⁴ αυτων, ουκ εμου διδοντος την εξουσιαν αλλα) της (εν εμοι) δυναμεως του Ιησου. (All) (COR.CAT XXIV.364.14)

5.5

παραδουναι τον τοιουτον τω σατανα εις ολεθρον της σαρκος, ινα το πνευμα σωθη εν τη ημερα του κυριου· (Cit) (IER.CAT XLVIII.222.10)

(παραδιδοται) τω σατανα εις ολεθρον της σαρκος, ινα το πνευμα σωθη εν τη ημερα του κυριου. (Ad) (IER.CAT II.199.15)

---

⁵³Jenkins suggests emending the text here to λεγεται.
⁵⁴Jenkins suggests that σαρκος is more suitable to the context, and that ψυχης is an error of the catenist or of subsequent copyists.

(παραδιδοται) τω σατανα εις ολεθρον της σαρκος, ινα το πνευμα σωθη εν τη ημερα του κυριου. (Ad) (EX.SCO 251.8)

(ουκ) εις ολεθρον (της ψυχης, ουκ) εις ολεθρον (του πνευματος, αλλ') εις ολεθρον της σαρκος· ινα (γαρ) το πνευμα σωθη εν τη ημερα του κυριου (παραδιδοται.) (Ad) (COR.CAT XXIV.364.2)

(ινα μη ειπη και το πνευμα και η ψυχη και το σωμα) σωθη εν τη ημερα του κυριου, (αλλα) το πνευμα σωθη, (Ad) (COR.CAT XXIV.364.16)

(δε το εξελθε) (τω παραδοθηναι) τω σατανα εις ολεθρον της σαρκος (Ad) (CT.CAT 145.30)

(νοητεον αυτους παραδιδοσθαι τω διαβολω, ως ο Παυλος τον Κορινθιον και ους παρεδωκε) τω σατανα, (ινα παιδευθωσιν μη βλασφημειν.[55]) (All) (? FR XXX.36.15)

5.6 (Cf.Gal 5.9)

μικρα (γαρ) ζυμη ολον το φυραμα ζυμοι (Cit) (IER.CAT XXII.209.5)

μικρα (γαρ, φησι,) ζυμη ολον το φυραμα ζυμοι (Cit) (LVC.CAT CVII.271.14)

(ουχ) ολον το φυραμα ζυμοι· (All) (COR.CAT XXIV.366.14)

(ου βλαπτει με η εκεινων) μικρα ζυμη; ολον το φυραμα (τουτο ου) ζυμοι; (All) (COR.CAT XXVI.367.48)

5.7

εκκαθαρατε ουν την παλαιαν ζυμην, ινα ητε νεον φυραμα, καθως εστε αζυμοι· (Cit) (COR.CAT XXV.365.6)

(δια τουτου αρτοποιωμεν, παλαιαν δε) ζυμην (μη παραλαβωμεν,) (All) (LVC.CAT XXVIII.166.19)

---

[55]Origen here is alluding to both 1 Cor. 5.5 and 1 Tim 1.20.

ινα ητε νεον φυραμα. (Cit) (COR.CAT XXV.365.10)

καθως εστε αζυμοι· (Cit) (COR.CAT XXV.365.12)

καθως εστε αζυμοι. (Cit) (COR.CAT XXV.365.4)

και γαρ το πασχα ημων ετυθη Χριστος· (Cit) (COR.CAT XXV.365.15)

(δια τουτο ειπεν ηδη) το πασχα τεθυται Χριστος· (Ad) (COR.CAT XXV.365.17)

ωστε εορταζωμεν, μη εν ζυμη παλαια μηδε εν ζυμη κακιας και πονηριας, αλλ' εν αζυμοις ειλικρινειας και αληθειας. (Cit) (COR.CAT XXV.365.18)

(εσθιομεν[56] ουν πρωτον αζυμα, απεχομεναι πασης) κακιας και πονηριας. (All) (COR.CAT XXV.365.5)

ειλικρινειας, (κατα την πολιτειαν·) αληθειας, (κατα την γνωσιν·) (All) (COR.CAT XXV.365.19)

5.9

(οτι εν ταυτη) τη επιστολη εγραψα μη συναναμιγνυσθαι (υμας) πορνοις, πορνοις (δε λεγω τοισδε, ου τοισδε.) (Ad) (COR.CAT XXVI.366.11)

(και εγραψεν αυτοις) μη συναναμιγνυσθαι πορνοις, (All) (COR.CAT XXVI.366.4)

εγραψα (ουν φησι τω τοιουτω[57] εκ του κοσμου οντι) μη συναναμιγνυσθαι, (επει οφειλετε αρα εκ του κοσμου εξελθειν.) (All) (Cf. 5.10) (COR.CAT XXVI.366.34)

---

[56]Jenkins, following Turner suggests emending the text to εσθιωμεν.
[57]Jenkins suggests an emendation; adding ουτω immediately after τοιουτω.

5.10

και ου παντως τοις πορνοις του κοσμου η πλεονεκταις η αρπαξιν η ειδωλολατραις. (Cit) (COR.CAT XXVI.366.22)

(εγραψα ουν φησι τω τοιουτω[58]) εκ του κοσμου (οντι μη συναναμιγνυσθαι, επει οφειλετε αρα εκ του κοσμου εξελθειν. (All) (Cf. 5.9) (COR.CAT XXVI.366.34)

(ου περι πορνων λεγω, φησι,) του κοσμου τουτο (αλλα περι των ονομαζομενων μεν αδελφων ουκ οντων δε σεμνων.) (All) (COR.CAT XXVI.366.8)

5.11

νυνι δε εγραψα υμιν μη συναναμιγνυσθαι εαν τις αδελφος ονομαζομενος. (Cit) (COR.CAT XXVI.366.36)

(λεγει γαρ) η λοιδορος η αρπαξ, τω τοιουτω μηδε συνεσθιειν. (Cit) (COR.CAT XXVI.367.41)

τω τοιουτω (φησι) μηδε συνεσθιειν. (Cit) (COR.CAT XXVI.366.33)

(ηλικοις κακοις τον) λοιδορον (συνηριθμησεν--) τω πορνω, τω πλεονεκτη, τω ειδωλολατρη· (All) (COR.CAT XXVI.367.42)

(ου περι πορνων λεγω, φησι, του κοσμου τουτο αλλα περι των ονομαζομενων μεν αδελφων ουκ οντων δε σεμνων.) (All) (COR.CAT XXVI.366.8)

(και των διδασκοντων) μη συναναμιγνυσθαι (τοις ονομαζομενοις αδελφοι και αμαρτανουσι,) (All) ((MAT.COM A CCXCIV.133.2)

5.12

τι γαρ μοι τους εξω κρινειν; (Cit) (COR.CAT XXVI367.46)

---

[58]Jenkins suggests an emendation; adding ουτω immediately after τοιουτω.

(οι μεν ουν) εξω (λεγομενοι, δηλονοτι συγκρισει των) εσω[59] (All) (PRINC III.227.2)

ουχι τους εσω υμεις κρινετε, (Cit) (COR.CAT XVIII.355.71)

τι γαρ μοι τους εξω κρινειν; ουχι τους εσω υμεις κρινετε, (L) (COR.CAT XXVI.367.50)

5.13

τους δε εξω ο θεος κρινει· (Cit) (COR.CAT XVIII.355.71)

(και εκ τουτων μεν) εξαρατε τον πονηρον· (Cit) (COR.CAT XXVI.367.56)

(εαν τις καταφρονηση του) εξαρειτε τον πονηρον εξ υμων αυτων. (Cit) (MAT.COM A CCXCIX.133.1)

τους δε εξω ο θεος κρινει; (L) (COR.CAT XXVI.367.50)

και εξαρειτε τον πονηρον εξ υμων αυτων. (L) (COR.CAT XXVI.367.55)

6.3

ουκ οιδατε οτι αγγελους κρινουμεν; (Cit) (EPH.CAT IV.239.35)

(και φησιν οτι εκληθητε επι τουτο ινα τελειωθεντες κρινητε,) αγγελους, (All) (COR.CAT XXVII.367.3)

6.4

(αλλα μαλλον) τους εξουθενημενους εν τη εκκλησια [καθιζετε]·[60] (All) (COR.CAT XXVII.367.8)

---

[59]Some witnesses of PRINC read εξω here.

[60]καθιζετε is not present in the Vatican MS of COR.CAT, the sentence ends with εκκλησια. Jenkins conjectures that καθιζετε has fallen out. Swete suggests των εξουθενημενων.

(πιστοι εσονται κριται) οι εξουθενημενοι εν τη εκκλησια· (All)
(COR.CAT XXVII.368.12)

βιωτικα μεν ουν κριτηρια εαν εχητε (και τα ξης.) (L)
(COR.CAT XXVII.367.6)

τους εξουθενημενους (ουν) εν τη εκκλησια τουτους καθιζετε· (L)
(COR.CAT XXVII.368.17)

6.5

(δια τουτο φησιν) ουτως ουκ ενι εν υμιν σοφος ος δυνησεται ανακριναι ανα μεσον του αδελφου αυτου; (Cit) (COR.CAT XXVII.368.24)

προς εντροπην υμιν λεγω· ουτως ουκ ενι[61] εν υμιν ουδεις σοφος ος δυνησεται ανακριναι ανα μεσον του αδελφου αυτου; (L)
(COR.CAT XXVII.368.17)

6.6

(ουχι δε μαλλον δυνησεσθε, εαν ποτε) αδελφος μετα αδελφου (κρινηται,) (All) (COR.CAT XXVII.367.4)

αλλ' αδελφος μετα αδελφου κρινεται, και τουτο επι απιστων; (L) (COR.CAT XXVII.368.26)

6.7

(ο γαρ) κριματα (εχων) μετα (του αδελφου) ηδη ητταται, (και ο αδικουμενος νενικηκεν·) (All) (COR.CAT XXVII.368.31)

(ου μεμνημενοι του) δια τι ουχι μαλλον αποστερεισθε; (Cit)
(COR.CAT XXVII.368.30)

---

[61]The Vatican MS punctuates differently with the raised period following ουτως. Jenkins however points to the citation above as evidence that the punctuation should follow λεγω.

(φυλαττει γαρ την εντολην την λεγουσαν) δια τι ουχι μαλλον αδικεισθε; δια τι ουχι μαλλον αποστερεισθε; (Cit) (COR.CAT XXVII.368.34)

ηδη μεν ουν ηττημα υμιν εστιν οτι κριματα εχετε μεθ' εαυτων, (L) (COR.CAT XXVII.368.29)

6.8

αλλ' υμεις αδικειτε και αποστερειτε, και τουτο αδελφους. (L) (COR.CAT XXVII.368.36)

6.9-10

μη πλανασθε (ουν) ουτε πορνοι ουτε ειδωλολατραι βασιλειαν θεου ου κληρονομησουσιν· (ουτω δε) ουδε μοιχοι. (Ad) (COR.CAT XXVII.369.53)

μη πλανασθε· ουτε πορνοι· (L) (COR.CAT XXVII.368.44)

(ουδε) μοιχοι (ουν· αλλ' ουδε) μαλακοι. (All) (COR.CAT XXVII.369.55)

(ουδε) αρσενοκοιται βασιλειαν θεου κληρονομησουσιν· (All) (COR.CAT XXVII.369.57)

ουτε κλεπται· (All) (COR.CAT XXVII.369.61)

(και αλλοι) μεθυσαι· (αλλα και λοιδοπους (φησι μη κληρονομειν την βασιλειαν του θεου.) (All) (COR.CAT XXVII.369.66)

(και ακολουθως ο εν τη εναντια καταστασει, ουτος) ου κληρονομει βασιλειαν θεου. (All) (COR.CAT XXVII.368.42)

(λοιδορος γαρ) βασιλειαν θεου ου κληρονομει. (All) (COR.CAT XXVI.367.45)

(αλλα και οι εν ταις πραγματειαις ψευσται [κλεπται][62] εισιν, ου κληρονομουντες την βασιλειαν του θεου· ουτως δε και οι εν

---

[62]Jenkins follows Turner is suggesting an emendation by inserting κλεπται at this point. It is not present in the Vatican MS.

ταις πραγματειαις πλεονεκτουντες) πλεονεκται (εισιν·) (All) (COR.CAT XXVII.369.63)

η ουκ οιδατε οτι αδικοι θεου βασιλειαν ου κληρονομησουσιν; (L) (COR.CAT XXVII.368.40)

6.12

(συνεξεταζων δε αυτα τω αυτου συμφεροντι και τη οικονομια της εκκλησιας εωρα οτι) εξεστι (μεν...) (All) (COR.CAT XXVIII.370.8)

παντα μοι εξεστιν, αλλ' ουκ εγω εξουσιασθησομαι υπο τινος· (Cit) (COR.CAT XXVIII.370.17)

(εαν δε πασαν εξουσιαν νικησω,) ουκ εξουσιασθησομαι υπο τινος. (All) (COR.CAT XXVIII.370.20)

6.13

(μη νιμισης οτι ωσπερ) η κοιλια (γεγονεν) τοις βρωμασιν (και) τι βρωματα τη κοιλια, (ουτω και) το σωμα (γεγονε δια συνουσιασμον.) (All) (COR.CAT XXIX.370.2)

6.14

(ουτως [και] εν τω α' τ[ων] στρωματε[ων]· προθεις γ[αρ] ουτ[ως] το ρητ[ον]. επιφερει αυταις λεξεσιν· σημειωτεον. [οτι] ηδη ημας ο κ[υριος] εξηγερκεναι λεγεται·...)[63] (Ad) (STROM IC 6.14)

6.15

τα σωματα υμων μελη Χριστου εστι. (Cit) (CT.CAT 175.25)

---

[63]This note in the margin of Codex 1739 informs us that Origen, in the first book of his Stromata, read εξηγειρεν (aorist--with P^{46c2} B 1739). The future (εξεγερει--P^{46c1} ℵ C K L Ψ 33 81 1175 1881 2464) and present (εξεγειρει--P^{11} P^{46*} A D P) are also present in the MS tradition.

(δια γαρ του) υμων (της νυμφης ειναι λεγει το σωμα, δια δε του) μελη Χριστου (του νομφιου.) (All) (CT.CAT 175.26)

(εις Χριστον μεν, οταν) αρας τα μελη του Χριστου ποιησω πορνης μελη· (Cit) (COR.CAT XXXII.372.7)

(ουκ) αρας τα μελη του Χριστου (ποιει) πορνης μελη, (Ad) (COR.CAT XXVI.366.14)

(αλλ') αιρεις τα μελη του Χριστου και ποιεις πορνης μελη; (Ad) (COR.CAT XXVII.369.50)

(και αιροντας) τα μελη του Χριστου⁶⁴ (και ποιουντας) πορνης μελη.⁶⁵ (Ad) (PR.CAT II.389.4)

(αλλ' οση δυναμις των μελων την αρμονιαν τηρησωμεν, μηπως εγκληθωμεν ως διασπωντες) τα μελη Χ[ριστο]υ. (All) (PASC XXXII.216.10)⁶⁶

μελη (ουν τοτε γινεται) Χριστου, (οτε παντα κατα τον αυτου λογον κινουμεν.) (All) (COR.CAT XXX.371.5)

(ιδιως δη ο λογος θελει) ημων τα σωματα (μηκετι υπο της ψυχης ενεργεισθαι της ημετερας αλλ' υπ' αυτου του) Χριστου. (All) (COR.CAT XXX.371.3)

6.16

(ορατω οτι) ο κολλωμενος τη προνη εν σωμα εστι. (Ad) (EX.CAT VIII.229.31)

(οτε γαρ κολλαται) τη πορνη (γινεται) εις σαρκα μιαν (προς αυτην, ο δε κολλωμενος τω κυριω εν πνευμα εστιν.) (Ad) (ROM.CAT XXXI.366.17)

---

[64]Richard, the editor, divides the four MSS of PR.CAT into two recensions. The recension Richard names 'original' consists of two Athos MSS (Iviron 379 and 38), while the recension he names 'interpolated' is composed of two Paris MSS (gr.153 and 154). The latter reads Χριστου here, while the former reads θεου.

[65]Iviron 379 reads πορνης μελη, Iviron 38 μελη πορνης, and the Paris MSS μελη.

[66]This passage is not from the Tura fragment but is supplied from Procopius' catena commentaries.

(ο σαρκι) κολλωμενος εν σωμα εστιν· (πνευματι δε ο κολλωμενος εν πνευμα εστιν.) (All) (COR.CAT XXXIX.510.56)

6.17

ο δε κολλωμενος τω κυριω εν πνευμα εστιν. (Cit) (? PS.CAT 151a.17)

(επι δε του) ο κολλωμενος τω κυριω (εσται) εν πνευμα . (Ad) (COR.CAT XXXIX.510.60)

(οτε γαρ κολλαται τη πορνη γινεται εις σαρκα μιαν προς αυτην,) ο δε κολλωμενος τω κυριω εν πνευμα εστιν. (Ad) (ROM.CAT XXXI.366.17)

(ο σαρκι κολλωμενος εν σωμα εστιν· πνευματι) δε ο κολλωμενος εν πνευμα εστιν. (All) (COR.CAT XXXIX.510.56)

6.18

παν αμαρτημα ο εαν ποιηση ανθρωπος εκτος του σωματος εστιν. (Cit) (COR.CAT XXXII.372.14)

(ζητησει τις, παν αμαρτημα εκτος του σωματος εστιν. (Ad) (COR.CAT XXXI.371.2)

(αρ' ουν) εκτος του σωματος (εστι και τουτο το αμαρτημα;) (All) (COR.CAT XXXI.371.4)

(ερει γαρ τις) εις το ιδιον σωμα (αμαρτανω·) (All) (COR.CAT XXXII.371.3)

(δια τουτο [ο][67] αμαρτανων κατα την προρ[ρ]υσιν[68] των σπερματων) εις το σωμα (το εαυτου) αμαρτανει· (All) (COR.CAT XXXI.371.8)

---

[67]The article is absent in the Vatican MS of COR.CAT; it has been supplied by the editor.
[68]The Vatican MS of COR.CAT reads προρυσιν.

6.19

(ειτα φησιν) η ουκ οιδατε οτι τα σωματα υμων ναος του εν υμιν αγιου πνευματος εστιν, ου εχετε απο του θεου; (Cit) (COR.CAT XXXII.371.4)

(επειδηπερ) τα σωματα υμων ναος του εν υμιν αγιου πνευματος εστιν ου εχετε απο του θεου. (Cit) (COR.CAT XVI.246.33)

(εις το αγιον δε πνευμα, οταν) τον ναον του εν ημιν αγιου πνευματος (φθειρῃ τις·) (Ad) (COR.CAT XXXII.372.8)

(καλως ανθυποφοραν υπειδομενος και προφυλαξαμενος ειπεν το) ουκ εστε εαυτων. (Cit) (COR.CAT XXXII.371.2)

6.20

τιμης ηγορασθητε (All) (ROM.CAT XLI.15.1)

τιμης αγορασθεντες. (All) (EPH.CAT XI.406.17)

δοξασατε τον θεον εν τῳ σωματι υμων, (Cit) (COR.CAT XXXII.372.15)

7.1

περι δε ων εγραψατε μοι, καλον ανθρωπῳ γυναικος μη απτεσθαι· (Cit) (COR.CAT XXXIII.500.20)

καλον ανθρωπῳ γυναικος μη απτεσθαι. (Cit) (COR.CAT XXXV.504.33)

καλον ανθρωπῳ γυναικος μη απτεσθαι. (Cit) (COR.CAT XXIX.509.28)

καλον ανθρωπῳ γυναικος μη απτεσθαι, (Cit) (GEN.CAT A CXXXIa.126.1)

7.2

δια δε τας πορνειας εκαστος την εαυτου γυναικα εχετω και
εκαστη τον ιδιον ανδρα εχετω (και τα λοιπα.) (Cit) (COR.CAT
XLIII.513.39)

δια (γουν) τας πορνειας εκαστος την εαυτου γυναικα εχετω και
εκαστη τον ιδιον ανδρα. (Cit) (COR.CAT XXXIII.501.25)

(ου δια την εαυτου πορνειαν ο ισχυρτερος) την εαυτου γυναικα
εχετω, (All) (COR.CAT XXXIII.501.26)

7.3

(διο γεγραπται ινα την αναγκαιαν) αποδω οφειλην. (All)
(COR.CAT XXXIV.502.22)

(διοπερ ειπεν) οφειλην (οφειλεσθαι απο του ανδρος και τω
ανδρι απο της γυναικος.) (All) (COR.CAT XXXIII.501.36)

τῃ γυναικι ο ανηρ την οφειλην αποδιδοτω, ομοιως δε και η γυνη
τῳ ανδρι. (L) (COR.CAT XXXIII.501.34)

7.4

η γυνη του ιδιου σωματος ουκ εξουσιαζει αλλ' ο ανηρ. ομοιως
και ο ανηρ του ιδιου σωματος ουκ εξουσιαζει αλλ' η γυνη. (Cit)
(COR.CAT XXXIII.501.39)

(δουλος γαρ της γυναικος ο ανηρ, μη εχων εξουσιαν) του ιδιου
σωματος, (και του ανδρος η γυνη·) ουκ εχουσιαζει (γαρ του)
ιδιου σωματος αλλ' ο ανηρ. (All) (COR.CAT XXXVIII.508.2)

7.5

μη αποστερειτε αλληλους, ει μη τι αν εκ συμφωνου προς
καιρον ινα σχολασητε τῃ προσευχῃ και παλιν επι το αυτο ητε.
(Cit) (COR.CAT XXXIV.502.25)

μη αποστερειτε αλληλους, ει μητι εκ συμφωνου γενηται προς
καιρον ινα σχολασητε τῃ προσευχῃ. (Cit) (QO.CAT 14.63)

εκ συμφωνου ινα σχολασητε τη προσευχη (μετα πασης ομονοιας.) (All) (COR.CAT XXXVIII.508.6)

(και) σχολαζειν τη προσευχη. (All) (COR.CAT XXXVIII.370.11)

(το γαρ πνευματικον ουκ αν ποτε εμποδισαι[69]) προσευχη· (η δε) επι το αυτο (συνοδος ανδρος και γυναικος κωλυει.) (All) (ROM.CAT III.213.2 & ROM.CAT A VIII.78.10)

και παλιν, (φησιν,) επι το αυτο ητε, ινα μη περιαζη υμας ο Σατανας δια την ακρασιαν υμων. (L) (COR.CAT XXXIV.502.34)

7.6

(ποια ουν ου στερεα τροφη, τα ηθικωτερα και οσα εν τοις ηθικοις ασθενεστερα,) κατα συγγνωμην (λεγομενα) ου κατ' επιταγην, (δια την ασθενειαν των ακουοντων οικονομουμενα.) (All) (COR.CAT XII.241.12)

(δια τον[70]) κατα συγγνωμην (λογον.) (All) (ROM.CAT XXXIII.368.20)

τουτο δε λεγω κατα συγγνωμην, ου κατ' επιταγην. (L) (COR.CAT XXXIV.502.35)

7.7

θελω παντας ανθρωπους ειναι[71] ως και εμαυτον, αλλ' εκαστος ιδιον εχει χαρισμα εκ θεου· ος μεν[72] ουτως, ος δε ουτως. (Cit) (ROM.CAT III.214.4 & ROM.CAT A VIII.78.12)

---

[69] The Vatican MS of the ROM.CAT reads εμποδοισαι, which is followed by Ramsbotham in his edition for *JTS*. However, the additional fragments published by Staab in *BZ* read: εμποδιση.

[70] The Vatican MS of ROM.CAT reads τον...λογον, while the Bodleian MS reads του...λογου. The accusative is to be prefered.

[71] ειναι is omitted by the catena fragments edited by Staab in *BZ*.

[72] The catena fragments edited by Staab add a δε here.

(το) αλλα[73] εκαστος ιδιον εχει χαρισμα εκ θεου· ο μεν ουτως,
ο δε ουτως. (Cit) (EPH.CAT XXXVII.576.17)

(ει) ο μεν ουτως, ο δε ουτως (απο θεου, δηλον[74] οτι εις θεος ο
δεδωκως την αγνειαν και ο δεδωκως τον γαμον,) (All)
(COR.CAT XXXIV.503.51)

(ειπειν μεντοιγε οτι) χαρισμα εκ θεου (εστιν ο γαμος πιστου
προς εθνικην και εθνικου προς πιστην;) (All) (COR.CAT
XXXIV.503.42)

θελω παντας ανθρωπους ειναι ως και εμαυτον. αλλ' εκαστος
ιδιον εχει χαρισμα εκ θεου, ος μεν ουτως, ος δε ουτως. (Cit)
(COR.CAT XXXIV.502.38)

7.8

λεγω δε ταις χηραις και τοις αγαμοις, καλον αυτοις εαν
μεινωσιν ως καγω. (Cit) (COR.CAT XXXV.504.31)

καλον αυτοις εαν μεινωσιν ως καγω· (Cit) (COR.CAT
XXXV.504.31)

(δευτερον δε) καλον αυτοις εαν μεινωσιν ως καγω· (Cit)
(COR.CAT XXXIX.509.29)

(ο γαρ λεγων) τοις αγαμοις και ταις χηραις, (ει ουκ
εγκρατευονται γαμησατωσαν,) (All) (COR.CAT XXXV.503.6)

7.9

ει δε ουκ εγκρατευονται, γαμησατωσαν· κρειττον γαρ εστι
γαμησαι η πυρουσθαι. (Cit) (COR.CAT XXXV.504.34)

(ειπεν γαρ) ει ουκ εγκρατευονται, γαμησατωσαν· (Cit)
(COR.CAT XXXV.503.9)

---

[73]Greggs edition in the *JTS* reads αδλα, which appears to be an error for αλλα--ΑΛΛΑ being confused for ΑΔΛΑ.

[74]The Vatican MS of the COR.CAT actually reads δηλονοτι, but Jenkins has corrected this to δηλον.

(ο γαρ λεγων τοις αγαμοις και ταις χηραις,) ει ουκ εγκρατευονται γαμησατωσαν, (All) (COR.CAT XXXV.503.6)

(οιδα γαρ οτι) ει (τις) ουκ εγκρατευεται, (γαμειν οφειλει·) κρειττον γαρ εστι γαμειν η πυρουσθαι. (Ad) (COR.CAT XXIX.370.9)

(ορα γαρ ει μη ηδη κατηγορια εστι το μη εγκρατευεσθαι, οιον εστι λεγεσθαι ανθρωποις χριστιανοις) καλλιον γαμησαι η πυρουσθαι, (Ad) (COR.CAT XXXV.503.10)

κρειττον (ουν) το γαμσαι (δευτερον γαμον, ου γαρ τον πρωτον λεγει ενθαδε ως δηλον εστιν εκ της λεξεως της) πυρουσθαι. (All) (COR.CAT XXXV.504.37)

(οτε επιτρεπει) τους πυρουμενος γαμειν, (All) (COR.CAT XLIII.513.38)

7.10

τοις δε γεγαμηκοσι παραγγελλω, ουκ εγω αλλ' ο κυριος· (Cit) (COR.CAT XXXV.504.40)

παραγγελλω (ουν), ουκ εγω αλλ' ο κυριος, γυναικα απο ανδρος μη χαριζεσθαι. (Cit) (COR.CAT XXXV.505.50)

7.11

εαν δε και χωρισθη· (Cit) (COR.CAT XXXV.505.52)

εαν (ουν) και χωρισθη (και γενοιτο τι ον[75] χωρισμου,) μενετω αγαμος η τῳ ανδρι καταλλαγητω. (ομοιως δε και) ανδρα (θελω τοιουτον ειναι, ινα) μη αφιῃ γυναικα. (Ad) (COR.CAT XXXV.505.54)

---

[75]Jenkins suggests emending γενοιτο τι ον to γενηται τι αιτιον.

7.12

τοις δε λοιποις λεγω εγω, ουχ ο κυριος. (Cit) (COR.CAT XXXV.504.45)

τοις δε λοιποις λεγω εγω, ουχ ο κυριος. (Cit) (COR.CAT XXXV.505.57)

7.14

(δια τι γαρ φησιν) ηγιασται η απιστος (η) ο απιστος (το[76]) λαμβανειν τι απο του πιστου η απο της πιστης,) (All) (COR.CAT XXXVI.505.5)

(το ουν ευφημοτερον ειπων ο αποστολος, το) αγιαζεται γαρ, (αφηκεν ημιν το αλλο νοειν.) (All) (COR.CAT XXXVI.506.20)

7.15

ου δεδουλωται ο αδελφος η η αδελφη εν τοις τοιουτοις, (Cit) (COR.CAT XXXVII.506.11)

7.18

περιτετμημενος τις εκληθη; μη επισπασθω. (Cit) (PRINC XXVIII.328.5)

περιτετμημενος τις εκληθη; μη επισπασθω. (ωσει ελεγεν) μη επισπασθω (γυναικα·) (Cit) (COR.CAT XXXVII.507.24)

(και βουλομενοις[77] ακροβυστιαν περισπασθαι, χρησθαι ρητω τω λεγοντι) περιτετμημενος τις εκληθη; μη επισπασθω. (Cit) (COR.CAT XXXVII.507.20)

εν ακροβυστιω εκληθη τις; μη περιτεμνεσθω· (Cit) (COR.CAT XXXVII.507.26)

---

[76]Jenkins suggests emending το to τω.
[77]βουλομενοις is emended by Jenkins to βουλομενους.

μηδεμιας ζητησεως γενομενης περι του μη δειν τους εκ περιτομης πιστευοντας) επισπασθαι (και παλιν τους εν ακροβυσια) περιτεμνεσθαι, (και το περι του δουλος εκληθης;) (All) (COR.CAT XXXVII.506.2)

7.19

η περιτομη ουδεν εστι, και η ακροβυστια ουδεν εστιν. (Cit) (COR.CAT XXXVII.507.28)

η περιτομη (ουν) ουδεν εστι, και η ακροβυστια ουδεν εστι, (και κατα το ρητον και κατα τα προκειμενα. αλλα τι εστι το σωζον;) τηρησις εντολων θεου. (Ad) (COR.CAT XXXVII.507.45)

7.20

εκαστος ουν εν τη κλησει η εκληθη, εν ταυτη μενετω. (Cit) (COR.CAT XXXVII.507.51)

εκαστος εν τη κλησει η εκληθη (All) (COR.CAT XXXVIII.508.20)

7.21

δουλος (ουν) εκληθης; μη σοι μελετω· αλλ᾽ ει και δυνασαι ελευθερος γενεσθαι, μαλλον χρησαι· (Cit) (COR.CAT XXXVIII.508.4)

(και το περι του) δουλος εκληθης; μη σοι μελετω, (και τα εξης.) (Cit) (COR.CAT XXXVII.506.4)

(οιον) εκληθης δουλος; (All) (COR.CAT XXXVIII.508.8)

(τουτ᾽ εστιν, ει μη παρανομεις κατα τον λογον,) δυνασαι ελευερος (ειναι·) (All) (COR.CAT XXXVIII.508.5)

7.22

ο γαρ εν κυριω κληθεις δουλος απελευθερος κυριου εστιν· (Cit) (COR.CAT XXXVIII.508.8)

(οταν δε) εν κυριω (η) δουλος, (τοτε λεγομεν οτι) απελευθερος κυριου (εστιν. ο δε) ελευθερος κληθεις δουλος εστιν (ου γυναικος, αλλα του λογου του θεου.) (All) (COR.CAT XXXVIII.508.12)

7.23

τιμης ηγορασθητε· μη γινεσθε δουλοι ανθρωπων. (Cit) (COR.CAT XXXVIII.508.15)

μη γινεσθε δουλοι ανθρωπων. (Cit) (COR.CAT XXXVIII.508.18)

(γινομεθα δε εγγυς καθαρθεντες τω αιματι του Χριστου και ταυτης της) τιμης αγορασθεντες. (All) (EPH.CAT XI.406.17)

7.24

(και) εκαστος εν ω εκληθη εν τουτω μενετω. (All) (COR.CAT XIX.357.21)

7.25

περι δε των παρθενων επιταγην κυριου ουκ εγω, γνωμην δε διδωμι ως ηλεημενος υπο κυριου πιστος ειναι. (Cit) (COR.CAT XXXIX.509.17)

περι δε των παρθενων επιταγμα κυριου ουκ εγω. (Cit) (PS.CAT 108a.3)

γνωμην (ουν, φησιν ο αποστολος,) διδωμι, (και ινα παραστηση οτι κυριος εν αυτω λεγει ειπεν) ως ηλεημενος υπο κυριου πιστος ειναι. (Ad) (COR.CAT XXXIX.509.21)

7.26

(τριτον) νομιζω ουν τουτο καλον υπαρχειν δια την ενεστωσαν αναγκην· (τεταρτον) καλον ανθρωπῳ το ουτως ειναι. (Cit) (COR.CAT XXXIX.509.29)

νομιζω ουν τουτο καλον υπαρχειν δια την ενεστωσαν αναγκην, οτι καλον ανθρωπῳ το ουτως ειναι. (L) (COR.CAT XXXIX.509.24)

7.27

(και το) δεδεσθαι γυναικι μη ζητει λυειν, (Ad) (COR.CAT XXXIX.509.40)

(και το) λελυται τις, μη ζητειν γυναικα. (Ad) (COR.CAT XXXIX.509.43)

δεδεσαι μετα γυναικος· (All) (COR.CAT XXXIII.500.7)

(συζυγιαν φθασασαν) δεδεσθαι μη λυθηναι. (All) (COR.CAT XXXV.505.51)

δεδεσαι γυναικι; μη ζητει λυσιν. λελυσαι απο γυναικος· μη ζητει γυναικα. (L) (COR.CAT XXXIX.509.33)

7.28

(ουκ ειπεν) εαν γαμησῃς, (καλον· αλλ') εαν γημῃς, ουχ ημαρτες· (Ad) (COR.CAT XXXIX.510.45)

και εαν γηνῃ η παρθεντες, ουχ ημαρτεν· (ουκ ειπεν παλιν καλον, αλλ') ουχ ημαρτεν. (Ad) (COR.CAT XXXIX.510.46)

εαν δε και γημῃς, (φησιν,) ουχ ημαρτες. (L) (COR.CAT XXXIX.510.45)

θλιψιν δε τῃ σαρκι εξουσιν οι τοιουτοι. (L) (COR.CAT XXXIX.510.48)

7.29

(οτι ειχον) ως οι μη εχοντες· (Cit) (LVC.CAT CLXV.294.13)

(ταχα δε και μεσονυκτιον[78] ο) συνεσταλμενος (ουτος εστι) καιρος (του βιου,) (All) (LVC.CAT CLXXXII.302.3)

7.31

ως χρωμενοι τ(ον) κοσμ(ον) τουτον· (η [δε] εξηγησις ειχεν.) ουτ(ος) χρωμενος τῳ κοσμ(ῳ) ου καταχρηται· (All) (STROM IC 7.31)

7.32 (Cf.34)

(και καθο) αγαμος (ως μη δουλος ων της γυναικος αλλ' ελευθερος, εν τουτῳ δουλος εστι Χριστου ως μη) μεριζομενος (τῃ κακεισε αλλα μονα) μεριμνων τα του κυριου, (All) (ROM.CAT A I.75.8)

7.34

ως χρωμενοι τ(ον) κοσμ(ον) τουτον· (η [δε] εξηγησις ειχεν.) ουτ(ος) χρωμενος τῳ κοσμ(ῳ) ου καταχρηται· (All) (STROM IC 7.31) (Cf.32)

και η γυνη η αγαμ(ος)· και η παρθεν(ος) η αγαμ(ος)· (Cit) (STROM IC 7.34)

και η παρθεν(ος) η αγαμ(ος) (ειρηται) μεριμνᾳ τα του κυριου (Cit) (STROM IC 7.34)

(και βουλομενη καθαρα ειναι) και τῳ σωματι και τῳ πνευματι (παρθενευει.) (All) (COR.CAT XXVIII.370.12)

---

[78]One group of catena MS replace ταχα δε και μεσονυκτιον with μεσονυκτιον δε.

7.39

γυνη γαρ δεδεται εφ' οσον χρονον ζη ο ανηρ. εαν δε αποθανη ο ανηρ, ελευθερα εστιν ω θελει γαμηθηναι, μονον εν κυριω. (Cit) (COR.CAT XXXVI.506.14)

εαν γαρ, (φησιν,) ο ανηρ αποθανη, ελευθερα εστιν ω θελει γαμηθηναι, μονον εν κυριω. (Cit) (COR.CAT XXVII.370.14)

(ουκ ακουομεν του) μονον εν κυριω, (αλλα το) ελευθερα εστιν ω θελει γαμηθηναι (αναγινωσκομεν, ουκετι δε συνεταξαμεν το) μονον εν κυριω. (καιτοι γε κακει[79] οτε ειπεν) μονον εν κυριω, (Ad) (COR.CAT XXXVI.506.16)

7.40

μακαριωτερα εστιν εαν ουτως μεινη, κατα την εμην γνωμην, (Cit) (COR.CAT XXVIII.370.15)

δοκω δε καγω πνευμα θεου εχειν. (Cit) (COR.CAT XX.360.15)

μακαριωτερα δε εστιν εαν ουτως μεινη, κατα την εμην γνωμην. (Cit) (COR.CAT XXXVI.506.18)

8.2

ει τις δοκει εγνωκεναι τι, ουπω εγνω καθως δει γνωναι· (Cit) (COR.CAT XLIX.32.4)

8.5

(και το) ωσπερ εισι θεοι πολλοι [ουτως] και κυριοι πολλοι. (Cit) (MAT.CAT A CDLXVI.192.5)

---

[79]In the Vatican MS much of this adaptation, του μονον--καιτοι γε κακει, is missing due to a hole in the MS. It has been supplied (by a later hand?) in a superscription.

8.6

(το) εις κυριος Ιησους Χριστος (Cit) (MAT.CAT A CCCLXXXVII.165.5)[80]

9.4

μη ουκ εχομεν γαρ, (φησιν ο αποστολος,) εξουσιαν φαγειν και πιειν; (Cit) (COR.CAT XXVIII.369.3)

9.5

μη ουκ εχομεν εξουσιαν αδελφην γυναικα περιαγειν ως και οι λοιποι αποστολοι και οι αδελφοι του κυριου και Κηφας; (Cit) (COR.CAT XXVIII.369.4)

μη ουκ εχομεν εξουσιαν αδελφην γυναικα περιαγειν ως και οι λοιποι αποστολοι και οι αδελφοι του κυριου και Κηφας; (Cit) (COR.CAT XXXIII.501.43)

9.6

η μονος εγω και βαρναβας ουκ εχομεν εξουσιαν μη εργαζεσθαι; (Cit) (COR.CAT XXVIII.369.5)

9.7

τις στρατευεται ιδιοις οψωνιοις ποτε; (Cit) (COR.CAT XL.510.2)

τις φυτευει αμπελωνα και εκ του καρπου αυτου ουκ εσθιει; (Cit) (COR.CAT XL.510.3)

τις ποιμαινει ποιμνην και εκ του γαλακτος της ποιμνης ουκ εσθιει; (Cit) (COR.CAT XL.510.4)

---

[80] This citation is part of a phrase which is omitted by one of the MSS of the catena commentary compiled by Peter of Laodicea.

9.9

εν γαρ τω νομω γεγραπται· ου φιμωσεις βουν αλοωντα. μη των βοων μελλει τω θεω; (Cit) (PS.CAT 2a.9)

του νομου λεγοντος ου φιμωσεις βουν αλοωντα (και τα εξης.) (Cit) (COR.CAT XL.511.31)

γεγραπται γαρ (φησιν) ου φιμωσεις βουν αλοωντα. (επειτα διηγουμενος τουτον τον νομον επιφερει·) μη των βοων μελλει τω θεω; (Cit) (PRINC XXVIII.315.7)

9.10

η δι' ημας παντως λεγει; δι' ημας γαρ εγραφη, οτι οφειλει επ' ελπιδι ο αροτριων αροτριαν και ο αλοων επ' ελπιδι του μετεχειν. (Cit) (PRINC XXVIII.315.10)

οτι οφειλει επ' ελπιδι ο αροτριων αροτριαν και ο αλοων επ' ελπιδι μετεχειν. (Cit) (COR.CAT XLI.511.4)

(αλλ') επ' ελπιδι (τουτο ποιω,...) (All) (COR.CAT XLI.512.15)

η δι' ημας παντως γραφει; δι' ημας γαρ εγραφη, (Cit) (PS.CAT 2a.9)

9.11

ει ημεις υμιν τα πνευματικα εσπειραμεν, μεγα; (και τα εξης.) (Cit) (COR.CAT XLI.512.17)

9.12

αλλ' ουκ εχρησαμεθα τη εξουσια ταυτη. (Cit) (COR.CAT XXXVII.370.6)

αλλ' ουκ εχρησαμεθα τη εξουσια ταυτη. (Cit) (COR.CAT XXXII.501.42)

(...κρειττον δε ποιει) [ου]⁸¹ χρησαμενος τη εξουσια. (All) (COR.CAT XXXVII.370.9)

ου κεχρηται τη εξουσια. (All) (COR.CAT XXVIII.370.16)

(ευλαβουμενος) εκκοπην τινα τω ευαγγελιω του Χριστου, (All) (COR.CAT XL.511.26)

9.16

αναγκη μοι (λεγ[ουσιν]⁸²) επικειται· (Cit) (COR.CAT XXVI.366.30)

(διδασκομεθα οτι οσα εξ) αναγκης (ποιουμεν, ταυτα ουκ εχει) καυχημα· (οσα προαιρεσει ποιουμεν, ουκ) επικειμενης αναγκης, (ταυτα εχει) καυχημα. (All) (COR.CAT XLII.512.2)

(οπου δε το) ουαι (παρακειται) εαν μη (ποιω, ουκ εχω) καυχημα. (All) (COR.CAT XLII.512.5)

ουαι μοι γαρ εστιν εαν μη ευαγγελιζωμαι. (Cit) (MAT.CAT A 156.12)

ουαι μοι γαρ εστιν εαν μη ευαγγελιζωμαι; (Cit) (ROM.CAT I.212.94)

9.17

ει μεν εκων τουτο πρασσω, μισθον εχω· ει δε ακων, οικονομιαν πεπιστευμαι. (Cit) (COR.CAT XLII.512.6)

9.18

(...και λεγει ου παντως εαν τινος εξουσιαν εχωμεν, οφειλομεν) καταχρασθαι τη εξουσια. (All) (COR.CAT XL.511.26)

---

⁸¹ου is supplied by the editor of COR.CAT. It is not present in the MS.
⁸²The editor has corrected this reading λεγουσιν. The MS reads λεγοντες.

(σκοπων το της οικοδομης των ανθρωπων) ου καταχρωμαι τη εξουσια, (All) (COR.CAT XL.511.26)

9.19

ελευθερος γαρ ων εκ παντων πασιν εμαυτον εδουλωσα ινα παντας κερδησω. (Cit) (EPH.CAT XXIX.566.26)

ελευθερος ων εκ παντων (Cit) (COR.CAT XLIII.513.5)

(το) εκ παντων (ειναι) ελευθερον (αποστολου εστι τελειου.) (All) (COR.CAT XLIII.512.2)

ελευθερος γαρ ων (απο Ιουδαισμου,) εδουλωσα εμαυτον (Ιουδαιοις,) ινα (Ιουδαιους) κερδησω· ελευθερος ων (απο του ειναι υπο νομον εμαυτον εποιησα ως υπο νομον, ινα τους υπο νομον κερδησω.) (Ad) (COR.CAT XLIII.513.7)

(και πασιν εαυτον ποιει δουλον) ελευθερος ων εκ παντων (All) (ROM.CAT A I.75.4)

9.20

εγενομην τοις Ιουδαιοις ως Ιουδαιος, ινα Ιουδαιους κερδησω. (Cit) (COR.CAT XLIII.513.7)

εγενομην τοις Ιουδαιοις ως Ιουδαιος· (Cit) (COR.CAT XLIII.513.25)

γεγονα τοις Ιουδαιοις ως Ιουδαιος, ινα Ιουδαιους κερδησω. (Cit) (EX.CAT VIII.228.28)

(εγενετο γαρ) τοις Ιουδαιοις ως Ιουδαιος, ινα Ιουδαιους (κερδηση,) (Ad) (ROM.CAT X.217.21)

(και γινεται) τοις Ιουδαιοις ως Ιουδαιος, ινα τους Ιουδαιους (κερδηση,) (All) (ROM.CAT A I.75.4)

(ελευθερος γαρ ων απο Ιουδαισμου, εδουλωσα εμαυτον) Ιουδαιοις, ινα Ιουδαιους κερδησω· (ελευθερος ων απο του ειναι) υπο νομον (εμαυτον εποιησα) ως υπο νομον, ινα τους υπο νομον κερδησω. (Ad) (COR.CAT XLIII.513.7) (και παλιν) τοις υπο νομον ως υπο νομον, μη ων αυτος υπο νομον· (αναγκαιως ενθαδε εθηκεν το) μη ων υπο νομον. (All) (COR.CAT XLIII.513.27)

(φαμεν ουν οτι οι) υπο τον νομον (ετεροι Ιουδαιων εισιν, ως Σαμαρεις.) (All) (COR.CAT XLIII.513.14)

(και παρατηρητεον γε οτι) ιουδαιοις (μ[εν] και ασθενεσιν.) ιουδαιο[ς] (και ασθενης γινετ[αι]·) τοις δε υπο νομον· υπο νομον ου γινεται· αλλ' ως υπο νομον (και τοις ανομοις ανομος ου γινε[ται]. αλλ' ως ανομ[ος]· δια τουτο δε) ιουδαιοις ιουδαιος γινε[ται] (και ουχ) ως ιουδαι[ος] (επει ου φη[σιν] επι του) και εγενομην τοις ιουδαιοις ιουδαι[ος]· μη ων αυτ[ος] ιουδαι[ος]. (αλλα και επι των ασθενων. ου λεγει μη ων αυτ[ος] ασθενης.) (All) (STROM IC 9.20)[83]

9.21

τοις δε ανομοις ως ανομος, μη ων ανομος θεω. (Cit) (COR.CAT XLIII.513.30)

(εκει) τοις ανομοις (γεγονεν) ως ανομος, ινα τους ανομους (κερδηση). (Ad) (COR.CAT XLIII.513.18)

τοις ανομοις ως ανομος· (Cit) (COR.CAT XLIII.513.15)

τοις (ουν) ανομοις ως ανομος, μη ων ανομος θεω· (Cit) (COR.CAT XLIII.513.22)

(ως οταν φασκη εαυτον) μη ανομον ειναι θεου αλλ' εννομον Χριστου. (Ad) (ROM.CAT X.217.13)[84]

---

[83]This allusion, with all references to Origen's lost Stromata, come from scholia in the margins of codex 1739. The copyist of this MS used abbreviations for often used words, thus those letters in brackets above represent restorations of the abbreviated words. This disscussion argues strongly that ως did not precede Ιουδαιος, but rather was omitted in Origen's text. However this contradicts all the evidence of Origen's other writings which have survived in catena form, and those that have survived in complete form are divided on this variant. Could it be that the copyist is incorrect in attributing this passage to Origen? If it could be demonstrated that this passage was authentic it would tip the balance in favor of the omission of ως in Origen's text.

[84]This adaptation is omitted in the Bodleian MS of the ROM.CAT due to homoeoteleuton.

(...και) ανομον τω θεω· (All) (COR.CAT XLIII.513.30)

αλλ' (ετηρουν εμαυτον) εννομον Χριστου, ινα κερδησω τους ανομους (Ad) (COR.CAT XLIII.513.23)

(φημι δε οτι ει και μη τηρω τον νομον κατα το ρητον ουκ ειμι) ανομος του θεου αλλ' εννομος (ειμι του) Χριστου (τηρων την πολιτειαν την κατα το ευαγγελιον,) ινα κερδησω τους ανομους. (Ad) (COR.CAT XLIII.513.31)

(και παρατηρητεον γε οτι ιουδαιοις μ[εν] και ασθενεσιν. ιουδαιο[ς] και ασθενης γινετ[αι]·) τοις δε υπο νομον· υπο νομον (ου γινεται·) αλλ' ως υπο νομον και τοις ανομοις ανομος (ου γινε[ται].) αλλ' ως ανομ[ος]· (δια τουτο δε ιουδαιοις ιουδαιος γινε[ται] και ουχ ως ιουδαι[ος] επει ου φη[σιν] επι του και εγενομην τοις ιουδαιοις ιουδαι[ος]· μη ων αυτ[ος] ιουδαι[ος]. αλλα και επι) των ασθενων. (ου λεγει) μη ων αυτ[ος] ασθενης.) (All) (STROM IC 9.20)

9.22

εγενομην τοις ασθενεσιν ως ασθενης, ινα τους ασθενεις κερδησω. (Cit) (COR.CAT LXXXIX.50.15)

εγενομην τοις ασθενεσιν ως[85] ασθενης· (Cit) (COR.CAT XLIII.513.34)

(εν τουτοις εγενετο) τοις ασθενεσιν ασθενης, ινα τους ασθενεις (κερδηση.) (Ad) (COR.CAT XLIII.514.40)

(πως δε) τοις ασθενεσιν ασθενης; (All) (COR.CAT XLIII.513.37)

τοις πασι γεγονα τα παντα ινα παντας η τινας σωσω. (Cit) (COR.CAT XLIII.514.42)

(και παρατηρητεον γε οτι ιουδαιοις μ[εν] και) ασθενεσιν. (ιουδαιο[ς] και) ασθενης (γινετ[αι]· τοις δε υπο νομον· υπο νομον ου γινεται· αλλ' ως υπο νομον και τοις ανομοις ανομος

---

[85]The discussion shows that the ως should be omitted.

ου γινε[ται]. αλλ' ως ανομ[ος]· δια τουτο δε ιουδαιοις
ιουδαιος γινε[ται] και ουχ ως ιουδαι[ος] επει ου φη[σιν] επι του
και εγενομην τοις ιουδαιοις ιουδαι[ος]· μη ων αυτ[ος]
ιουδαι[ος]. αλλα και επι) των ασθενων. (ου λεγει) μη ων
αυτ[ος] ασθενης. (All) (STROM IC 9.20)

9.23

(ουτε) παντα ποιω δια το ευαγγελιον, (Cit) (COR.CAT
XLIII.514.54)

(ει δε ο) παντα ποιω δια το ευαγγελιον (κοινωνος εστι του
ευαγγελιου,) (Cit) (COR.CAT XLIII.514.51)

...παντα ποιω δια το ευαγγελιον. (Cit) (COR.CAT
XLIII.514.49)

9.24

παντες (ουν οι σωζομενοι,) εις εστιν ο λαμβανων το βραβειον.
εν τω σταδιω (ουν) παντες τρεχουσιν, (οσοι προς δογμα
πολιτευονται·) (All) (COR.CAT XLIV.514.5)

(και ουτοι εισι παντες οι) εν τω σταδιω τρεχοντες· (All)
(COR.CAT XLIV.514.11)

(αλλ') εις λαμβανων το βραβειον (ο εις ανθρωπος,) (All)
(COR.CAT XLIV.514.10)

(αρ' ουν) παντες (ημεις τρεχομεν και) εις λαμβανων το
βραβειον, (και οι λοιποι απολλυμεθα; (All) (COR.CAT
XLIV.514.2)

9.27

(πως αν ευλογως εφασκε το) υποπιαζω μου το σωμα και
δουλαγωγω, μηπως αλλοις κηρυξας αυτος αδοκιμος γενωμαι
(Cit) (ROM.CAT I.212.92)

υποπιαζω μου την σαρκα και δουλαγωγω αυτην εν αυτω, μη
πως αλλοις κηρυξας αυτος αδοκιμος γενωμαι. (Cit)
(GEN.CAT D 8.34)

10.4

επινον γαρ εκ πνευματικης ακολουθουσης πετρας, η δε πετρα ην ο Χριστος. (Cit) (PRINC IV.316.8)

η δε πετρα ην ο Χριστος· (Cit) (MAT.CAT CLII.76.7)

η δε πετρα ην ο Χριστος, (Cit) (PR.CAT V.390.7)

(επει δε και) πετρα ο Χριστος, (All) (MAT.CAT A 287.8)

(πετρον δε αυτον κληθησεσθαι ειπεν, παρονομασθεντα απο της) πετρας, ητις εστιν ο Χριστος· (All) (IO.CAT XXII.502.15)

(και μη μονον πινοντων εκ της) πετρας, ητις εστιν ο Χριστος,... (All) (PR.CAT IX.393.15)

(ουτως πετρας παρωνυμος τη πνευματικη πετρα αφ' ης) επακολουθουσης επινεν ολος ο λαος· (All) (MAT.CAT CCCXLV.149.3)

10.5

(ου γαρ) εν τοις πλειοσιν αυτων ευδοκησεν ο θεος· κατεστρωθησαν γαρ εν τη ερημω. (Cit) (COR.CAT XLV.29.5)

(και γαρ επει πλειοντες ησαν οι αμαρτωλοι ολιγωτεροι δε οι δικαιοι, παρα τουτο [ουκ][86]) ευδοκησεν ο θεος [εν][87] τοις πλειοσιν (αμαρτωλοις παρα τους ολιγους δικαιους.) (All) (COR.CAT XLV.29.6)

---

[86]ουκ is omitted by the Vatican MS of the COR.CAT, its presence is conjectured by editor Jenkins.
[87]The Vatican MS of COR.CAT reads παρα τοις πλειοσιν; εν τοις πλειοσιν is the result of a conjecture on the part of Jenkins.

10.6

ταυτα δε (φησιν) τυποι ημων (γεγονασιν,) εις το μη ειναι ημας επιθυμητας κακων, καθως κακεινοι επεθυμησαν. (Cit) (COR.CAT XLVI.29.2)

10.9

(...και δ[ια] τουτο) υπο των οφεων απωλλυντο· (Cit) (STROM IC 10.9)

10.10

(εαν απλουστερον αναγινωσκωμεν, λεγομεν) μηδε γογγυζωμεν, καθαπερ τινες αυτων εγογγυσαν, και απωλοντο υπο (των οφεων). (Ad) (COR.CAT XII.242.21)

10.11

(οτι) ταυτα τυπικως συνεβαινεν[88] εκεινοις, εγραφη δε δι' ημας, εις ους τα τελη των αιωνων κατηντησε. (Cit) (PRINC XXVIII.316.6)

(οτι και) ταυτα τυπικως συνεβαινεν εκεινοις, εγραφη δε δι' ημας, (Cit) (LVC.CAT CXXV.278.4)

ταυτα (γαρ) τυπικως συνεβαινεν εκεινοις, εγραφη δε δι' ημας, εις ους τα τελη των αιωνων κατηντηκεν. (Cit) (COR.CAT XXXV.504.29)

(ει κακεινη) τυπικως συνεβαινε.[89] (All) (PRINC XXVIII.318.1)

10.13

πιστος δε ο θεος, ος ουκ εασει ημας πειρασθηναι υπερ ο δυναμεθα, αλλα ποιησει συν τω πειρασμω και την εκβασιν του δυνασθαι υπενεγκειν, (Cit) (? PS.CAT 8b.3)

---

[88]One MS of PRINC reads συνεβαινον.
[89]Some MSS and editions add the final ν here.

(...η κατα ανθρωπον) πειρασμων, (το δε τις ημας χωρισει εξευτελιζων τους) ανθρωπινους (επι των ελαττονων γυμνασιων της ανθρωπινης ψυχης.)[90] (All) (ROM.CAT LII.20.2)

ταυτ' αν ποιησαι ουχ ως αιμα και σαρξ η) ανθρωπινος πειρασμος...(All) (EPH.CAT XXXIII.571.40)

(νομιζω προς αιμα και σαρκα ειναι [παλην][91] τους λεγομενους παρ' αυτω) ανθρωπινους πειρασμους, (All) (EPH.CAT XXXIII.571.31)

10.17

οτι εις αρτος και εν σωμα οι πολλοι εσμεν· (Cit) (OS.COM 340.10)

οι γαρ παντες εν σωμα εσμεν. (All) (IER.CAT XXVIII.212.24)

οι γαρ παντες εν σωμα εσμεν και εις αρτος και του ενος μετεχομεν πνευματος. (All) (IER.CAT XXVIII.213.3)

(παντες οι σωζομενοι εν εισιν και) εν σωμα· οι γαρ παντες εις αρτος εσμεν (και) του (αυτου) αρτου μετεχομεν, (All) (COR.CAT XLIII.514.4)

10.18

βλεπετε τον Ισραηλ κατα σαρκα, (Cit) (PRINC XXIX.332.8)

(και μη καυχησηται ο) κατα σαρκα Ισραηλ, (καλουμενος υπο του αποστολου σαρξ, ενωπιον του θεου. (All) (PRINC XXVIII.299.2)

---

[90]This allusion is part of a passage which is omitted by the Munich MS of the ROM.CAT.

[91]παλην is not present in the MS of EPH.CAT, but is supplied by Gregg on the basis of a similar passage in Jerome--since Jerome is known to have used Origen's commentary when writing his own.

10.31

(ενταυθα και προς) τον κατα σαρκα Ισραηλ (αρμοζει·)[92] (All) (LVC.CAT XLV.245.1)

ειτε γαρ εσθιει, ειτε πινει, ειτε παν οτιουν πραττει (κατα το λεγομενον παρα τῳ θεῳ αποστολῳ,) παντα εις δοξαν θεου... (All) (PS.CAT C VI.159.8)

10.33

καθως καγω παντα πασιν αρεσκω, μη ζητων το εμαυτου συμφερον αλλα το των πολλων ινα σωθωσιν, (Cit) (COR.CAT LI.35.24)

11.1

μιμηται μου γινεσθε, καθως καγω Χριστου. (Cit) (LAM.CAT CXVI.277.17)

μιμηται μου γινεσθε, καθως καγω Χριστου. (Cit) (EPH.CAT XIX.419.51)

μιμηται μου γινεσθε, καθως καγω Χριστου. (Cit) (COR.CAT XVIII.355.45)

11.3

(και επειδη) παντος ανδρος κεφαλη ο Χριστος, (All) (ROM.CAT LIII.22.6)

κεφαλη δε Χριστου ο θεος. (Cit) (LVC.CAT CXIII.273.2)

11.12

η γυνη, (φησιν,) εκ του ανδρος ο δε ανηρ δια της γυναικος· (Cit) ((ROM.COM 170.14 & ROM.CAT XIX.223.3)

---

[92]This catena appears in very divergent forms; however the only other form which effects the allusion, found in a group of three MSS, reads: το δε· αντελαβετο Ισραηλ παιδος αυτου...

11.20

(αναγκαι[ως]⁹³ πρωτον τους επαινους ποιειται των καλως) συνερχομενων επι το αυτο. (All) (COR.CAT II.232.8)

11.25

(ορα οιον αληθινον πασχα) μετα το δειπνησαι (διατιθεται.) (All) (MAT.CAT DXXVI.215.7)

11.34

(ινα αληθως εις σωτηριαν λαβῃ) τους αρτους και μη εις κριμα; (All) (COR.CAT XXXIV.502.15)

12.3

οτι ουδεις εν πνευματι θεου λαλων λεγει αναθεμα Ιησουν, (Cit) (COR.CAT XLVII.30.28)

(διδασκει οτι επει) αναθεμα λεγει τον Ιησουν (πας Ιουδιαος) ουδεις (δε) εν πνευματι θεου λαλων λεγει αναθεμα Ιησουν, (ουκ εχει) πνευμα θεου (ο λεγων τον νομον και τους προφητας ειδεναι) αναθεματιζων (δε) τον Ιησουν. (All) (COR.CAT XLVII.30.27)

(ει δε μηδεις) δυναται ειπειν κυριον Ιησουν, ει μη εν πνευματι αγιω, (Cit) (MAT.CAT A 236.30)

(...και) λεγουσι κυριος Ιησους. (All) (MAT.COM A CXLIX.74.7)

ουδεις δυναται ειπειν (κυριε κυριε) ει μη εν πνευματι αγιω. (Ad) (MAT.COM A CL.75.1)

(τινες δυνανται ειναι αμφιβολοι τοις μη ακριβως ειδοσι τα πραγματα ποτερον) πνευματι θεου (λαλουσιν η μη,) αναθεματιζοντες τον Ιησουν. (All) (COR.CAT XLVII.30.22)

12.4-6

(ει μεντοιγε ο θεος διδωσι) διαιρεσεις χαρισματων, (αλλα τηρει) το αυτο πνευμα· (και ει χαριζεται) διαιρεσεις διακονιων, (αλλα φυλαττει) τον αυτον κυριον· (και ει δωρειται) διαιρεσεις ενεργηματων, (αλλ') ο αυτος (μενει) θεος ο ενεργων τα παντα εν πασιν. (Ad) (EPH.CAT XVI.412.5)

---

⁹³The Vatican MS reads αναγκαιον, Jenkins has corrected it to αναγκαιως.

12.8

ῳ μεν γαρ δια του πνευματος διδοται λογος σοφιας (και τα εξης.) (Cit) (ROM.CAT XI.218.12)

(ο δεχομενος) λογον σοφιας... (All) (MAT.COM A CCXVIII.104.4)

πλουτουντας λογῳ σοφια[ς][94], (All) (COR.CAT II.233.16)

(δια του) λογος της σοφιας. (All) (EPH.CAT XVIII.417.28)

ῳ μεν γαρ δια του πνευματος διδοται λογος γνωσεως[95], (Ad) (LVC.CAT CLXII.292.19)

(ως) λογος γνωσεως (τοις διδασκαλοις.) (All) (MAT.COM A DV.207.3)

12.9

ετερῳ διδοται πιστις, (φησιν,) εν τῳ αυτῳ πνευματι. (Cit) (IO.CAT XI.493.27)

ετερῳ δε πιστις εν τῳ αυτῳ πνευματι. (Cit) (LVC.CAT CLXII.292.20)[96]

(φησι γαρ ο Παυλος μεθ' ετερα·) αλλῳ πιστις εν τῳ αυτῳ πνευματι. (Cit) (ROM.CAT XXV.359.19)

(τουτο γαρ ου μακραν εστι του ενεργηματος των δυναμεων και) χαρισματος ιαματων...(All) (COR.CAT XLVIII.31.14)

(αλλα και οι αποστολοι) χαρισματα ιαματων (και ενεργηματα δυναμεων...(All) (PS.COM1 235.17)

12.10

(τουτο γαρ ου μακραν εστι) του ενεργηματος των δυναμεων (και χαρισματος ιαματων) (All) (COR.CAT XLVIII.31.14)

---

[94]The Vatican MS of the COR.CAT reads λογῳ· σοφια· λογῳ σοφιας represents the editor's emendation.

[95]The section of the catena in which this adaptation occurs is missing in some MSS.

[96]The section of the catena in which this adaptation occurs is missing in some MSS.

(αλλα και οι αποστολοι χαρισματα ιαματων και) ενεργηματα δυναμεων...(All) (PS.COM1 235.17)

αλλῳ δε προφητεια, (All) (COR.CAT XLVIII.32.30)

(και ην χαρισμα τῳ λαῳ) διακρισις πνευματων, (All) (LVC.HOM 3.9)

(πολλα διαφοραι εισι των πνευματων αστινας ουδεις εισεται ακριβως αν) μη εχῃ το χαρισμα της διακρισεως του πνευματος. (All) (COR.CAT XLVII.29.2)

12.11

ταυτα δε παντα ενεργει εν και το αυτο πνευμα, χορηγουν εκαστῳ καθως βουλεται[97]· (Cit) (LAM.CAT CXVI.277.5)

ταυτα δε ενεργει το εν και το αυτο πνευμα, διαιρουν ιδια εκαστῳ[98] καθως βουλεται[99]. (Cit) (IO.CAT XXXVII.513.15)

ταυτα δε ενεργει το εν και το αυτο πνευμα, διαιρουν εκαστῳ ως βουλεται. (Cit) (IO.CAT CXXIII.569.5)

12.13

και γαρ ημεις παντες εν ενι πνευματι εις εν σωμα εβαπτισθημεν (Cit) (IO.CAT CXL.574.6)

12.20

μελη μεν γαρ πολλα τα τρωγομενα, εν δε σωμα Χ(ριστο)υ. (Ad) (PASC XXXII.216.8)[100]

---

[97]One of the three MSS of the Lamentations commentary catena reads: παντα δε ταυτα ενεργει το εν...etc.

[98]εκαστῳ is omitted by one MS of the IO.CAT.

[99]This citation is omitted by the three MS which make up the Roman type of text of the IO.CAT.

[100]This passage is from a quotation of Origen preserved in the catena commentary of Procopius.

12.21

ουτος ο οφθαλμος μη λεγετω τη χειρι· τι πραξει; και χειρ μη λεγετω τω οφθαλμω· χρειαν σου ουχ εχω. (All) (PS.CAT 105a.184.44)

(επει) μη δυναται η κεφαλη ειπειν τοις ποσι· χρειαν υμων ουκ εχω. (Ad) (PASC XXXII.216.5)[101]

12.27

υμεις εστε σωμα Χριστου· (All) (LVC.CAT CLXXXVI.306.52)

(και παντες) εστε σωμα Χριστου. (All) (COR.CAT XLIV.514.5)

12.28

ο θεος εθετο εν τη εκκλησια πρωτον αποστολους, δευτερον προφητας, τριτον διδασκαλους. (Cit) (COR.CAT XLVIII.31.19)

(και γαρ εταξεν) εν τη εκκλησια αποστολους, προφητας, διδασκαλος, ευαγγελιστας, ποιμενας, (παντα[ς] εις τον καταρτισμον των αγιων.) (All) (LVC.HOM 73.18)[102]

ο θεος εθετο εν τη εκκλησια πρωτον αποστολους· (Cit) (COR.CAT XLVIII.32.22)

...δευτερον προφητας·...(All) (COR.CAT XLVIII.32.24)

...πρωτον αποστολους, δευτερον προφητας (και τα εξης.) (All) (COR.CAT XLVIII.32.28)

(αλλα και προφητην απιστους ελεγχοντα και ανακρινοντα--τοιουτος γαρ εστιν ο της καινης διαθηκης προφητης--ον απο) θεου (καθιστασθαι) τη εκκλησια (νομιστεον.) (All) (EPH.CAT XVII.414.36)

(και ο μακαριος Παυλος) εν εκκλησια (ταττων) διδασκαλους (καταχρηστικους και ου τους ακριβεις καλει·) (All) (MAT.CAT CDXLVI.186.1)

---

[101] This passage is from a quotation of Origen preserved in the catena commentary of Procopius.

[102] It would appear that either consciously or unconsciously Origen has combined Eph 4.11 with 1 Cor 12.28.

12.31

(Παυλος δε ο του Χριστου αποστολος ο) ζηλων τα χαρισματα τα μειζονα, (μαλλον δε ινα προφητευη,...) (All) (COR.CAT XXIV.364.29)

και ετι καθ' υπερβολην οδον υμιν δεικνυμι, (και νοησωμεν τι εστιν) υπερβολη, (ταυτα παντα εσται σεσαφηνισμενα.) (Cit) (COR.CAT XLIX.32.10)

(αλλα) καθ' υπερβολην (λελεκται.) (All) (COR.CAT XLIX.32.14)

13.1

εαν ουν ταις γλωσσαις των ανθρωπων λαλω και των αγγελων, αγαπην δε μη εχω, γεγονα χαλκος ηχων η κυμβαλον αλαλαζον. (Cit) (COR.CAT XLIX.32.43)

(ωσπερ ο) χαλκος ηχων (ασημον διδωσι φωνην, ωσπερ το κυμβαλον το αλαλαζον (ουδεν τρανον,) (All) (COR.CAT XLIX.33.45)

13.2

(ζητουμεν ενταυθα ει δυναται τις εν τω βιω τουτω και) προφητειαν εχειν (και τα) μυστηρια απαντα (γνωναι χωρις αγαπης, και ολως ει διδοται τινι) τα μυστηρια παντα (γνωναι·) (All) (COR.CAT XLIX.32.2)

(ειδεναι) παντα τα μυστηρια και πασαν την γνωσιν. (All) (COR.CAT XLIX.32.6)

(ειδεναι) πασαν την γνωσιν και παντα τα μυστηρια (επιστασθαι ταυτα φησιν;) (All) (COR.CAT XLIX.32.8)

(και) οιδεν τα μυστηρια (του θεου.) (All) (COR.CAT XVIII.354.4)

καν εχω πασαν την πιστιν ωστε ορη μεθιστανειν. (Cit) (COR.CAT XLIX.34.59)

(η οτι δυνατον εν τω βιω) ειδεναι (τινα) πασαν την γνωσιν (χωρις αγαπης, η εχειν) πιστιν (τηλικαυτην) ωστε ορη μεθιστανειν· (Ad) (COR.CAT XLIX.33.27)

13.3

καν ψωμισω παντα μου τα υπαρχοντα (ου δια την αγαπην·) (Cit) (COR.CAT L.34.2)

καν παραδω το σωμα μου ινα καυ[χ]σωμαι[103], (Cit) (COR.CAT L.34.2)

13.4

η αγαπη μακροθυμει·...(Cit) (COR.CAT LI.34.4)

...· χρηστευεται·...(Cit) (COR.CAT LI.34.5)

η αγαπη ου ζηλοι....(Cit) (COR.CAT LI.34.7)

η αγαπη ου περπερευεται·...(Cit) (COR.CAT LI.34.10)

13.5

ουκ ασχημονει·...(Cit) (COR.CAT LI.34.12)

η (γαρ) αγαπη ουκ ασχημονει, ου ζητει τα εαυτης· (Cit) (COR.CAT LI.34.15)

η (γαρ) αγαπη ου ζητει τα εαυτης· (Cit) (COR.CAT XXXIII.501.25)

(ουτως) η αγαπη το κακον ου λογιζεται. (Cit) (LAM.CAT LXXXV.267.20)

13.7

η αγαπη παντα ελπιζει. (Cit) (? PS.CAT 147a.8)

13.8

γλωσσαι παυσονται,...(All) (COR.CAT LII.35.2)

---

[103] The Vatican MS of the 1 Cor. catena reads καυθσωμαι, yet on the basis of Origen's argument (...αλλα δια κενοδοξιαν, και ως δυνατου οντος και μαρτυρυσαι τινα ενεκεν καυχησεως και δοξης ἧς δοξαζονται εν ταις εκκλησιαις οι μαρτυρες) Jenkins suggests that the text should read καυχησωμαι.

13.9

(και παλιν) εκ μερους (φησι) γινωσκομεν και εκ μερους προφητευομεν· (Cit) (COR.CAT XLIX.32.5)

(και του) εκ μερους γινωσκομεν και εκ μερους προφητευομεν (Cit) (EPH.CAT V.240.10)

το εκ μερους γινωσκειν και εκ μερους προφητευειν (All) (IO.CAT X.492.30)

(δυναται λεγεεσθαι το ρητον) και απο εκ μερους γινωσκοντος και εκ μερους προφητευοντος. (All) (PS.CAT A 105.25)

(αλλ' ουκ εν παση σοφια γνωριζεται παντα αυτω) εκ μερους γινωσκοντι και εκ μερους προφητευοντι. (All) (EPH.CAT V.240.14)

(...ο) εκ μερους γινωσκων και εκ μερους προφητευων (της τελειοτητος αληθως φησιν ειναι νηπιος.) (All) (EPH.CAT XVII.415.72)

(του) εκ μερους γινωσκειν... (All) (EPH.CAT V.240.32)

(τε εστιν υπαχθηναι τοις) εκ μερους γινωσουσι, (τα δε τοις επι τελειοτητα φθασασιν εν τω μελλοντι αιωνι, οτε το εκ μερους καταρηθησεται ελθοντος του τελειου,) (All) (IO.CAT XXXVIII.154.22)

13.10

οταν δε ελθη το τελειον, το εκ μερους καταργηθησεται. (Cit) (COR.CAT XLIX.32.5)

οταν ελθη, (φησι,) το τελειον, το εκ μερους καταργηθησεται. (Cit) (IO.CAT X.493.1)

οταν (γαρ) ελθη το τελειον, (τοτε)[104] το εκ μερους καταργηθησεται. (Ad) (COR.CAT XVII.353.8)

(εαν) δε ελθη το τελειον (και καταντησωμων εις ανδρα τελειον,) τοτε[105] (τα των ανδρων χωρησομεν και γνωσιν και προφητειαν και οψιν θεου...) (All) (COR.CAT LIII.35.2)

---

[104]Jenkins, The editor of the COR.CAT, prints τοτε in regular script rather than uncial which he routinely uses to identify biblical citations and allusions. Thus, taking a cue from Origen's other references to this verse in the COR.CAT, Jenkins seems to be suggesting that τοτε does not relfect the variant reading, but is merely a modification introduced either by Origen or the catenist.

[105]Jenkins is inconsistent here printing τοτε in bold script rather than regular. (Bold script is used to identify a biblical text that Origen is commenting on.)

οταν γαρ ελθη το τελειον, (All) (CT.CAT 178.26)

οταν ελθη το τελειον, (All) (ROM.CAT XXIX.363.14)[106]

(δηλον οτι) οταν ελθη το τελειον, (All) (COR.CAT LXVI.39.3)

(τε εστιν υπαχθηναι τοις εκ μερους γινωσουσι, τα δε τοις επι τελειοτητα φθασασιν εν τω μελλοντι αιωνι,) οτε το εκ μερους καταρηθησεται ελθοντος του τελειου, (All) (IO.CAT XXXVIII.154.22)

13.11

(χρησεται το[107]) οτε ημην (ως) νηπιος, ελαλουν ως νηπιος, εφρονουν ως νηπιοις· οτε δε γεγονα ανηρ, κατηργηκα τα του νηπιου. (Cit) (EPH.CAT XVII.415.75)

(και καταργησας) τα του νηπιου (All) (? PS.CAT 93.5)

(αλλα και ηδη τις) γενομενος ανηρ (και δοκων) κατηργηκεναι τα του νηπιου (αμαρτανη,) (All) (LEV.HOM V.406.31)

(του καταργησαντος) τα του νηπιου (All) (LVC.HOM CLXXI.298.7)

(και μετα βιον γαρ συναγωνιζονται τοις πιστοις οσοι ανδρες γεγονασιν) τα του νηπιου καταργησαντες. (All) (IOS.CAT 301.27)

13.12

(μετα τον παροντα γαρ βιον ουκετι) δι' εσοπτρου και εν αινιγματι, αλλα προσωπον προς προσωπον (την αληθειαν) θεωρησομεν. (All) (CT.CAT 182.31)

(ετι αποδημει) προσωπον προς προσωπον, (επιδημει δε) δια εσοπτρου και εν αινιγματι. (All) (MAT.CAT DIII.206.28)

(ου) δι' εσοπτρου ουδε δι' αινιγματος. (All) (? PS.CAT 17b a¹.10)

---

[106]This allusion comes from a section which in the Bodleian MS of the catena is unattributed. However in the Vatican MS, which seems to be the more reliable of the two, this section follows the previous, which is attributed to Origen, with only a short break.

[107]The Paris MS of the EPH.CAT reads το, but Gregg, the editor, suggests τω.

προσωπον προς προσωπον, (All) (PS.CAT 117a.9)

13.13

(και επειπερ ο πιστευων επ' ελπιδι πιστευει, δια τουτο) μενει πιστις, ελπις· (All) (ROM.CAT XXI.361.6)

14.1

(Παυλος δε ο του Χριστου αποστολος ο ζηλων τα χαρισματα τα μειζονα,) μαλλον δε ινα προφητευη, (All) (COR.CAT XXIV.304.29)

14.2

(εστι γαρ οτε υψηλα λαλει, εαυτω) λαλει και τω θεω (ως μη δυνασθαι) ακουειν την εκκλησιαν. (All) (cf. 14.28) (COR.CAT LIV.36.15)

ο λαλων γλωσση εν τω θεω λαλει· (ει και μη νοουσιν οι ανθρωποι,...) (All) (COR.CAT LVII.37.2)

14.5

(εαν δε) γλωσσαις λαλων (εχη και το) διερμηνευειν (επι τω) την εκκλησιαν (οικοδομειν ουκετι) μειζων ο προφητευων. (Ad) (COR.CAT LIV.36.3)

14.7

(και φησι) τα αψυκα, αυλος και καθαρα, (τοις μουσικοις.) (All) (COR.CAT LVI.36.3)

(και) φθογγοις διαστολην μη διδοντα ου γεγνωσκεται (ποιω ρυθμω) ηυλησε· (All) (COR.CAT LIV.36.3)

(και) τα αψυχα (ουν) φωνην διδωσιν, (τινα μεν αυτων μετα [ταυ]της[108] των φθογγων διαστολης, τινα δε αυ ταυτης·) (All) (COR.CAT LVIII.37.2)

(οι δε της) των φθογγων διαστολης (ακουοντες απο της γραφης ουτοι ου κατηχουμενοι αλλα πιστοι.) (All) (COR.CAT LXIII.38.7)

---

[108]The Athos MS of the COR.CAT reads μετα της; the editor Jenkins suggests that this is a mistake for μετα ταυτης.

14.8

(και ο στατιωτης ουχ οπλιζεται) εις πολεμον, (εαν μη την διεγερτικην) εις πολεμον (προνται) φωνην η σαλπιγξ· (All) (COR.CAT LVI.36.4)

14.12

(το) περισσευειν (γινεται τη των χαριματων υπεροχη εκ του) τα προς οικοδομην της εκκλησιας ζητειν, (All) (COR.CAT LX.37.2)

14.13

(εαν μη εχη το χαρισμα του) διερμηνευειν ο γλωσση λαλων, (καν μη οι αλλοι νοωσιν...) (All) (COR.CAT LXI.37.2)

14.14

(ως γεγραπται περι του γλωσση λαλουντες, οτι) το πνευμα μου προσευχεται, ο δε νους μου ακαρπος εστι. (Cit) (IOS.HOM XX.417.29)

(ως δηλον) εκ (του) εαν γλωσσαις λαλω το πνευμα μου προσευχεται, ο δε νους μου ακαρπος εστιν. (All) (ROM.CAT XLVIII.18.9)

14.15

(προσχες δε και) ψαλω τω πνευματι ψαλω δε και τω νοι, προσευξομαι τω πνευματι προσευξομαι και τω νοι. (Ad) (EPH.CAT XIX.419.45)

προσευχομαι[109] τω στοματι, προσευχομαι δε και τω νοι. (All) (IER.CAT XV.205.27)

(επαν διαβαινωμεν ωστε) προσευχεσθαι πνευματι.[110] (All) (ROM.CAT XLVIII.18.5)

---

[109]One MS of the IER.CAT, the earliest of the three extant, adds a δε here.

[110]The Bodleian MS of the ROM.CAT, which is of lesser value than the Vatican MS, omits πνευματι, while the Vatican MS includes it. The whole section of this catena is omitted by the Munich MS.

(ινα ουν μη ακαρπος η ο νους,) προσευξομαι (φησι) τω πνευματι, προσευξομαι δε και τω νοι. (All) (ROM.CAT XLVIII.18.11)

(κατα το) προσευξομαι πνευματι· (All) (EPH.CAT XXXV.574.24)

(δια την απο τουτου βοηθειαν) προσευχομεθα πνευματι· (ειτ' εφεπομενου αυτω βοηθοντι του νου) προσευχομεθα και τω νοι. (Ad) (ROM.CAT XLVIII.18.7)

14.19

(ο δε) της κατηχησεως (λογος ο δια των) πεντε (αισθησεων επι των ακουοντων) εν εκκλησια (τετακται, ως και αυτων υπο των) πεντε λογων (κατηχουμεντων.) (All) (COR.CAT LXIII.38.3)

14.20

(δυνατον ημας) τελειους γενεσθαι ταις φρεσιν. (All) (COR.CAT LXIV.38.2)

(στραφεις γαρ γινεται ως παιδιον ο) τη κακια νηπιαζων. (All) (COR.CAT LXIV.38.4)

14.21

(καλει δε και τα προφητικα νομον, ως) εν τω νομω γεγραπται, εν ετερογλωσσοις και εν χειλεσιν ετεροις λαλησω τω λαω τουτω (εν Ησαια.) (Cit) (ROM.CAT X.217.10)

εν τω νομω γεγραπται· εν ετερογλωσσοις και εν χειλεσιν ετεροις λαλησω τω λαω τουτω, και ουδ' ουτως εισακουσονται μου, λεγει κυριος· (Cit) (ROM.CAT XXXVI.11.27)[111]

14.24

εαν δε προφητευητε, εισελθη δε τις απιστος η ιδιωτης, ελεγχεται υπο παντων, ανακρινεται υπο παντων, (Ad) (COR.CAT XLVIII.31.11)

(αλλα και προφητην) απιστους ελεγχοντα (και) ανακρινοντα (τοιουτος γαρ εστιν ο της καινης διαθηκης προφητης), (All) (EPH.CAT XVII.414.36)

---

[111]Ramsbotham the editor of ROM.CAT places most of catena XXXVI in brackets but does not explain why. There may be doubt as to whether or not this catena should be ascribed to Origen.

(κατα δε την αλλην προφητειαν) εαν δε παντες προφητευητε, εισελθη δε τις απιστος η[112] ιδιωτης, (ουχ ως αδυνατου αλλ᾽ ως δυνατου οντος του) παντες (ουτως προφητευειν.) (Ad) (COR.CAT XLVIII.32.25)

(...τα κρυπτα της καρδιας) του απιστου και ιδιωτου... (All) (COR.CAT XLVI.39.2)

(το δε) ελεγξαι (και) ανακριναι (τα κρυπτα της καρδιας ο εστι φανερα ποιησαι,...) (All) (COR.CAT XLVI.39.9)

14.25

τα κρυπτα[113] της καρδιας αυτου φανερα γινεται,[114] πεσων επι προσωπον προσκυνησει τω θεω και απαγγελλει οτι οντως θεος εν υμιν εστιν. (Cit) (COR.CAT XLVIII.31.12)

τα κρυπτα φανερα γινεται (τοις προφηταις,) (All) (COR.CAT LXVI.39.4)

(διο φανταζομενος τον θεον) πιπτει επι προσωπον, (και την υπεροχην και την δοξαν αυτω διδους,) και ουτως προσκυνει τω θεω. (All) (COR.CAT LXVI.39.7)

...τα κρυπτα της καρδιας (του απιστου και ιδιωτου...) (All) (COR.CAT XLVI.39.2)

(το δε ελεγξαι και ανακριναι) τα κρυπτα της καρδιας (ο εστι) φανερα (ποιησαι,...) (All) (COR.CAT XLVI.39.9)

14.28

(δυσωπησαι βουλεται τους γλωσση λαλουντας) σιγαν εν εκκλησια, εαν μη η διερμηνευτης[115], (All) (COR.CAT LVI.36.2)

---

[112]η is omitted by the Athos MS of the COR.CAT, which is very fragmentary and does not seem as reliable as the Vatican MS which is our main source for the Catena from Origen's 1 Corinthains commentary.

[113]The Athos catena reads: και ουτως τα κρυπτα, however the more reliable Vatican MS omits και ουτως, and should problably be followed here.

[114]The Athos MS inserts και ουτως before τα κρυπτα. Apparently the original scribe also supplied και ουτος above the line as an alternative reading.

[115]The Athos catena reads δι᾽ ερμηνευτης.

14.29

προφηται δυο η τρεις λαλειτωσαν και οι αλλοι διακρινετωσαν
(Cit) (COR.CAT XIX.358.39)

14.30

εαν δε αλλω αποκαλυφθη καθημενω, (εντολην εχει) ο πρωτος σιωπαν παντως. (All) (EZ.CAT 378.25)

14.31

δυνασθε γαρ καθ' ενα παντες προφητευειν· (Cit) (COR.CAT LXXIII.41.20)

14.32

(οτι τα) πνευματα (δε τοις) προφηταις υποτασσεται, (αλλ' αι ψυχαι των προφητων προφητευουσιν.) (All) (COR.CAT LXX.40.2)

14.34

αι γυναικες εν ταις εκκλησιαις σιγατωσαν. (Cit) (COR.CAT LXXIV.41.3)

(...αλλ') ουκ επιτρεπεται ταυτη λαλειν (εν εκκλησια. (All) (COR.CAT LXXIV.42.18)

14.35

ει δε τι μαθειν εθελουσιν[116], εν οικω τους ιδιους ανδρας επερωτατωσαν· αισχρον γαρ εστι γυναιξι εν εκκλησια λαλειν. (Cit) (COR.CAT LXXIV.42.28)

αισχρον γαρ γυναικι λαλειν εν εκκλησια, (Cit) (COR.CAT LXXIV.42.20)

(δοκει μοι το) τους ιδιους ανδρας (ουκ επι τους γαμετους αναφερεσθαι μονον·) (All) (COR.CAT LXXIV.42.29)

(αλλα μηποτε) τους ιδιους ανδρας (οιον και τον αδελφον και τον οικειον και τον υιον;) (All) (COR.CAT LXXIV.42.31)

---

[116] Athos MS: θελουσιν; Vatican MS: εθελουσιν.

αισχρον γαρ γυναικι[117] λαλειν εν εκκλησια, (Cit) (COR.CAT LXXIV.42.34)

14.36

(αρ' ουν η αληθεια και ο κανων ο εκκλησιαστικος) εις υμας μονους (τους κορινθιους) κατηντησεν; (All) (COR.CAT LXXIV.42.41)

14.37

ει τις εν υμιν προφητης η πνευματικος, επιγνωσκετω α γραφω οτι θεου εστιν· (Cit) (COR.CAT XLVII.30.13)

ει τις εν υμιν προφητης ειναι πνευματικος, επιγνωσκετω α γραφω οτι θεου εστιν· (ως ου παντος επιγινωσκοντος τα του θεου εαν μη η) προφητης η πνευματικος. (Ad) (COR.CAT LXXXIII.30.13)

ει τις εν υμιν πνευματικος επιγνωσκετω α γραφω υμιν, οτι του θεου εστιν· (Ad) (IO.CAT LXXXIII.549.10)

(ου του τυχοντος δε εστιν ειδεναι οτι τα γραφομενα υπο Παυλου) του κυριου εστιν, (αλλα) προφητου [η][118] πνευματικου· (All) (COR.CAT LXXII.40.4)

14.38

ει δε τις αγνοει αγνοειται. (Cit) (IO.CAT LXXXIII.549.12)

ει δε τις αγνοει αγνοει[ται][119]. (Cit) (COR.CAT XLVII.30.14)

ει δε τις αγνοει αγνοειτω. (Cit) (COR.CAT LXXV.43.6)

15.1

ευαγγελιον (καλει) ο ευαγγελιζεται, (τουτο γαρ και παρεδωκεν· ουτος δε) εστηκεν (εν τω ευαγγελιω...) (All) (COR.CAT LXXVI.43.2)

---

[117] Vatican MS: γυναικι; Athos Catena: γυναιξι.

[118] η has been supplied by the editor.

[119] MSS: αγνοειτω; Jenkins: αγνοειται.

15.2

(επ' αυτω) δι' ου και σωζεται. εικη (δε λεγει) πεπιστευκεναι (τον μη κατεχοντα τον λογον του ευαγγελιου,) (All) (COR.CAT LXXVI.43.3)

(εαν δε νοηθη) τινι λογω ευαγγελισαμην υμιν, ει κατεχετε, (και νοηθη το επιφερομενον ευλογως [του]τοις[120] το) εκτος ει μη εικη επιστευσατε (Ad) (COR.CAT LXXVI.43.12)

15.3

απεθανεν κατα τας γραφας (All) (ROM.CAT XXX.364.17)

15.3-4a

(συμυρνα γνωσις) το υπερ ανθρωπων αποθανεν Χριστον τη αμαρτια και ταφηναι κατα γραφας (All) (MAT.CAT XIX.27.5)

15.5

ωφθη τοις δωδεκα (All) (COR.CAT LXXVII.44.2)

15.8

(αλλη ανατολη εως δυσεως Ιησους Χριστος εως Παυλου,) ω εσχατω παντων ωσπερει εκτρωματι εφανη (All) (MAT.COM A 96.13)

15.9

ουκ ειμι ικανος καλεισθαι αποστολος (Cit) (COR.CAT LXXVIII.44.2)

15.10

η χαρις αυτου η εις εμε ου κενη εγενηθη (Cit) (EPH.CAT IV.239.42)

και η χαρις αυτου η εις εμε ουκ εις κενη εγενηθη αλλα (τοσονδε) εκοπιασα (All) (EPH.CAT XVII.413.25)

---

[120]Both the Vatican MS and the Athos MS read τοις, Jenkins suggests τουτοις.

και η χαρις αυτου ου εις κενη εγενηθη εις εμε (All) (COR.CAT LXXIX.44.2)

ουκ εγω (ταδε πεποιηκα,) αλλ' η χαρις η συν εμοι (All) (COR.CAT LXXIX.44.3

15.11

(και γαρ και υμεις) ουτως επιστευσατε (All) (COR.CAT LXXX.44.3)

15.12

ει δε Χριστος κηρυσσεται εκ νεκρων οτι εγηγερται, πως λεγουσιν εν υμιν τινες οτι αναστασις νεκρων ουκ εστιν (Cit) (COR.CAT LXXXIV.46.22)

εγηγερται Χριστος εκ νεκρων, λεγουσι δε οτι αναστασις νεκρων ουκ εστιν (All) (COR.CAT LXXXIV.46.21)

αναστασις νεκρων ουκ εστιν (All) (COR.CAT LXXXIV.46.24)

15.14

(επειδη ουτε) κ[ε]νον το κηρυγμα (ουτε) κ[ε]νη η πιστις (δηλον οτι Χριστος εγηγερται)[121] (All) (COR.CAT LXXXII.45.2)

15.15

(ει) κατα του θεου ψευδομαρτυρει (ο λεγων οτι Χριστος ανσετη) (All) (COR.CAT LXXXIII.45.2)

(δηλον οτι και) νεκροι ερειρονται (All) (COR.CAT LXXXIII.45.4)

15.16

ει γαρ ουκ εγειρονται οι νεκροι, (γεγονε δε και εν νεκροις ο Ιησους,) ουκ εγηγερται ουδε (ο Ιησους·) (All) (COR.CAT LXXXIV.46.26)

---

[121]The Athos MS of COR.CAT (which is the only MS which contains this catena) reads καινον...καινη--considering the context, an obvious error for κενον...κενη.

15.19

ει εν τη ζωη ταυτη εν Χριστω ηλπικοτες εσμεν μονον, ελεεινοτεροι εσμεν παντων ανθρωπων (Cit) (COR.CAT LXXXI.47.60)

15.20

νυνι δε Χριστος εγηγερται εκ νεκρων, απαρχη των κεκοιμημενων (Cit) (COR.CAT LXXXIV.47.72)

(ει δε) απαρχη των κεκοιμημενων (ανεστη Χριστος) (All) (COR.CAT LXXXIII.45.3)

(ανεστη Χριστος) εκ νεκρων, (η ου;) (All) (COR.CAT LXXXIV.45.5)

(ουτω[ς] ειπερ ο κυριος ημιν Ιησους Χριστος) απαρχη (εστι) των κεκοιμημενων (All) (COR.CAT LXXXI.47.76)

Χριστος (γαρ φησιν) απαρχη των κεκοιμημενων (All) (COR.CAT LXXXIV.47.78)

(οτι) απαρχη (εστι) των κεκοιμημενων (All) (COR.CAT LXXXIV.48.81)

(ειγε Χριστος αναστας εκ νεκρων παντων εστιν) απαρχη των κεκοιμημενων (All) (COR.CAT LXXXI.48.87)

απαρχη (ειναι) των κεκοιμημενων (Χριστον Ιησουν) (All) (COR.CAT LXXXIV.48.93)

απαρχη των κεκοιμημενων (και ζωντων) (All) (COR.CAT LXXXIV.48.99)

15.21

επειδη γαρ δι' ανθρωπου ο θανατος, και δι' ανθρωπου αναστασις νεκρων· (Cit) (COR.CAT LXXXIV.48.82)

15.22

(ιν' επει) εν τω Αδαμ παντες αποθνησκομεν, (αναστη μεν ο Αδαμ,) εν Χριστω δε παντες ζωοποιηθωμεν (All) (MAT.CAT DLI,II.225.2) & (MAT.COMM A 265.4)

(και επει) εν τω Αδαμ παντες αποθνησκομεν, (ανεστη και Αδαμ δια του θανατου του Χριστου και) εν Χριστω παντες ζωοποιηθησονται (All) (MAT.CAT DLI,III.226.12)

ωσπερ γαρ εν τω Αδαμ παντες αποθνησκουσιν, ουτως εν τω Χριστω, (ουκ ειρηκει οι δικαιοι) ζωοποιηθησονται [αλλα παντες ζωοποιηθησονται][122] (Ad) (COR.CAT LXXXIV.48.84)

και εν Χριστω παντες ζωοποιηθησονται (All) (COR.CAT LXXXIV.48.88)

παντες (μεν ουν) εν τω Αδαμ απεθανον, και παντες εν τω Χριστω ζωοποιηθησονται (All) (COR.CAT LXXXIV.48.89)

(αλλ' ει) και εν τω Αδαμ παντες απεθανον (All) (COR.CAT LXXXIV.48.90)

εν γαρ τω Αδαμ παντες αποθνησκουσιν (All) (COR.CAT LXXXIV.48.96)

15.23

εκαστος δε εν τω ιδιω ταγματι. (Cit) (COR.CAT LXXXIV.48.89)

15.24

(και εις το) οταν καταργηση πασαν αρχην και πασαν εξουσια και δυναμιν (Cit) (ROM.CAT LII.21.22)

ινα καταργηθη μεν πασα αρχη και εξουσια και δυναμις[123] (All) (LVC.CAT CLXXVII.301.1)

(βασιλευς Χριστος ην) παραδωσει τω θεω και πατρι (All) (MAT.CAT LXXIV.45.10)

15.25

(και το) δει δε αυτον βασιλευειν αχρις ου αν θη παντες του εχθρους υπο τους ποδας αυτου (δηλοι το μηδεπω) παντες τους εχθρους υπο τους ποδας αυτου (ειναι) (Ad) (EPH.CAT IX.401.105)

---

[122] αλλα παντες ζωοποιηθησονται is supplied by the editor, having fallen out of the Vatican MS due to homoeoteleuton.

[123] One MS of the catena compiled by Thomas Aquinas reads πασα εξουσια.

15.26

ο εσχατος εχθρος Χριστου θανατου (All) (IER.CAT XXV.211.18)

(ως και) τον εσχατον εχθρον θανατον καταργηθηναι (All) (IOS.CAT XVI.397.27)

(αλλ') ο εχθρος (Χριστου και) εσχατος καταργηθησομενος (All) (ROM.CAT LII.20.9)

15.28

τοτε και ο υιος υποταγησεται τω πατρι (All) (MAT.COM A 126.10)

οτε θεος παντα γινεται εν πασιν (All) (PRINC XVII.282.22)

λεγομενον του θεου παντα γινεσθαι εν πασιν (All) (PRINC XXVII.282.21)

15.30

τι και ημεις κινδυνευομεν πασαν ωραν. (Cit) (COR.CAT LXXXIV.47.63)

15.31

καθ' ημεραν αποθν[ησ]κ[ω νη]..την ημετεραν καυχσιν (Cit) (STROM IIC 1.17)

καθ' ημεραν αποθνησκω, νη την υμετεραν καυχησιν ην εχω εν Χριστω Ιησου τω κυριω ημων (Cit) (COR.CAT XX.360.23)

καθ' ημεραν αποθνησκω, νη την υμετεραν καυχησιν ην εχω εν Χριστω Ιησου τω κυριω ημων (Cit) (COR.CAT LXXXIV.47.64)

15.32

ει κατα ανθρωπον εθηριομαχησα εν Εφεσω, τι μοι το οφελος ει νεκροι ουκ εγειρονται (Cit) (EPH.CAT XIV.410.37)

15.42

σπειρεται εν φθορα, εγειρεται εν αφθαρσια (Cit) (COR.CAT LXXXIV.47.46) ουτως η αναστασις των νεκρων (All) (IER.CAT XXI.208.18)

15.43

σπειρεται εν ατιμια, εγειρεται εν δοξη· σπειρεται εν ασθενεια, εγειρεται εν δυναμει (Cit) (COR.CAT LXXXIV.47.47)

εγειρεται εν δοξα (All) (ROM.CAT VII.215.3)[124]

(σπερμα γινεται του αναστησομενου εκ νεκρων) εν δοξη... (All) (COR.CAT LXXXIV.47.56)

15.44

σπειρεται σωμα ψυκικον, εγειρται σωμα πνευματικον (Cit) (COR.CAT LXXXIV.47.48)

σπειρεται σωμα ψυχικον, εγειρεται σωμα πνευματικον (Cit) (LVC.HOM 87.5)

15.49

(ως) εφορεσαμεν, (φησι,) την εικονα του χοικου, φορεσωμεν και την εικονα του επουρανιου (Cit) (COR.CAT XIII.242.5)

ως εφορεσαμεν την εικονα του χοικου, ουτως φορεσωμεν και την εικονα του επουρανιου (Cit) (LVC.HOM 220.20)

(οταν φορη) την εικονα του επουρανιου, (αλλον δε γην, εαν εχη) την εικονα του χοικου (All) (IER.CAT XXII.208.13)

(φορεις γαρ) την εικονα του επουρανιου (All) (IER.CAT XXXVI.217.14)

(οι δε υλικον φρονημα εχοντες) την εικονα (φορουσι) του χοικου (All) (IO.CAT XLVI.521.17)

και εικονα χοικην (All) (LVC.HOM 219.28)

των φορουντων λοιπων την εικονα του επουρανιου (All) (?FR 29.5)

---

[124]Catena VII is omitted by the Bodleian MS of the ROM.CAT.

15.51

ου παντες κοιμηθησομεθα (Cit) (LVC.CAT CXCIX.312.10)

15.52

εν ατομω, εν ριπη οφθαλμου (All) (LVC.CAT CCXXVIII.326.17)

φωνη εστιν η σαλπιγξ, η τους νεκρους εγειρουσα (All) (MAT.CAT D.204.3)

15.55

που σου θανατε το νικος; που σου ᾳδη το κεντρον; (Cit) (IER.CAT LIV.225.20)

15.56

η δυναμις της αμαρτιας ο νομος εστιν (Cit) (ROM.CAT XXXI.367.51)

15.58

εδραιος και αμετακινητος εστιν (All) (?FR XXI.29.9)

16.3

ους εαν δοκιμασητε δι' επιστολης τουτους πεμψω (Cit) (COR.CAT LXXXIX.50.28)

16.10

το γαρ εργον κυριου εργαζτεαι ως και εγω (Cit) (COR.CAT LXXXIX.50.20)

το γαρ εργον κυριου εργαζτεαι ως και εγω (Cit) (COR.CAT LXXXIX.50.22)

ινα αφοβως γενηται τιμοθεος προς αυτους (All) (COR.CAT LXXXIX.50.19)

16.11

μη τις ουν αυτον εξουθενηση (Cit) (COR.CAT LXXXIX.50.21)

προπεμψατε δε αυτον εν ειρηνη, ινα ελθη προς με· (Cit)
(COR.CAT LXXXIX.50.23)

προπεμψατε αυτον εν (τη υμετερα ομονοια και) ειρηνη, ινα
ελθη προς εμε. εκδεχομαι γαρ αυτον μετα των αδελφων (Ad)
(COR.CAT LXXXIX.50.25)

16.12

περι δε Απολλω του αδελφου παρεκαλεσα αυτον, ινα ελθη
προς υμας· και παντως ουκ ην θελημα ινα ελθη νυν (All)
(COR.CAT LXXXIX.50.30)

παντως ουκ ην θελημα ινα νυν ελθη (Cit) (COR.CAT
LXXXIX.50.36)

ελευσεται δε οταν ευκαιρηση (Cit) (COR.CAT LXXXIX.51.38)

16.13

στηκετε. (μη σαλευεσθε αλλα βεβαιοι γενεσθε....) ανδριζεσθε·
(ως στρατιωται λεγει· ενδυσασθε γαρ φησι την πανοπλιαν του
θεου προς το δυνασθαι υμας στηναι προς τας μεθοδειας του
διαβολου.) κραταιουσθε· (οιον· αναλαβετε την ισχυν,...) (All)
(COR.CAT XC.51.6)

16.14

παντα υμων εν αγαπη γινεσθω (Cit) (COR.CAT XC.51.12)

CHAPTER 6

A Quantitative Analysis of Origen's Text of 1 Corinthians

It now remains to ask about the textual affinities of Origen's text of 1 Corinthians. In the past the normal way of determining the textual affinities of a witness was to collate it against the *Textus Receptus* (TR), thus showing its deviations from the Byzantine or MajT. Recent studies have shown this to be inadequate. As Bart Ehrman writes in his study of Didymus's text of the Gospels:

> By the middle of the present century, textual critics came to recognize the insurmountable deficiencies of the traditional method of MS analysis and classification. The method *may* provide a "rough and ready" measure of textual consanguinity. But overlooking documentary agreements in readings *shared* with the TR--readings which often prove to be very ancient, if not genuine--can seriously skew the picture of textual alignments.[1]

The replacement came with the quantitative method. I will not offer here a detailed justification of it as the method has come to be widely accepted by textual critics. It is, however, necessary to define it. With reference to the traditional method quantitative analysis differs in three significant ways: first, whereas, in the older system, comparison was made only with the TR, the quantitative method tabulates a number of witnesses whose textual affinities are known (usually from all the major text-types) against the witness whose textual affinity is in question. Secondly, the older method noted only variations from the TR, whereas quantitative analysis takes note of all significant variants. Only variants such as movable-ν, ουτω/ουτως, minor spelling variants, itacism, and most nonsense readings are not counted. Finally, the traditional method demonstrated *disagreements* with the TR, whereas the quantitative analysis tabulates proportional *agreements* with a number of witnesses.

Colwell, in collaboration with Tune, argued that witnesses which are most closely related, such as the codices Vaticanus and Sinaiticus, will agree approximately 70% of the time and that there will be a 10% gap

---

[1]*Didymus*, 187-88. Ehrman's whole discussion here on the history leading away from the traditional method of collating against the TR and leading to Quantitative analysis is instructive.

between them and next group or sub-group of witnesses.[2] Thus, one can expect to find MSS of a common text-type or family to a agree approximately 70% of the time, and that there will be a gap of about 10% between them and witnesses of another text-type or family. Later, this was modified by W. L. Richards who argued that (1) Colwell and Tune's numbers were somewhat arbitrary, and that (2) each group of witnesses will set their own level of agreement.[3] From his study of Didymus' text of the Gospels, Ehrman concluded that the fragmentary nature of a reconstructed text of a Father from quotations and allusions necessitated that Colwell's 70% agreement be reduced to 65% agreement and his 10% separation of groups be lowered to 6-8%. Ehrman's two main reasons for this were 1) the difference between witnesses of continuous text and the somewhat random nature of a text recovered from patristic citations, and 2) the inability to completely sift out all errors of faulty memory or of transmission, which will tend to "even out" differences among witnesses.[4]

Given these definitions and parameters we can now turn to an application of this analytical method with the evidence we have collected for Origen's text of 1 Corinthians. In all, 191 units of usable variation remain in that portion of Origen's text which can be reconstructed from his quotations and allusions when singular readings are omitted. The ranking of witnesses by proportional agreement to Origen in these 191 units of variation gives the arrangement found in Table I.

Origen's closest allies are clearly the Alexandrians, with Codex Ephremi agreeing more than 80% of the time. The other Alexandrians down through to P^{46} also show a close alignment to Origen's text. According to Colwell and Tune a 70% agreement would have been enough to establish a close relationship, yet here all but two of the Alexandrians are at or above 74.5%. A hardly less important matter is the clear separation between text-types. A 9.4% gap separates the Alexandrians from the Byzantines and another 7.8% gap separates the

---

[2]"Quantitative Relationships", 28-29.

[3]*The Classification of the Greek Manuscripts of the Johannine Epistles*, (SBLDS 35; Missoula: Scholars Press), 33-41; as cited by Ehrman, *Didymus*, 189.

[4]Ehrman's argument is worth citing in full: "...the groupings of witnesses should be expected to be less defined in relationship to a Patristic source than to a continuous Greek text of a NT MS. As previously shown, the Fathers quoted the NT randomly and, often, inaccurately. This makes the recovery of their text always difficult, and sometimes impossible. Methodological advances in textual analysis simply cannot circumvent this problem: occasionally a textual reconstruction will be in error. The critic must therefore proceed with methodological rigor, and apply a degree of caution when using questionable evidence. Both these factors--occasional errors of reconstruction and systematic caution--will have an unavoidable effect on the statistical analysis: they will tend to 'even out' differences among the textual witnesses.... Were Didymus' continuous text fully recovered, the textual alignments so far discerned would doubtless become more well defined" (*Didymus*, 196).

Byzantines from the Western witnesses. This is especially striking as the largest gap between Alexandrian witnesses is only 2.7% separating P^{46} and 1881. Every other gap within the Alexandrian witnesses is less than 2.1 percentage points. One could conclude that Colwell and Tune had considered these very data when writing their canons for determining relationships between witnesses! Furthermore, the 17.3% gap between Codices D and G, both of the Western group, should not be considered too surprising since the Western is the least homogeneous of the three text-types.

TABLE I

Witnesses Ranked According to Proportional Agreement with Origen in 191 Units of Variation in 1 Corinthians

C	107-133	80.5%
B	152-191	79.6%
ℵ	146-188	77.7%
1739	145-190	76.3%
1175	143-191	74.9%
A	139-186	74.7%
p46	117-158	74.1%
1881	135-189	71.4%
33	129-186	69.4%
876	114-190	60.0%
MajT	114-191	59.7%
223	113-191	59.2%
1780	112-191	58.6%
D	95-187	50.8%
G	62-185	33.5%
F	60-185	32.4%

It will be noticed immediately that the Alexandrian agreements are significantly higher than those found by Ehrman in his study of Didymus' text. It was the sporadic, random nature of Didymus that led Ehrman to argue that Colwell-Tune's 70%/10% rule must be lowered for Patristic citations. While this is justifiable for a text as sporadic and as slenderly attested as Didymus, it must not be made into a canon which covers all Patristic citations. This is especially true with his numbers of 65%/6-8%.[5] A great deal

---

[5] Ehrman only suggests these numbers provisionally. He refers to Colwell-Tune's 70%/10% rule as a "rule-of-thumb", and there seems to be no reason to believe he regards his numbers any differently.

more of Origen's text can be recovered than that of Didymus. Ehrman had only 163 units of variation for Didymus' text for the Gospel of Matthew, 125 and 128 for the Gospels of Luke and John, respectively, and only 10 for Mark! There are 191 usable units of variation for 1 Corinthians, a much shorter document than any of the Four Gospels.[6] Because so much of Origen's text survives there is really no need to adjust Colwell-Tune's rule. It would seem that enough of Origen's 1 Corinthians text can be reconstructed, that we can be fairly certain that it accurately reflects his textual affinities.

However, it should be noted that the Alexandrian agreements are somewhat lower than those found by Gordon D. Fee in his studies of Origen's Gospel text.[7] For example, in his study of Origen's text of John 4, Fee found that Origen agreed with Codex B 91.7%, Codex C 85.7%, P^{75} 84.5%, and P^{66} 83.3% of the time.[8] These four witnesses constitute Fee's primary Alexandrian witnesses.[9] The next nearest witnesses to Origen are the secondary Alexandrians, but they follow P^{66} only after a ten point gap. Fee correctly concludes that Origen is a strong representative of the primary Alexandrians in this chapter of John's Gospel. It appears that Origen is not quite as good a witness to the Alexandrian text in 1 Corinthians as he is in the Gospel of John--at least of the fourth chapter.[10]

Another conclusion to be drawn from Table I concerns the so-called primary and secondary Alexandrian witnesses. Three of the first four are primary witnesses. Yet, we cannot immediately deduce that Origen's text is closer to the primary witnesses as the very first MS Codex C, is usually classed with the so-called secondary Alexandrians. Origen seems very close to both primary and secondary Alexandrian witnesses, with perhaps a slight edge going to the primary sub-group. What would happen if all these witnesses were tabulated with Origen from within their respective groups-- which will help to even out some of the idiosyncrasies of individual witnesses?

This information is found in Table II, which shows that the primary Alexandrians do stand nearer to Origen than the secondary Alexandrians, but not a great deal nearer--only 3.2%. If we were to drop minuscules 33

---

[6] To give a rough picture of the differences in length, the NA^{27} edition of 1 Corinthians numbers only 31 pages, while Matthew has 87, Mark 61, Luke 96 and John 72.

[7] E.g., "Origen's Text of the New Testament and the Text of Egypt"; "P^{75}, P^{66}, and Origen"; and "Text of John in Origen and Cyril".

[8] "Text of John in Origen and Cyril," 366-367.

[9] It should be remembered that the Sinaiticus contains a Western text in this portion of John's Gospel.

[10] The complete picture of the nature of Origen's text of the Fourth Gospel must await the publication of the second volume of Ehrman, Fee and Holmes, *Fourth Gospel*.

TABLE II

Proportional Relationships of Witnesses with Origen Arranged by Textual Group in 1 Corinthians

PRIMARY ALEXANDRIAN

Witnesses	Agreements	Disagreements	Percentage
B	152	39	79.6%
ℵ	146	42	77.7%
1739	145	45	76.3%
p^{46}	117	41	74.1%
Totals	560	167	77.0%

SECONDARY ALEXANDRIAN

Witnesses	Agreements	Disagreements	Percentage
C	107	26	80.5%
A	139	47	74.7%
1175	143	48	74.9%
1881	135	54	71.4%
33	129	57	69.4%
Totals	653	232	73.8%
(Average Alexandrian)	1213	399	75.2%

WESTERN

Witnesses	Agreements	Disagreements	Percentage
D	95	92	50.8%
G	62	123	33.5%
F	60	125	32.4%
Totals	217	340	39.0%

BYZANTINE

876	114	76	60.0%
MajT	114	77	59.7%
223	113	78	59.2%
1780	112	79	58.6%
Totals	453	310	59.4%

---

and 1881 which fall below the largest gap within the Alexandrian group, the proximity of the primary Alexandrians falls to only 0.7% above that of the remaining secondary Alexandrians.

In addition, the gaps between groups are significantly more pronounced: there is now a 15.8% separation between the Alexandrians (the average of agreement of primary and secondary witnesses) and the Byzantines and a 20.4% gap between the Byzantine and Western witnesses. The Western influence on Origen's text seems small indeed; less than 40% when the three Western MSS are averaged. While Codex Claromontanus (D) stands significantly closer to Origen than the cousin uncials Augiensis (F) and Boernerianus (G)--a full 17.3% closer--it still falls below all Byzantine witnesses by nearly 10 percentage points. Origen's relationship with the Western group seems negligible at best.

Up to this point only the relationship of these 16 witnesses to Origen have been considered. The Alexandrians stand the closest to him and the Western group the farthest away. But how would Origen stand if he and they were ranked against the more important Alexandrians? In other words, Origen's text of 1 Corinthians is clearly Alexandrian, but how good an Alexandrian witness is it? Tables III-V show just where Origen falls when included in a tabulation of all the witnesses against the three found in Table I to be nearest to Origen: C, B, and ℵ.

Tables III-V demonstrate that Origen stands very close to all three of these witnesses. In relation to Codex ℵ, to which he stands farther away than to C or B, he appears nearly half way down the list of witnesses (see Table V). Nonetheless, he agrees with ℵ a significant 78.2% of the time. Furthermore, he is only removed from the leader, Codex A, by 6 percentage points, while the highest non-Alexanderian witness, Codex 1780, is a full 32.6 points behind Codex A, and 26.2 behind Origen. In each of these three tables the Alexandrian witnesses group together neatly at the top, then come the Byzantine MSS, separated from the lowest Alexandrian by fairly large gaps, followed by codices F and G of the Western group. The only surprise is Codex D, which often stands closer to the Alexandrians than many of the Byzantines, and which always ranks significantly higher than

TABLE III

Witnesses (Including Or) Ranked According to Proportional Agreement with Codex C in 191 Units of Variation in 1 Corinthians

A	108-129	83.7%
ℵ	108-130	83.1%
33	106-131	80.9%
Or	107-133	80.5%
1739	106-132	80.3%
p46	85-108	78.7%
1175	104-133	78.2%
B	103-133	77.4%
1881	92-131	70.2%
1780	71-133	53.4%
876	70-132	53.0%
MajT	69-133	51.8%
223	67-133	50.4%
D	66-133	49.6%
G	46-129	35.7%
F	45-129	34.9%

TABLE IV

Witnesses (Including Or) Ranked According to Proportional Agreement with Codex B in 191 Units of Variation in 1 Corinthians

1739	162-190	85.3%
C	108-133	81.2%
ℵ	151-188	80.3%
Or	153-191	80.1%
1175	149-191	78.0%
1881	133-180	73.9%
A	136-186	73.1%
33	136-190	71.6%
p46	114-165	69.1%
876	103-190	54.2%
MajT	102-191	53.4%
1780	101-191	52.9%
D	97-187	51.9%
223	98-191	51.3%
G	54-183	29.5%
F	53-183	29.0%

TABLE V

Witnesses (Including Or) Ranked According to Proportional Agreement with Codex ℵ in 191 Units of Variation in 1 Corinthians

A	155-184	84.2%
1739	156-187	83.3%
B	152-188	80.9%
C	109-136	80.1%
33	148-185	80.0%
1175	147-188	78.2%
Or	147-188	78.2%
P46	123-165	74.5%
1881	132-184	71.7%
1780	97-188	51.6%
D	94-184	51.1%
876	93-187	49.7%
MajT	93-188	49.5%
223	90-188	47.9%
G	65-181	35.9%
F	63-181	34.8%

FG. However, this again is probably best explained by the non-homogeneity of the Western group. Further, the Byzantine witnesses have fallen significantly when ranked against C, B, and ℵ than they did when ranked against Origen: against C they have an average agreement of 52.2, against B 52.9%, and against ℵ 49.7%. This is a significant drop when compared with the 59.4% they averaged against Origen. This means that Origen's reconstructed text stands a little closer to the Byzantines than do three of the leading Alexandrians. This is probably due as much to the effects of transmission as it is to actual Byzantine influence upon his text, for the transmission process would naturally tend to bring his text into line with the majority text.

While it was found that Origen stood nearest the Alexandrian witnesses, it was also noted that he stood furthest from the Western witnesses DFG. It might be instructive to compare Origen and the other witnesses to the Westerns. When Origen and the other witnesses are ranked against these three MSS (see Tables VI-VIII), again the sixteen witnesses fall within their three groups, although not quite as neatly as when tabulated against CBℵ. The Western witnesses stand at the top of all three tables and Byzantines are grouped together at the bottom with the Alexandrians in between. However, the gap between the Byzantines and the Alexandrains is much smaller; it is negligible against FG and only 5.0% against D. It is significant that the

TABLE VI

Witnesses (Including Or) Ranked According to Proportional Agreement with Codex G in 191 Units of Variation in 1 Corinthians

F	182-185	98.4%
D	121-181	66.9%
ℵ	66-183	36.1%
C	46-128	35.9%
1175	64-185	34.6%
p46	54-159	34.0%
1739	61-184	33.2%
Or	60-185	32.4%
A	56-180	31.1%
33	56-180	31.1%
1881	56-181	30.9%
B	56-185	30.3%
876	55-184	29.9%
MajT	52-185	28.1%
1780	50-185	27.0%
223	48-185	25.9%

TABLE VII

Witnesses (Including Or) Ranked According to Proportional Agreement with Codex F in 194 Units of Variation in 1 Corinthians

G	182-185	98.4%
D	121-181	66.9%
ℵ	66-183	36.1%
C	46-128	35.9%
1175	65-185	35.1%
p46	54-159	34.0%
1739	61-184	33.2%
Or	60-185	32.4%
A	56-180	31.1%
33	56-180	31.1%
1881	56-181	30.9%
876	56-184	30.4%
B	56-185	30.3%
MajT	52-185	28.1%
1780	50-185	27.0%
223	49-185	26.5%

TABLE VIII

Witnesses (Including Or) Ranked According to Proportional Agreement with Codex D in 191 Units of Variation in 1 Corinthians

G	123-179	68.7%
F	121-179	67.6%
1175	99-187	52.9%
1739	97-186	52.2%
ℵ	95-184	51.6%
P46	85-165	51.5%
Or	96-187	51.3%
C	68-136	50.0%
B	93-187	49.7%
A	90-182	49.5%
33	85-182	46.7%
1881	85-183	46.4%
876	77-186	41.4%
223	75-187	40.1%
1780	74-187	39.6%
MajT	73-187	39.0%

---

percentage of agreement for all witnesses has dropped appreciably. Obviously, the Western MSS are not closely related to the witnesses of either of the other two textual groups. Nor are they as closely related to each other as are the MSS within the Byzantine and Alexandrian text-types. The exception, of course, are codices F and G, which are cousin MSS. Origen, as all Alexandrians, stands a great deal closer to D than to FG. Tabulated against FG, Origen falls in the middle of the Alexandrians, but against D he ranks fairly high among the Alexandrains. "Among the Alexandrians" should be emphasized. Origen's percentage of agreement with D is only 51.3. He certainly is not closely related to any of the three Westerns.

In summary, quantitative analysis has shown Origen to be a strong representative of the Alexandrian text, although he seems only slightly closer to the primary Alexandrian witnesses than to the secondary Alexandrians. Further, the Western text has influenced him very little. In addition, while the random and sporadic nature of the text which is recoverable from Patristic quotations and allusions often leaves the textual critic uncertain and cautious, the extent to which Origen's text has been preserved leaves us fairly certain about his textual affinities. These conclusions are merely preliminary. They must await the findings of the following chapter--which will examine the evidence from the perspective of individual readings--before they can be pronounced final.

CHAPTER 7

Origen's Text of 1 Corinthians: Group Profiles Analysis

Hitherto I have merely analyzed Origen's text by comparing it with manuscripts of known textual affinities. However, there is a limitation to this approach. Many times witnesses of different text-types share common readings. Even more significant, a MS which is a witness, even a strong witness, to one textual group will sometimes "defect" from that group and agree with a reading which is found only in another group. For a MS to be a "witness" of a certain group it must share the readings common to that group. Ultimately it is the readings (or to be more precise, the variant readings, i.e., those not shared by all witnesses) which have determined the textual affinities of manuscripts. Unless Origen can be shown to share Alexandrian readings, he can only tentatively be termed an Alexandrian witness.

The quantitative analysis of the previous chapter has demonstrated that Origen must in fact share Alexandrain readings, or he would not have such a high rate of agreement with Alexandrian witnesses. The purpose of this chapter is to arrive at a more precise assessment of Origen's textual affinities by supplementing the previous analysis with an examination of those readings which are representative of each of the three textual groups of the Pauline Epistles.

This chapter will follow the methodology set forth by Ehrman in his study of the Gospel text of Didymus.[1] It is his comprehensiveness which sets him apart from earlier attempts[2] to analyze witnesses by readings. He argues persuasively that both those readings that are well supported among members of a group and those unique to each group must be included in the analysis.[3]

To do this three sets of profiles have been established by Ehrman: first, a profile of *inter-group* readings--those readings which are unique, or nearly so, to one group; second, a profile of *intra-group* readings--those that

---

[1]*Didymus*, 223-253; esp. 223-227.

[2]Ehrman lists E. C. Colwell, Carroll Osburn, Alexander Globe, Gordon D. Fee, and finally, Frederick Wisse and Paul R. McReynolds--the two creators of the Claremont Profile method. See *Didymus*, 223-226.

[3]*Didymus*, 226.

are supported extensively by a group, regardless of how well they are supported by other groups; and third, a combination profile of the inter- and intra-group readings. The first profile (inter-group) is further divided into three categories of readings: (1) readings unique to a group and well-supported by that group, which he calls *distinctive* readings; (2) readings unique to a group but not well-supported by that group, which he styles *exclusive* readings; and (3) readings not unique to a group but nearly so, which he refers to as *primary* readings. The second profile (intra-group) is further divided into two categories: (1) those readings that are supported by all members of a group, or *uniform* readings; and (2) those readings that are supported by at least two-thirds of the members of a group but not all the members, or *predominant* readings.[4] Now each of these categories of readings must be carefully and more narrowly defined (than above) according to the data and witnesses with which one is working. Thus, of necessity, my definitions will vary somewhat from those Ehrman used for *Didymus*. I turn now to those narrow definitions.

Inter-group Readings:

Distinctive Readings

Alexandrian Distinctive Readings: Readings found in at least two of the four early Alexandrian witnesses and at least three of the five late Alexandrian witnesses and no others; or in all of the early witnesses and at least one late witness and no others.

Early Alexandrian Distinctive Readings: Readings found in at least three of the four early Alexandrian witnesses and no others.

Late Alexandrian Distinctive Readings: Readings found in at least four of the five late Alexandrian witnesses and no others.

Western Distinctive Readings: The agreement of D, F and G, or the agreement of D and G against F, or the agreement D and F against G, but not F and G against D--unless FG has the support of the Vulgate or some Old Latin witnesses or both.

Byzantine Distinctive Readings: Readings found in at least three of the four Byzantine witnesses and no others. However, MajT cannot be the one excluded.

Exclusive Readings

Readings found only among a few MSS of one group and no others. Thus, by definition, exclusive readings are minority readings supported by only one group.

---

[4]*Didymus*, 226.

Primary Readings
Readings that are shared by at least two members of a group, and have greater support from that group than from members of another group. This means that support from a second group cannot be either uniform nor predominant (as will be defined below.)

Intra-group Readings:

Uniform Readings
Readings that are supported by all witness of a group, regardless of support from any other group.[5]

Predominant Readings
Readings that are supported by at least two-thirds but not all the witnesses of a group, again, regardless of support from another group.[6]

One further qualification to the above definitions needs to be added: singular (the reading of only one witness) and sub-singular (the reading of only two witnesses) readings will skew these data and thus more than two witnesses must support a reading before it can be considered.[7]

It is now possible to turn to the findings of the group profiles analysis, beginning with the inter-group profile and then moving to the intra-group profile and finally concluding the chapter with the combination profile.

Inter-Group Profile
Table IX indicates Origen's support for the distinctive, exclusive and primary readings of each textual group, with his agreements indicated over the total number of such readings. Before drawing conclusions from these data, is is necessary to consider warnings given by Ehrman, the creator of this method of analysis. First, one must not expect large totals of distinctive, exclusive and primary readings, nor even high percentages of agree-

---

[5]Of course, it is still considered a uniform reading if a witness is prevented from supporting a reading by reason of lacuna or homoeoteleuton.

[6]The same qualification given to uniform readings concerning lacuna and homoeoteleuton holds true here as well. However, in the event that only 8 of the 9 Alexandrians contain the text of a reading, I considered the agreement of 5 of the 8 to be predominant, even though this is not quite 66.6%. It is, however, clearly a predominant reading among the Alexandrians.

[7]This is especially the case when F and G agree, against all others. As stated above (p.246, cf. also p.9) this is always considered a singular reading.

ment. For it is seldom that all MSS of a text-type will agree on a particular variant reading. Thus distinctive, exclusive and primary readings will be somewhat rare. Further, by definition, exclusive and primary readings will have the support of only some of the witnesses of a group. This is especially the case with exclusive readings. Therefore, it is asking too much for a witness consistently to have the kind of percentages found in the quantitative analysis. One should expect a significantly higher percentage of agreement with readings that are distinctively, exclusively or primarily Alexandrian from an Alexandrian witness than with readings that belong to another text-type. The same is true for Western or Byzantine witnesses; they will have a higher percentage of agreement with readings that are distinctive, exclusive or primary to their group. That being the case, Origen must have had access to a very good Alexandrian text, for his agreements with both distinctive and primary Alexandrian readings are over 70%.[8] In both cases his support of Alexandrian distinctive and primary readings is significantly higher than his support for either Western of Byzantine readings of these categories.[9] Particularly impressive is the distinctive category. Here, Origen supports *none* of the 38 readings that are distinctively Western, while he supports only 1 of the 17 that are distinctively Byzantine![10]

Turning to the exclusive readings, it should be noted that the very nature of exclusive readings and the state of preservation of the Western text-type in the Pauline corpus has determined the small number of Western exclusive readings.[11] By definition an exclusive reading belongs to only one

---

[8]The readings classed as Distinctive Alexandrian with which Origen agrees are: 2.3, 3.2, 3.3, 3.13, 4.6, 6.10, 8.2(bis), 9.1, 9.10(bis), 9.22, 10.11, 11.25, 12.3(bis), 12.6, 15.12, 15.31. Those with which he disagrees are: 1.25, 3.10, 7.12, 7.40, 10.11, 12.26, 13.8, 14.8. The Primary Alexandrians with which he agrees are: 1.20, 1.27, 2.4, 3.1, 5.12, 7.17, 7.39, 9.1, 9.8, 9.21, 10.4, 12.18, 12.25, 13.11, 15.31, 15.51. He disagrees with the following Primary Alexandrians: 2.15, 5.4, 11.19, 13.1, 15.49.

[9]The Western and Byzantine Primary agreements and disagreements are as follows, Byzantine Agreements: 1.25, 1.27, 3.1, 3.10, 9.20, 9.21(bis), 10.11, 11.5, 15.55. Byzantine Disagreements: 1.23, 2.15, 5.7, 5.12, 6.10, 7.5, 7.7, 9.10, 10.1, 15.38. Western Agreements: 3.19, 14.15, 15.12. Western Disgreements: 2.2, 2.16, 3.3, 6.10, 9.9, 10.11, 14.32, 15.36, 15.37, 15.48(bis), 15.50, 15.52(bis).

[10]Western Distinctive Disagreements: 1.25(bis), 1.26, 2.3, 2.12, 3.3, 4.5, 5.11, 6.15, 7.2, 7.17, 7.39, 7.40, 8.2, 8.13, 9.9(bis), 9.10, 9.22, 10.13(bis), 10.20, 10.31, 11.5, 11.19, 12.3, 12.6, 12.25(bis), 13.1, 13.10, 13.11, 14.4, 15.23, 15.27, 15.32, 15.47, 15.50.
Byzantine Agreement: 12.6.
Byzantine Disagreements: 1.27, 1.30, 2.7, 2.13, 7.3, 7.5(bis), 7.39, 8.2(bis), 9.13, 9.21(bis), 13.9, 13.10, 15.29.

[11]Western Exclusive Disagreements: 4.2, 15.50.

TABLE IX

Origen's Attestation of Inter-Group Readings in 1 Corinthians

	Distinctive	Exclusive	Primary	Totals
Alexandrian:	19/27 (70.4%)	4/19 (21.1%)	16/21 (76.2%)	39/67 (58.2%)
Primary Alex:	0/1 (0%)	1/4 (25.0%)	2/4 (50.0%)	3/9 (33.3%)
Secondary Alex:	1/1 (100%)	0/3 (0%)	2/5 (40.0%)	3/9 (33.3%)
Western:	0/38 (0%)	0/2 (0%)	3/17 (17.6%)	3/57 (5.3%)
Byzantine:	1/17 (5.9%)	0/3 (0%)	10/20 (50.0%)	11/40 (27.5%)

group and must be a minority in that group and yet not a singular reading of that group. Given the fact that only three Greek witnesses survive for this group and that the agreement of two of them (FG) can only be considered a singular reading unless they are supported by one or more Latin witnesses, there will be of necessity very few exclusive Western readings. Indeed, there are only two: in one FG has the support of an Old Latin witness (it[a]) and a Vulgate MS; and in the other D has been corrected to agree with FG. Similarly, the chosen Byzantine witnesses are of such homogeneity that they offer only three exclusive readings.[12] In any case, when Origen agrees with an exclusive reading in 1 Corinthians it is always an Alexandrian exclusive. But what are we to make of the fifteen times Origen disagrees with Alexandrian exclusive readings?[13] Does it mark a movement away from the Alexandrian text? Not at all. Indeed, by their very nature exclusive readings are always minority readings. An exclusive reading will always exclude members of its own group. The majority of the time when Origen does not follow an exclusive Alexandrian reading he is agreeing with the predominant Alexandrian reading.

---

[12] Byzantine Exclusive Disagreements: 2.4, 2.11, 3.1.
[13] Alexandrian Exclusive Agreements: 5.4, 9.2, 13.13, 15.50.
   Alexandrian Exclusive Disagreements: 2.9(bis), 2.15, 4.5, 5.8, 8.8, 10.3(3x), 12.6, 15.27, 15.54(bis), 15.55(bis).

follow an exclusive Alexandrian reading he is agreeing with the predominant Alexandrian reading.

The totals of all distinctive and exclusive and primary readings (58.2% for the Alexandrians, 27.5% for the Byzantines, and 5.3% for the Western group) confirms the conclusions at the end of the last chapter, namely that Origen has a marked preference for the Alexandrian text and shares very little of that which is characteristic of the Majority or Western Texts.

When the primary versus secondary Alexandrian question is raised, the scarcity of evidence prevents us from drawing firm conclusions, but it may be significant that Origen agrees with both exactly one third of the time.[14]

It is this paucity of evidence, in the primary and secondary Alexandrians and in the exclusive Byzantine and Western readings, which serves to remind us of the inherent weakness in the inter-group profile. Inter-group readings will tend to be slight, especially in a text recovered from Patristic citations, adaptations and allusions, and, as Ehrman reminds us, "unevenly distributed among the textual groups."[15] A second qualification must be kept in mind. According to Ehrman, there is the possibility that a witness will not support many exclusive readings of the group to which it belongs because it is following the predominant readings of that group.[16] Origen's slight agreement with Alexandrian exclusives is a case in point.

Intra-Group Profile

One answer to these weaknesses is the intra-group profile. Here we are concerned with majority readings of a group regardless of how many other groups also support the reading. Therefore, paucity of data will not be a problem. Neither is there a possibility, as there was with the exclusive readings, that a witness' support of a certain group--in the form of an agreement with a majority reading and a disagreement with a minority reading of that group--will appear to be a defection from the group.

The results of the intra-group profile are given in Table X. Here are possibly the most telling numbers of this whole study. There are 82 instances in these 191 units of variation when the nine Alexandrian witnesses

---

[14]Primary Alexandrian Agreements: Exclusive 5.4; Primary 9.2, 10.4. Primary Alexandrian Disagreements: Distinctive: 10.3; Exclusive 2.9, 3.12, 12.6; Primary 5.4, 12.26. Secondary Alexandrian Agreements: Distinctive: 3.13; Primary: 6.10, 15.31. Secondary Alexandrian Disagreements: Exclusive 2.9(bis), 10.3; Primary 5.8, 7.40, 13.1.

[15]*Didymus*, 233.

[16]*Didymus*, 233.

TABLE X

Origen's Attestation of Intra-Group Readings in 1 Corinthians

	Uniform	Predominant	Totals
Alexandrian:	81/82 (98.8%)	61/83 (73.5%)	142/165 (86.1%)
Early Alex:	106/117 (90.6%)	34/44 (77.3%)	140/161 (87.0%)
Late Alex:	99/108 (91.7%)	34/48 (70.8%)	133/156 (85.3%)
Western:	53/127 (41.7%)	4/21 (19.0%)	57/148 (38.5%)
Byzantine:	103/168 (61.3%)	12/22 (54.5%)	115/190 (60.5%)

are in unanimous agreement; Origen reads with them 81 times,[17] defecting only once.[18] In addition, his agreement with predominant readings is an impressive 73.5%.[19] When the Alexandrian witnesses are united, or nearly so, Origen follows them 86.1% of the time. The thoroughly Alexandrian character of Origen's text of 1 Corinthians is unmistakable in these figures. And so is its non-Western tendency. While 41.7% of the time he supports the uniform Western readings,[20] most of these readings are also either

---

[17] Alexandrian Uniform Readings in agreement with Origen: 1.21, 1.25, 1.26(bis), 1.27, 1.29, 1.30, 2.3(3x), 2.6, 2.7, 2.11(bis), 2.12, 2.13, 3.1, 3.2(bis), 3.3, 4.2, 4.5, 4.6, 4.9, 5.5, 5.12, 6.10(bis), 6.15, 7.2(bis), 7.3, 7.5, 7.7, 7.17, 7.39(bis) 7.40, 8.2(3x), 8.12, 8.13, 9.1, 9.9, 9.10, 9.13, 9.21(3x), 9.22, 10.13(4x), 10.20, 11.5, 11.19, 11.25, 12.3, 12.25(bis), 13.1, 13.9, 13.10(bis), 13.11, 14.4, 14.15 14.32, 15.6, 15.12, 15.23, 15.27, 15.29, 15.32, 15.36, 15.38, 15.47, 15.50.

[18] At 7.12.

[19] Alexandrian Predominant Agreements: 1.5, 1.10, 1.20, 1.23, 1.30, 2.2, 2.4, 2.5, 2.8, 2.9(bis), 2.16, 3.1, 3.3, 3.4, 3.13, 4.1, 4.19, 5.7, 5.11(bis), 6.10, 6.15, 7.5(bis), 7.7, 7.39(bis), 8.5, 8.6(bis), 8.8, 9.1, 9.8, 9.9(bis), 9.10, 9.22, 10.1, 10.3, 10.4, 10.11, 10.31(bis), 12.3(bis), 12.10(bis), 12.25, 15.6, 15.7, 15.8, 15.24, 15.27, 15.28, 15.31, 15.37, 15.47, 15.48(bis), 15.49, 15.50, 15.52(bis). Alexandrian Predominant Disagreements: 1.25, 1.27, 3.1, 3.10, 3.19, 5.8, 7.7, 7.40, 9.20, 9.21, 10.11, 11.5, 11.19, 12.6, 13.8, 13.13, 14.8, 14.15, 15.12, 15.28, 15.50.

[20] Western Uniform Agreements: 1.5, 1,10, 1.23, 1.30, 2.3, 2.7, 2.9(bis), 2.13, 3.1, 3.2, 3.19, 4.1, 4.5, 4.9, 5.7, 5.8, 5.11, 7.3, 7.5(3x), 7.7(bis), 7.12, 7.39, 7.40, 8.2, 8.5, 8.6, 8.8(bis), 9.13, 9.21(bis), 9.22, 10.1, 10.3(bis), 10.13, 12.26, 13.8, 13.9, 13.10, 14.8, 14.38, 15.6(bis), 15.12, 15.24, 15.27, 15.28, 15.29, 15.47, 15.49. Western Uniform Disagreements: 1.25(bis), 1.26, 1.27, 2.3(bis), 2.12, 2.16, 3.1, 3.2, 3.3(3x),

uniform or predominant Alexandrian readings. The same can be said for the uniform Byzantine readings, with which Origen agrees 61.3% of the time.[21] When the Alexandrian text unites with either the Byzantine against the Western or with the Western against the Byzantine, Origen usually follows the unified reading. However, only once is this the case when the Western and Byzantines unify against the Alexandrian. The predominant figures (Alexandrian: 73.5%; Byzantine: 54.5%; Western: 19.0%) also speak unequivocally for a text preponderantly Alexandrian and minimally influenced by the Western text-type.[22]

Once again the evidence for the nature of Origen's Alexandrian text, whether it favors the primary or secondary witnesses, is ambiguous. Although Origen's uniform agreements[23] slightly favor the secondary MSS,

---

4.5, 4.6, 6.15, 7.7(3x), 7.17(bis), 7.39, 8.2(bis), 8.13, 9.1, 9.2, 9.9(3x), 9.10, 9.20, 9.22(bis), 10.2, 10.11(3x), 10.13, 10.20, 10.31, 11.5(bis), 11.19, 11.25, 12.3(bis), 12.6(bis), 12.10(bis), 12.18, 12.25(3x), 13.1, 13.10, 13.11, 13.13, 14.15(bis), 14.32, 15.12, 15.31(bis), 15.32, 15.36, 15.48(bis), 15.50(bis), 15.52(bis), 15.55.

[21]Byzantine Uniform Agreements: 1.5, 1.10, 1.21, 1.25(bis), 1.26(bis), 1.27, 1.29, 1.30, 2.2, 2.3(bis), 2.6, 2.8, 2.9(bis), 2.11, 2.12, 2.16, 3.3(bis), 3.10, 4.2, 4.5(bis), 4.19, 5.5, 5.8, 5.11, 6.15, 7.2(bis), 7.7(bis), 7.12, 7.17, 7.39(3x), 7.40(bis), 8.6(bis), 8.8, 8.12, 8.13, 9.9(3x), 9.20, 9.21(bis), 9.22, 10.2, 10.3(bis), 10.11(bis), 10.13(3x), 10.20, 10.31(bis), 11.5(bis), 11.19(bis), 12.3, 12.6, 12.10(bis), 12.25(bis), 12.26, 13.1(bis), 13.8, 13.10, 13.11, 14.4, 14.8, 14.15, 14.32, 15.8, 15.23, 15.27(bis), 15.28, 15.32, 15.36, 15.37, 15.47, 15.48(bis), 15.50(bis), 15.52(bis), 15.54(bis), 15.55.
Byzantine Uniform Disagreements: 1.20, 1.23, 1.27, 1.30, 2.3, 2.13, 2.15, 3.1, 3.2, 3.3, 3.13, 3.19, 4.6, 4.9, 5.4, 5.7, 5.12, 6.10, 7.3, 7.5(bis), 7.7, 7.17, 7.39(bis), 8.2(3x), 9.1, 9.2, 9.8, 9.10(bis), 9.13, 9.21(bis), 9.22(bis), 10.1, 10.4, 10.11, 10.13, 11.25, 12.3(bis), 12.6, 12.18, 13.9, 13.10, 13.11, 13.13, 14.15, 14.38, 15.6(bis), 15.7, 15.12(bis), 15.28, 15.29, 15.31, 15.38, 15.47, 15.50, 15.51.

[22]The predominant readings for the Byzantine and Western texts are as follow:
Byzantine Predominant Agreements: 2.5, 2.11, 3.1, 4.1, 5.8, 5.11, 6.10, 6.15, 8.8, 14.15(bis), 15.49.
Byzantine Predominant Disagreements: 2.4, 2.7, 3.2, 6.10, 7.5, 7.7(bis), 9.1, 12.25, 15.31.
Western Predominant Agreements: 4.19, 5.8, 14.15, 15.38.
Western Predominant Disagreements: 1.30, 2.2, 2.3, 2.4, 5.4, 5.11, 7.2, 7.39(bis), 7.40, 10.13, 12.3, 14.4, 15.23, 15.27, 15.47, 15.51.

[23]Uniform Primary Alexandrian Agreements: 1.5, 1.20, 1.21, 1.25, 1.26(bis), 1.27, 1.29, 1.30, 2.2, 2.3(3x), 2.6, 2.7, 2.9, 2.11(bis), 2.12, 2.13, 3.1(bis), 3.2(bis), 3.3, 4.1, 4.2, 4.5, 4.6, 4.9, 4.19, 5.5, 5.8, 5.11(bis), 5.12, 6.10(bis), 6.15(bis), 7.2(bis), 7.3, 7.5(bis), 7.7, 7.17, 7.39(3x), 7.40, 8.2(3x), 8.12, 8.13, 9.1, 9.8, 9.9(bis), 9.10(bis), 9.13, 9.21(3x), 9.22(3x), 10.1, 10.13(4x), 10.20, 10.31, 11.5, 11.19, 11.25, 12.3(bis), 12.25(bis), 13.1(bis), 13.9, 13.10(bis), 13.11(bis), 14.4, 14.15, 14.32, 15.6(bis), 15.12, 15.23, 15.27, 15.29, 15.32, 15.36, 15.38, 15.47, 15.50(bis), 15.52.
Uniform Primary Alexandrian Disagreements: 1.25, 3.10, 3.19, 7.7, 7.12, 9.20, 10.3, 10.11, 13.8, 15.31, 15.55.
Uniform Secondary Alexandrian Agreements: 1.21, 1.25, 1.26(bis), 1.27, 1.29, 1.30, 2.3(3x), 2.6, 2.7, 2.8, 2.11(bis), 2.12, 2.13, 2.16, 3.1, 3.2(bis), 3.3(3x), 4.2, 4.5, 4.6, 4.9, 5.5, 5.12, 6.10(3x), 6.15, 7.2(bis), 7.3, 7.5(bis), 7.7(bis), 7.17, 7.39(bis), 7.40, 8.2(3x), 8.12, 8.13, 9.1, 9.8, 9.9(bis), 9.10, 9.13, 9.21(3x), 9.22(bis), 10.11, 10.13(4x), 10.20, 10.31, 11.5, 11.19, 11.25, 12.3(bis), 12.10, 12.25(bis), 13.1, 13.9, 13.10(bis),

his predominant agreements favor the primary witnesses,[24] as do--ever so slightly--the totals. The evidence seems to be mounting that Origen's text favors neither sub-group. What are we to make of this? The very small number of readings (see Table IX) that belong primarily, distinctively or exclusively to either sub-group (18) compared to the significantly higher number of such readings (67) that belong to the Alexandrian group proper indicates the homogeneity of these two sub-groups in 1 Corinthians. To put it more simply, there are very few readings which belong distinctively, exclusively or primarily to either sub-group because seldom do the primary Alexandrians stand apart from their secondary cousins in this epistle. This is why the witnesses of the two sub-groups were "mixed together" at the top of Table I, and why even when they were separated in Table II, Origen showed no strong affinity with one over the other. In at least the 191 units of variation used in this study the two sub-groups which make up the Alexandrian text-type are so closely related so as to be indistinguishable.

Combination Inter- and Intra-group profile

As there was an inherent weakness in the first profile, so is there in the second. If and when two of the three groups unite against the third, Origen will seem to be in agreement with both. However, in our case, this weakness has not seriously skewed the results. The relatively close percentage of Origen's agreements with the uniform Byzantine (61.3%) and Western (41.7%)--close compared to his agreements with the Alexandrians (98.8%)--indicates that Westerns unite with the Alexandrians against the Byzantines nearly as many times as the Byzantines unite with the Alexandrians against the Westerns. If it happened that the Westerns had struck out on their own more often the numbers would appear to indicate that Origen's text is more Byzantine than it actually is. This in fact hap-

---

13.11, 14.4, 14.15, 14.32, 15.6, 15.7, 15.8, 15.12, 15.23, 15.27, 15.29, 15.32, 15.36, 15.37, 15.38, 15.47, 15.48(bis), 15.50.

Uniform Secondary Alexandrian Disagreements: 5.4, 7.7, 7.12, 9.21, 10.4, 11.5, 14.15, 15.12, 15.50.

[24]Predominant Primary Alexandrian Agreements: 1.10, 1.23, 1.30, 2.4, 2.5, 2.8, 2.9, 2.16, 3.3(bis), 4.5, 5.7, 7.5, 7.7, 7.39, 8.6, 8.8, 9.1, 9.9, 10.11, 10.31, 12.3, 12.6, 12.10, 12.25, 15.7, 15.37, 15.47, 15.48(bis), 15.49, 15.50, 15.51, 15.54.

Predominant Primary Alexandrian Disagreements: 1.27, 3.1, 7.7, 7.17, 9.21, 10.11, 11.5, 14.8, 15.28, 15.54.

Predominant Secondary Alexandrian Agreements: 1.5, 1.10, 1.20, 1.23, 1.30, 2.2, 2.5, 2.9, 3.1, 4.1, 4.19, 5.7, 5.8, 5.11(bis), 6.15, 7.5, 7.39(bis), 8.6(bis), 9.1, 9.9, 9.10, 10.1, 10.11, 10.31, 12.3, 12.25, 12.26, 15.31, 15.49, 15.50, 15.52.

Predominant Secondary Alexandrian Disagreements: 1.25, 1.27, 3.1, 3.19, 7.7, 7.17, 9.2, 9.20, 9.22, 10.11, 14.8, 15.6, 15.28, 15.51.

pened with Ehrman's data at this point in his study; he himself points out that Didymus' text appears to be much more closely related to the Byzantine and Caesarean groups than is the case, because a relatively high number of times the Western group stands alone in the Gospels.[25]

The answer to this weakness, and to that of the first profile, is to combine the two in some way. This is done by tabulating Origen's agree

---

TABLE XI

Origen's Support of Uniform and Predominant Readings That Are Also Distinctive, Exclusive or Primary In 1 Corinthians

	Uniform	Predominant	Total
Alexandrian:	12/13 (92.3%)	14/21 (66.6%)	27/35 (77.1%)
Primary Alex:	0/1 (0%)	0/0 --	0/1 (0%)
Secondary Alex:	1/1 (100%)	0/0 --	1/1 (100%)
Western:	2/41 (4.9%)	1/13 (7.7%)	3/54 (5.5%)
Byzantine:	9/33 (27.3%)	1/3 (33.3%)	10/36 (27.7%)

---

ments with uniform and predominant readings which are also distinctive, exclusive or primary. Of course, this kind of profile will have to depend on a much smaller pool of readings. However, enough readings fit into this category to give yet another picture of Origen's text, and a picture which corroborates what we have already found. From Table XI we see again that only once[26] does Origen defect from uniform Alexandrian readings that are

---

[25]*Didymus*, 236-238.

[26]This one instance is, of course, the same reading (7.12) in which he defected from uniform Alexandrians. His agreements with readings of this category are: 1.27; 2.3; 3.2; 4.6; 5.12; 8.2(bis); 9.1; 9.10; 9.21; 11.25; 15.12.

also distinctive, exclusive or primary.[27] His support of predominant Alexandrian readings which are also distinctive, exclusive or primary is only (!) 66.6%,[28] yet when this is compared with the Western and Byzantine readings of this category, namely, 7.7% and 33.3% respectively, this figure becomes high indeed. Origen's textual affinities are clear. The totals of this combination profile places his support for Alexandrian readings at 77.1%, while his support for such Byzantine readings is just 27.7% and for readings of the Western group is significantly low at 5.5%! The primary and secondary Alexandrian readings (only two) are too few to shed any real light on which sub-group Origen favors.

TABLE XII

Witnesses Ranked According to Support of Uniform Distinctive, Exclusive or Primary Alexandrian Readings in 1 Corinthians

Or	12/13	92.3%
D	2/13	15.4%
F	1/13	7.7%
G	1/13	7.7%
MajT	0/13	0%
223	0/13	0%
876	0/13	0%
1780	0/13	0%

---

[27] Western Uniform Agreements: 3.19; 15.12. Western Uniform Disagreements: 1.25(bis); 1.26; 2.3; 2.12; 2.16; 3.3(bis); 4.5; 6.15; 7.17; 8.2; 8.13; 9.9(3x); 9.10; 9.22; 10.11; 10.20; 10.31; 11.5; 11.19; 12.3; 12.6; 12.25(bis); 13.1; 13.10; 13.11; 14.4; 15.32; 15.36; 15.48(bis); 15.50(bis); 15.52(bis).

Byzantine Uniform Agreements: 1.25; 1.27; 3.10; 9.21(bis); 10.11; 11.5; 12.6; 15.55. Byzantine Uniform Disagreements: 1.23; 1.27; 1.30; 2.13; 2.15; 5.7; 6.10; 7.3; 7.5(bis); 7.7; 7.39; 8.2(bis); 9.10; 9.13; 9.20; 9.21(bis); 10.1; 13.9; 13.10; 15.29; 15.38.

[28] Alexandrian Predominant Agreements: 2.4; 3.1; 3.3; 3.13; 6.10; 7.39; 9.1; 9.8; 9.10; 10.11; 12.3(bis); 12.25; 15.31. Alexandrian Predominant Disagreements: 1.25; 3.10; 7.40; 10.11; 11.19; 13.8; 14.8.

Western Predominant Agreement: 14.15.

Western Predominant Disagreements: 2.2; 2.3; 5.11; 7.2; 7.39; 7.40; 10.13; 14.4; 14.15; 15.23; 15.27; 15.47.

Byzantine Predominant Agreement: 3.1. Byzantine Predominant Disagreements: 5.7; 7.5.

If the witnesses were ranked in their order of support for these two combination categories it could be seen how Origen measures up in comparison with the other witnesses. For the uniform Alexandrian readings that are also distinctive, exclusive or primary (found in table XII) the Alexandrian MSS must be omitted because by definition they all agree with uniform readings. Not suprisingly, Origen far out ranks the Western and Byzantine witnesses. Indeed, the homogeneity of the Western and Byzantine text prevent any real support for those readings which are uniformly and distinctively, exclusively or primarily Alexandrian.

The same is true when we rank the witnesses in their level of support for the predominant readings that are also distinctive, exclusive or primary; at least the same is true for the Western and Byzantine groups (see Table XIII). However, now that we can include the Alexandrian witnesses we find that Origen's 66.6% agreement does not measure up very well against many of the other Alexandrians. Codices 1739, B and 33 all have a 90.0% agreement level or more with readings that are predominately and distinctively, exclusively or primarily Alexandrian. Codices 1175, C, A,

---

TABLE XIII

<u>Witnesses Ranked According to Support of Predominant Distinctive, Exclusive, or Primary Alexandrian Readings in 1 Corinthians</u>

1739	20/21	95.2%
B	19/21	90.5%
33	18/20	90.0%
1175	17/21	81.0%
C	13/17	76.5%
A	16/21	76.2%
ℵ	16/21	76.2%
Or	14/21	66.6%
p46	13/20	65.0%
1881	11/21	52.4%
D	6/21	28.6%
876	1/21	4.8%
1780	1/21	4.8%
F	0/18	0%
G	0/18	0%
223	0/21	0%
MajT	0/21	0%

and ℵ, range from the mid 70's to the low 80's in their percentage of agreement. To be sure, Origen remains solidly among the Alexandrians and preserves a better Alexandrian text than 1881, while standing even with P^{46}. It is also probably significant that while Origen stands nearly 10 points behind ℵ and A, he is only two readings off of their mark. It must be remembered that we are dealing here with a very small pool of total readings. The addition of more readings could very likely rearrange this table a bit, bringing B and 1739 and 33 down out of the stratosphere and raising Origen and P^{46}. This makes a study of Origen's text in the other Pauline epistles all the more necessary.

In summary, the group profiles analysis has corroborated the conclusions drawn at the end of the quantitative analysis. Origen preserves a very good Alexandrian text. His text contains an insignificant number of purely Western readings and does not have any strong Byzantine leanings. When the nine Alexandrian witnesses chosen for this study all unite, Origen is almost always with them, both when the reading includes MSS from other groups and when it is uniquely Alexandrian. Only *once* under these circumstances does Origen defect. His strong standing falters a bit when it is a reading supported by two-thirds or more but not all of the Alexandrians. Yet even here he supports such readings fully two-thirds of the time. Origen, therefore, must be included in any listing of important Alexandrian witnesses in 1 Corinthians.

CHAPTER 8

Conclusions

The ultimate goals of this study have been to establish the textual affinities of Origen's text of 1 Corinthians and to apply the findings of this investigation to the history of the transmission of the text of the NT. To answer the question concerning textual affinities it was necessary first to collect all the relevant data from Origen's citations, adaptations and allusions, and to collate them against sixteen witnesses with known textual affinities. It is hoped that the presentation of the data will itself prove useful to other NT textual critics and students of the early Church.

The examination of Origen's affinities with other textual witness is now complete and needs only to be summarized here. Origen's text is thoroughly Alexandrian. The quantitative analysis of chapter four shows that Origen consistently stands nearer the Alexandrian witnesses than he does to either the Byzantine or the Western witnesses (see Table I). This is true both when the witnesses are considered individually and when they were considered within their respective groups (see Table II). Origen not only stands close to the Alexandrians, he often stands higher than other important Alexandrian witnesses when all the witnesses are ranked against the three Alexandrians nearest to Origen's text (see Tables III-V). Further, his textual consanguinity with the Alexandrian group was confirmed when Origen was compared to readings characteristic of each of the three groups (see Tables IX-XIII). Both analyses also revealed the thoroughly non-western character of his text. While his text contains a number of agreements with the Byzantine text, these are by and large the result of agreements between the Alexandrian and Byzantine text-types.

What does all this tell us about the early history of the NT text? It must be noted from the outset the limitations of the conclusions that can be derived from this study: Origen can tell us how the text appeared at a certain time and place, but he can not tell us how it appeared within a two hundred year span nor in all of the Roman East, etc. Regarding Origen's move from Alexandria to Caesarea it should be noted that at no time when Origen's text is in doubt in 1 Corinthians, can the doubt be resolved by appealing to a separate text in Caesarea or Alexandria. The different readings are either found in the same work or in different works of the same period. It would seem, at least from the evidence examined in this study, that his text in both cities was substantially the same.

Regarding the Western text and its poor showing both in Origen's and Didymus' texts,[1] we must question just how wide spread was its presence in Egypt during the third and fourth centuries. Certainly it was present, as P[29], P[38], P[48], P[69] and the first half of John in the Codex ℵ attests. Nonetheless, the fact that two Fathers, whose influence was as great as that of Origen and Didymus, share virtually no affinities with the Western text means that its influence in Egypt must have been very limited during the third and fourth centuries. Yet it was exactly during these two centuries that the five MSS mentioned above were copied. Should we then argue for a different provenance for these MSS or their exemplars?[2] Significantly, Michael Mees, in his study of Clement of Alexandria's NT citations,[3] concludes that Clement's text of the Pauline corpus shares little affinities with the Western text and consistently sides with Alexandrian witnesses.[4] This perhaps suggests that the Western text in Egypt during this early period was restricted to some copies of the Gospels (P[69], ℵ in John) and Acts (P[29], P[38], P[48]). No doubt this puzzle will become clearer as more studies are done on the Alexandrian Fathers and the early Coptic versions.

Concerning the Byzantine text we must conclude that it seems to be nonexistent in Eygpt during the third century. This is just what we should expect if it is in fact a later text which arose during the fourth century.[5] Nor can Origen's relatively high (62%) agreement with Byzantine uniform agreements be construed as evidence for a proto-Byzantine text, as these agreements result from Alexandrian and Byzantine witnesses sharing the same reading. Rather, this phenomenon suggests what others[6] have argued: that the Byzantine text was constructed from a mixture of Alexandrian readings and other elements.

Finally, what are we to conclude from Origen's seeming lack of preference for either the primary or secondary Alexandrian sub-groups? In chapter 6 I argued that the evidence suggests that the two text-types were not easily distinguished in the units of variation which we were able to use in

---

[1]Cf. Ehrman's discussion in *Didymus*, 258-59.

[2]Cf. the discussion of provenance in Kirsopp Lake's introduction to *Codex Sinaiticus Petropolitanus: The New Testament* (Oxford: Clarendon Press, 1911) ix-xv.

[3]Michael Mees, *Die Zitate aus dem Neuen Testament bei Clemens von Alexandrien* (Rome: Università di Bari, 1970).

[4]Mees, *Zitate*, 114-175. Mees conclusion concerning Clement's text of 1 Corinthians is significant: "Dieser flüchtige Überblick dürfte die Bedeutung der Clemenszitate aus dem 1. Korintherbrief erwiesen haben, ihr beständiges Zusammengehen mit *Pap* 46, B, S, 1739, deren Qualität" (142).

[5]Cf. Metzger, *Text*, p. 212, and the Alands, *Text*, 64-65.

[6]Here we are building off Ehrman's similar conclusions to his study of Didymus' text. Cf. also Zuntz, *The Text of the Epistles*.

our analysis. This means that in the Pauline epistles, or at least in 1 Corinthians, the two sub-groups stand significantly closer than they do in the Gospels. This raises a difficult question: how justified are we in distinguishing between the two sub-groups in the Pauline corpus (or at least in 1 Corinthians)? There is a growing consensus among textual critics[7] that the difference between the two sub-groups is one of levels of purity, rather than of recensions or degrees of editing.[8] Or to put it more simply, the secondary Alexandrians are best seen not as an edited recension, official or otherwise, of the primary ("Neutral") Alexandrians, but as Alexandrians that have suffered the infusion of readings from other texts and are thus secondary. However, if there is only a very small pool of readings that can be truly called distinctive or exclusive or even primary to either of these sub-groups in 1 Corinthians (as we found was the case in the 194 units of variation preserved in Origen), then it would seem that we must reclassify these sub-groups in some way. Either those manuscripts that are primary Alexandrians in the Gospels have been so compromised textually in 1 Corinthians that we can no longer speak of "primary" Alexandrians in 1 Corinthians or the "secondary" witnesses are of such textual purity in 1 Corinthians that they must be considered virtually equivalent with the "primary" witnesses.

The textual affinities of Origen's text of the remainder of the Pauline epistles must, of course, still be established. Yet, it is not likely that Origen's text of 1 Corinthians will vary greatly from that of the rest of the corpus. Therefore, we can now speak confidently of Origen as a strong witness to the Alexandrian text in 1 Corinthians, and probably the same is true of the entire Pauline corpus. A study of Origen's text of the other thirteen epistles attributed to Paul is necessary to confirm this. Such a study would also begin to answer in a more comprehensive manner the relation between the so-called "primary" and "secondary" Alexandrians in the Pauline corpus.

---

[7]Cf. Fee, "P^{75}, P^{66}, and Origen"; and Ehrman, *Didymus*, 262-67.

[8]This consensus is primarily based on research done on the text of the Gospels, not on the Pauline Corpus. My argument here suggests that the character of the Alexandrian text is different in the Pauline corpus from that of the Gospels; the primary and secondary Alexandrians cannot be so easily distinguished in the Pauline epistles as in the Gospels.

APPENDIX 1

Origen in the Apparatus of NA^{27}

In the following I list all the readings for which Origen can now be cited or corrected in the apparatus of NA^{27}. I include only those instances in which witnesses are already listed in NA^{27}. Singular readings which Origen does not support are not listed since the NA^{27}'s apparatus does not list witnesses which oppose singular readings. Readings marked by an asterisk indicate corrections to NA^{27}'s apparatus.

1.20	omit τουτου
*1.23	εθνεσι
*1.28	και
*2.2	μηδεν ειδεναι
*2.4	πειθοις σοφιας λογοις
*2.9	α ητοιμασεν
*2.13	omit αγιον
*2.15	omit τα and μεν before παντα
*2.16	Χριστου
*3.1	σαρκινοις
*3.2	ετι
3.3	omit και διχοστασιαι
*3.10	τεθεικα
*3.12	χρυσον, αργυρον
3.13	αυτο
4.6	α
*4.9	omit οτι
*5.4^2	κυριου Ιησου
*5.7	omit υπερ ημων
*5.11	omit και
*6.10	ου μεθυσοι
*6.10	omit ου before κληρονομησουσι
*6.15	αρας
*7.3	οφειλην
*7.5	omit τη νηστεια
*7.5	ητε
*7.7	δε

*7.7	ος...ος
*7.39	omit νομω
*8.2	ει τις
*8.2	omit τι
*8.2	ουπω
8.8	παραστησει/παριστησι
*8.8	ουτε γαρ εαν φαγωμεν, περισσευομεν, ουτε εαν μη φαγωμεν, υστερουμεθα
*9.1	ουκ ειμι ελευθερος; ουκ ειμι αποστολος;
*9.2	μου της
9.9	φιμωσεις
9.10	επ' ελπιδι του μετεχειν
*9.13	παρεδρευοντες
*9.20	omit μη ων αυτος υπο νομον
*9.21	θεου/Χριστου
*9.21	κερδησω
*9.21	τους ανομους
*9.22	ασθενεσιν ασθενης
10.2	εβαπτισαντο
10.3	το αυτο
*10.4	η πετρα δε
*10.11	ταυτα δε παντα
*10.11	τυπικως συνεβαινεν
*10.13	omit υμας
*11.3	ο Χριστος
*11.5	εαυτης
*11.19	ινα οι
*12.3	αναθεμα Ιησους
*12.3	κυριος Ιησους
*12.6	και ο αυτος
*12.6	εστιν θεος ο ενεργων
*12.10	ενεργηματα δυναμεων
*12.10	διακρισεις
*12.26	(εν μελος)
*13.8	εκπιπτει
13.10	τοτε
*13.11	omit δε
13.12	δι' εσοπτρου και
*13.13	τα τρια ταυτα, πιστις, ελπις, αγαπη
*14.8	φωνην σαλπιγξ
*14.15	προσευξομαι (bis)
*14.15	omit δε
*14.38	αγνοειται
15.6	omit και

*15.7   επειτα
*15.12 εκ νεκρων οτι
*15.27 οτι
*15.28 omit και
*15.28 τα παντα
*15.29 αυτων
*15.31 ημετεραν
*15.47 ανθρωπος
*15.49 φορεσωμεν
15.50   κληρονομησαι ου δυναται
*15.51 omit μεν
*15.51 ου παντες κοιμηθησομεθα παντες δε
*15.52 ριπη
*15.52 εγερθησονται
*15.54 το φθαρτον τουτο ενδυσηται αφθαρσιαν, και το θνητον τουτο ενδυσηται αθανασιαν
*15.55 που σου, θανατε, το κεντρον; που σου ᾳδη, το νικος;

APPENDIX 2

Origen in the Apparatus of UBS⁴

In this complete list of readings for which Origen can now be cited or corrected in the apparatus of UBS⁴ I follow the format of the previous appendix.

*1.28   και
2.4   πειθοις σοφιας λογοις
*2.15   omit τα and μεν before παντα
2.16   Χριστου
3.2   ετι
3.3   omit και διχοστασιαι
7.5   omit τη νηστεια
7.7   δε
7.40   θεου
*8.12   ασθενουσαν
*9.20   omit μη ων αυτος υπο νομον
10.2   εβαπτισαντο
*10.11 ταυτα δε παντα
*14.38 αγνοειται
*15.31 αδελφοι
*15.47 ανθρωπος
15.49   φορεσωμεν
*15.51 ου παντες κοιμηθησομεθα παντες δε
15.54   το φθαρτον τουτο ενδυσηται αφθαρσιαν, και το θνητον τουτο ενδυσηται αθανασιαν
15.55   που σου, θανατε, το κεντρον; που σου ᾳδη, το νικος;

BIBLIOGRAPHY

I. Biblical Texts and Editions

Aland, Barbara, Kurt Aland, Johannes Karavidopoulos, Carlo M. Martini, and Bruce M. Metzger, (eds.), *The Greek New Testament*, 3rd ed. (New York: United Bible Societies, 1975).

Aland, Barbara, Kurt Aland, Johannes Karavidopoulos, Carlo M. Martini, and Bruce M. Metzger, (eds.), *Nestle-Aland Novum Testamentum Graece et Latine*, 27th ed. (Stuttgart: Deutsche Bibelgesellschaft, 1993).

Barnabite, Cardi Vercellone Sodalis, and Iosehpi Cozza Manachi Basiliani, (eds.), *Bibliorum Sacronum Graecus Codex Vaticanus* (Rome, 1868). [Reproduced: Detroit: Brown and Thomas, 1982].

Farstad, Arthur and Zane Hodges, (eds.), *The Greek New Testament According to the Majority Text* (Nashville: Nelson, 1982).

Greenlee, J. Harold, *Nine Uncial Palimpsests of the Greek New Testament* (Salt Lake City: Univ. of Utah Press, 1968).

Grenfell, B. P. and A. S. Hunt, (eds.), *The Oxyrhynchus Papyri*, 55 vols. (London: Egypt Exploration Fund, 1898-1987).

Hansell, Edward H., (ed.), *Novum Testamentum Graece: Antiquissimorum Codicum Textus in Ordine Parallelo Dispositi. Accedit Collatio Codicies Sinaitici*, 3 vols. (Oxford: Clarendon Press, 1864).

Hort, F. J. A., and B. F. Westcott, (eds.), *The New Testament in the Original Greek*, 2 Vols. (Cambridge: Macmillan, 1881).

Hunt, A. S. and C. H. Roberts, (eds.), *Catalogue of the Greek and Latin Papyri in the John Rylands Library Manchester*, 4 vols. (Manchester: Univ. Press, 1911).

Kenyon, F. G., (ed.), *The Codex Alexandrinus in Reduced Photographic Facsimile* (London: Oxford Univ. Press, 1909).

Kenyon, F. G., (ed.), *The Chester Beatty Biblical Papyri: Descriptions and Texts of the Twelve Manuscripts on Papyrus of the Greek Bible* (London: Emery Walker Limited. 1933).

Lake, Helen and Kirsopp Lake, (eds.), *Codex Sinaiticus Petropolitanus: The New Testament* (Oxford: Clarendon Press, 1911). [Reproduced: Detroit: Brown & Thomas, 1982.]

Lake, Kirsopp and Silva New, *Six Collations of New Testament Manuscripts* (HTS 17; Cambridge, Mass.: Harvard Univ. Press, 1932).

Lyon, Robert W. "A Re-Examination of Codex Ephraemi Rescriptus," *NTS* 5 (1958-59) 260-72.

Milne, H. J. M. *Catalogue of the Literary Papyri in the British Museum* (London: Trustees of the Library, 1927).

Reichardt, A., (ed.), *Der Codex Boernerianus der Briefe des Ap. Paulus in Lichtdruck nachgebildet* (Leipzig: Königlichen Öffentlichen Bibliothek zu Dresden, 1909).

Robinson, J. Armitage. *Euthanaliana: Studies of Euthanalius, Codex H of the Pauline Epistles, and the Armenian Versions* (Cambridge: Cambridge Univ. Press, 1895).

Sanders, H. A. *The New Testament Manuscripts in the Freer Collection* (New York: Macmillian, 1918).

Scrivner, F. H. A., (ed.), *An Exact Transcript of the Codex Augiensis. A Greco-Latin Manuscript of St. Paul's Epistles Deposited in the Library of Trinity College, Cambridge* (Cambridge: Deighton, Bell and Co., 1859).

Scrivner, F. H. A., (ed.), *Novum Testamentum: Textus Stephanici A.D. 1550* (Cambridge: Deighton, Bell and Co., 1877).

von Soden, H. F., (ed.), *Die Schriften des Neuen Testaments in ihren ältesten erreichbaren Textgestalt. II, Text mit Apparat* (Göttingen: Vandenhoeck & Ruprecht, 1913).

von Tischendorf, Constantinus, (ed.), *Codex Claromontanus* (Leipzig: F. A. Brockhaus, 1852).

von Tischendorf, Constantinus, (ed.), *Novum Testamentum Graece: Editio Octava Critica Maior*, 8th ed. (Leipzig: J. C. Hinrichs, 1869-72).

II. Critical Editions of the Works of Origen

Origen. *Die Schrift vom Martyrium. Origenes Werke I.* P. Koetschau, (ed.), (GCS 2; Leipzig: J. C. Hinrichs, 1899).

_____. *Gegen Celsus. Origenes Werke I & II.* P. Koetschau, (ed.), (GCS 2-3; Leipzig: J. C. Hinrichs, 1899).

_____. *Origène. Contre Celse.* 5 Vols. H. Borret, (ed.), (SC 132, 136, 147, 150, and 227; Paris: Les Éditions du Cerf, 1967-76).

_____. *Die Schrift vom Gebet. Origenes Werke II.* P. Koetschau, (ed.), (GCS 3; Leipzig: J. C. Hinrichs, 1899).

_____. *Jeremiahomilien. Origenes Werke III.* E. Klostermann and P. Nautin, (eds.), (GCS 6; Berlin: Akademie-Verlag, 1983).

_____. *Klageliederkommentar. Origenes Werke III.* E. Klostermann and P. Nautin, (eds.), (GCS 6; Berlin: Akademie-Verlag, 1983).

_____. *Erklärung der Sameul- und Königsbücher. Origenes Werke III.* E. Klostermann, and P. Nautin, (eds.), (GCS 6; Berlin: Akademie-Verlag, 1983).

_____. *Der Johanneskommentar. Origenes Werke IV.* E. Preuschen, (ed.), (GCS 10; Leipzig: J. C. Hinrichs, 1903).

_____. *De principiis (Περι Αρχον). Origenes Werke V.* P. Koetschau, (ed.), (GCS 22; Leipzig: J. C. Hinrichs, 1913).

_____. *Homilien zum Hexateuch in Rufins Übersetzung. Erster Teil. Die Homilien zu Genesis, Exodus, und Leviticus. Origenes Werke VI.* W. A. Baehrens, (ed.), (GCS 29; Leipzig: J. C. Hinrichs, 1920).

_____. *Homilien zum Hexateuch in Rufins Übersetzung. Zweiter Teil. Die Homilien zu Numeri, Josua und Judices. Origenes Werke VII.* W. A. Baehrens, (ed.), (GCS 30; Leipzig: J. C. Hinrichs, 1921).

____. *Homilien zu Samuel I, zum Hohelied und zu den Propheten, Kommentar zum Hohelied, in Rufins und Hieronymus' Übersetzungen. Origenes Werke VIII.* W. A. Baehrens, (ed.), (GCS 33; Leipzig: J. C. Hinrichs, 1925).

____. *Homilien zu Lukas in der Übersetzung des Hieronymus und die griechischen Reste der Homilien und des Lukaskommentars. Origenes Werke IX.* 2nd Ed. M. Rauer, (ed.), (GCS 49; Berlin: Akademie-Verlag, 1959).

____. *Origenes Mattäuserklärung, I. Die griechischen erhaltenen Tomoi. Origenes Werke X.* E. Klostermann and E. Benz, (eds.), (GCS 40; Berlin: Akademie-Verlag, 1935-37).

____. *Origenes Mattäuserklärung, II. Die lateinsche Übersetzung der Commentariorum Series. Origenes Werke XI.* E. Klostermann and E. Benz, (eds.), (GCS 38; Leipzig: J. C. Hinrichs, 1933).

____. *Origenes Mattäuserklärung, III. Fragmente und Indices. Origenes Werke XII.* E. Klostermann and E. Benz, (eds.), (GCS 41,1; Leipzig: J. C. Hinrichs, 1941).

Cadiou, R. *Commentaires inédits des Psaumes. Étude sur les textes d'Origene contenus dans le manuscrit Vindobonensis 8* (Paris: Société d'édition les belles lettres, 1936).

Crouzel, H. *Grégoire le Thaumaturge. Remerciement á Origène suivi de la Lettre de Origène à Gregoire.* (SC 148; Paris: Les Éditions du Cerf, 1969).

Devreessee, R. *Les anciens Commentateurs grecs de l'Octateuque et des Rois* (*Studi e Testi* 201; Vatican City: Apostolica Vaticana, 1959).

Devreesse, R. *Les anciens Commentateurs grecs des Psaumes* (*Studi e Testi* 264; Vatican City: Apostolica Vaticana, 1970).

Diobouniotis, C. and A. Harnack. *Der Scholien-Kommentar des Origenes zur Apokalypse Johannis. Nebst einem Stück aus Irenaeus, Liber V, graece.* (TU 38,3; Leipzig: J. C. Hinrichs, 1912).

Doutreleau, L. "Le fragment grec de l'homélie II d'Origène sur la Genèse," *RHT* 5 (1975) 13-44.

Glaube, P. "Ein Bruchstück des Origenes über Genesis I, 28; (Bibl. Univ. Giss. 17)," *Mitteilungen aus der Papyrussammlung der Giessener*

Universitätsbibliothek, II (*Schriften der Hessischen Hochschulen*; Giessen: Verlag von Alfred Töpelmann, 1928) 6-12.

Goffinet, E. "Recherches sur quelques fragments du Commentaire d'Origène sur le premier Psaume," *Muséon* 76 (1963) 145-163.

Gregg, J. A. F. "The Commentary of Origen upon the Epistle to the Ephesians," *JTS* 3 (1902) 233-44, 398-420, 554-576.

Guéraud, O. and P. Nautin. *Origène. Sur La Pâque. Traité inédit publié d'après un Papyrus de Toura* (Christianisme Antique 2; Paris: 1979).

Harl, Marguerite. *Origène. Philocalie 1-20: Sur les Ecritures* (SC 302; Paris: Les Éditions du Cerf, 1983).

Harl, M. and G. Dorival. *La chaîne palestinienne sur le Psaume 118*, 2 Vols. (SC 189-190; Paris: Les Éditions du Cerf, 1972).

Jenkins, C. "Origen on I Corinthians," *JTS* 9 (1908) 231-47, 353-72, 500-14; 10 (1909) 29-51.

Junod, E. *Origène. Philocalie 21-27. Sur le libre arbitre.* (SC 226; Paris: Les Éditions du Cerf, 1976).

Leanza, S. *L'esegesi di Origene al libro dell'Ecclesiaste* (Reggio Calabria: Edizioni Parallelo, 1975).

Nautin, P. *Lettres et écrivaians des IIe et IIIe Siècles.* (*Patristica* 2; Paris: Les Éditions de Cerf, 1961).

Petit, F. *Catena graecae in Genesim et Exodum; I. Catena Sinaitica.* (CCSG 2; Turnhout-Leuven: Brepols, 1977).

Petit, F. "Le dossier origénien de la chaîne de Moscousur la Genèse. Problèmes d'attribution et de double rédaction," *Muséon* 92 (1079) 71-104.

Ramsbotham, A. "The Commentary of Origen on the Epistle to the Romans," *JTS* 13 (1912) 209-24, 357-68; 14 (1913) 10-22.

Robinson, J. M. *The Philocalia of Origen* (Cambridge: Univ. Press, 1893).

Reitzenstein, R. "Origenes und Hieronymus," *ZNW* 20 (1921) 90-94.

Richard, M. "Les fragments d'Origène sur Prou. xxx, 15-31," *Epektasis. Mélanges patristiques offerts au Cardinal Jean Daniélou* (Paris: Beauchesne, 1972) 385-394.

Sanz, P. "Griechische Literarische Papyri Christlichen Inhaltes I, (Biblica, Väterschriften und Verwandtes)," *Mitteilungen aus der Papyrussammlung der Nationalbibliothek in Wien (Papyrus Erzherzog Rainer) N. S., 4. Folge* (Baden bei Wien: Rudolf M. Rohrer Verlag, 1946) 87-104.

Scherer, J. *Entretien d'Origène avec Héraclide* (SC 67; Paris: Les Éditions du Cerf, 1960).

———. *Le commentaire d'Origène sur Rom. III,5-V,7, d'après les extraits du papyrus no. 88748 du Musée du Caire et les fragments de la Philocalie et du Vaticanus graecus 762. Essai de reconstitution du texte et du la pensée des tomes V et VI du "Commentire sur l'Epître aux Romains"* (Bibliothèque d'Étude, 27; Cairo: Institut Français d'archéologie orientale, 1957).

Staab, K. "Neue Fragments aus dem Kommentar des Origenes zum Römerbrief," *BZ* 18 (1929) 74-83.

III. Books and Articles

Aland, Kurt and Barbara Aland. *The Text of the New Testament: An Introduction to the Critical Editions and to the Theory and Practice of Modern Textual Criticism*, Erroll F. Rhodes, (tr.), (Grand Rapids: Eerdmans, 1987).

Barnard, P. M. *The Biblical Text of Clement of Alexandria* (Cambridge: Univ. Press, 1899).

Bauernfeind, Otto. *Der Römerbrieftext des Origenes, nach dem Codex von der Goltz, untersucht und herausgegeben* (TU 44; Leipzig: J. C. Hinrichs, 1924).

Brooks, James Arthur. "The Text of the Pauline Epistles in the *Stromata* of Clement of Alexandria" (Unpublished Ph.D. Dissertation, Princeton Theological Seminary, 1966).

___. *The New Testament Text of Gregory of Nyssa* (NTGF 2; Atlanta: Scholars Press, 1989).

Chadwick, H. *Early Christian Thought and the Classical Tradition* (Oxford: Clarendon Press, 1966).

___. "Rufinus and the Tura Papyrus of Origen's Commentary on Romans" *JTS* n.s. 10 (1959) 10-42.

Chadwick, Henry and J. E. L. Oulton. *Alexandrian Christianity* (Philadelphia: Westminster Press, 1954).

Colwell, Ernest C. *Studies in Methodology in Textual Criticism of the New Testament* (Grand Rapids: Eerdmans, 1969).

Colwell, Ernst C. and E. W. Tune. "The Quantitative Relationships between MS Texttypes," *Biblical and Patristic Studies in Memory of Robert Pierce Casey*, J. N. Birdsall and R. W. Thomson (eds.), (Freiburg: Herder, 1963) 25-32.

Corssen, Peter. *Epistularum Paulinarum Codices Graece et Latine Scriptus Augiensum, Boernerianum, Claromontanum examinavit inter se comparavit ad communem originem revocavit*, 2 vols. (Keil: Programmae gymnasii Ieverensis, 1887-89).

Crouzel, H. *Origen: The Life and Thought of the First Great Theologian*, A. S. Worrall, (tr.), (San Fransico: Harper & Row, 1989).

Ehrman, Bart D. *Didymus the Blind and the Text of the Gospels* (NTGF 1; Atlanta: Scholars Press, 1986).

___. "The Use of Group Profiles for the Classification of New Testament Documentary Evidence," *JBL* 106 (1987) 465-86.

Ehrman Bart D., Gordon D. Fee, and Michael Holmes. *The Text of the Fourth Gospel in the Writings of Origen* (NTGF 3; Atlanta: Scholars Press, 1992).

Eldridge, Laurence. *The Gospel Text of Epiphanius of Salamis* (SD 41; Salt Lake City: Univ. of Utah Press, 1969).

Fee, Gordon D. "Codex Siniaticus in the Gospel of John: A Contribution to Methodology in Establishing Textual Relationships," *NTS* 15 (1968-69) 23-44.

_____. "Origen's Text of the New Testament and the Text of Egypt," *NTS* 28 (1982) 348-64.

_____. "P^{75}, P^{66}, and Origen: The Myth of Early Textual Recension in Alexandria," *New Dimensions in New Testament Study*, R. N. Longenecker and M. C. Tenney, (eds.), (Grand Rapids: Zondervan, 1974) 19-45.

_____. "The Text of John and Mark in the Writngs of Chrysostom," *NTS* 26 (1979-80) 525-47.

_____. "The Text of John in Origen and Cyril of Alexandria: A Contribution to Methodology in the Recovery and Analysis of Patristic Citations," *Biblica* 52 (1971) 357-94.

_____. "The Text of John in the Jerusalem Bible: A Critique of the Use of Patristic Citations in New Testament Textual Criticism," *JBL* 90 (1971) 163-73.

_____. "The Use of Greek Patristic Citations in New Testament Textual Criticism: The State of the Question," *Studies in the Theory and Method of New Testament Textual Criticism*, G. D. Fee and E. J. Epp (Grand Rapids: Eerdmans, 1993).

Geerlings, Jacob and Silva New. "Chrysostom's Text of the Gospel of Mark," *HTR* 24 (1931) 121-42.

Goltz, E. von der. *Eine Textkritische Arbeit des zehnten besw. sechsten Jahrhunderts* (TU 17,4; Leipzig: J. C. Hinrichs, 1899).

Greenlee, J. Harold. *The Gospel Text of Cyril of Jerusalem* (SD 17; Copenhagen: Ejnar Munksgaard, 1955).

Griggs, C. W. *Early Egyptian Christianity From its Origins to 451 C.E.* (CS 2; Leiden: Brill, 1990).

Guéraud, O. "Note préliminaire sur les papyrus d'Origen découverts à Toura," *RHR* 131 (1946) 85-108.

Hatch, W. H. P. "On the Relationship of Codex Augiensis and Codex Boernerianus of the Pauline Epistles," *Harvard Studies in Classical Philology* 60 (1951) 187-199.

Hautsch, E. *Die Evangelienzitate des Origenes* (Leipzig: J. C. Hinrichs, 1909).

Hort, F. J. A. and B. F. Westcott. *The New Testament in the Original Greek*, Vol. 2. (Cambridge: Macmillan, 1881).

Hurtado, Larry. *Text-Critical Methodology and the Pre-Caesarean Text* (Grand Rapids: Eerdmans, 1981).

Kim, K. W. "The Matthean Text of Origen in His *Commentary on Matthew*", *JBL* 68 (1949) 125-139.

____. "Origen's Text of John in His *On Prayer, Commentary on Matthew*, and *Against Celsus* *JTS* n.s. 1 (1950) 74-84.

Lake, Kirsopp. "The Ecclesiastical Text," Excursus 1 of Robert P. Blake, Kirsopp Lake, and Silva New, "The Caesarean Text of Mark," *HTR* 21 (1928) 338-57.

Linss, Wilhelm Cahill. "The Four Gospel Text of Didymus," (Unpublished Ph.D. Dissertation, Boston University, 1955).

Martini, Carlo M. "Is There a Late Alexandrian Text of the Gospels?" *NTS* 24 (1977-78) 285-96.

____. *Il problema della recensionalita del codice B alla luce del papiro Bodmer XIV* (AB 26; Rome: Pontifical Biblical Institute, 1966).

Mees, M. *Die Zitate aus dem Neuen Testament bei Clemens von Alexandrien* (Rome: Università di Bari, 1970).

Metzger, Bruce M. *The Early Versions of the New Testament: Their Origin, Transmission, and Limitations* (Oxford: Clarendon Press, 1977).

____. "Explicit References in the works of Origen to Variant Readings in New Testament Manuscripts," *New Testament Studies: Philological, Versional, and Patristic* (NTTS 8; Leiden: Brill, 1980).

____. *The Text of the New Testament: Its Transmission, Corruption, and Restoration*, 3rd ed. (New York: Oxford Univ. Press, 1992).

Muncey, R. W. *The New Testament Text of Saint Ambrose* (Cambridge: Univ. Press, 1959).

Murphy, Harold S. "Eusebius' New Testament Text in the *Demonstratio Evangelica*," *JBL* 78 (1954) 162-68.

Oliver, Harold Hunter. "The text of the Four Gospels, as Quoted in the *Moralia* of Basil the Great," (Unpublished Ph.D. Dissertation, Emory University, 1961.

Osburn, Carroll. "The Text of the Pauline Epistles in Hippolytus of Rome," *Second Century* 2 (1982) 97-124.

Patrick, John. "The Biblical Text in Clement," Appendix F in *Clement of Alexandria* (London: Blackwood & Sons, 1914).

Petersen, William L. "The Text of the Gospels in Origen's Commentaries on John and Matthew," *Origen of Alexandria: His World and His Legacy*, C. Kannengiesser and W. L. Petersen, (eds.), (South Bend: Univ. of Notre Dame Press, 1988) 34-47.

Quasten, Johannes. *Patrology*, 3 Vols. (Utrecht: Spectrum, 1950-1966).

Richards, W. L. *The Classification of the Greek Manuscripts of the Johannine Epistles* (SBLDS 35; Missoula: Scholars Press, 1977).

Streeter, B. H. *The Four Gospels: A Study of Origins*, 5th impression (London: Macmillian, 1936).

Swanson, Reuben J. "The Gospel Text of Clement Of Alexandria," (Unpublished Ph.D. Dissertation, Yale University, 1956).

Tasker, R. V. G. "The Quotations from the Synoptic Gospels in Origen's *Exhortation to Martyrdom*," *JTS* 36 (1935) 60-65.

____. "The Text of the Fourth Gospel Used by Origen in his Commentary on John," *JTS* 37 (1936) 146-155.

____. "The Text of St. Matthew Used by Origen in his Commentary on St. Matthew," *JTS* 38 (1937) 60-64.

Trigg, Joseph W. *Origen: The Bible and Philosophy in the Third Century Church* (Atlanta: John Knox, 1983).

Wisse, Fredrick. *The Profile Method for Classifying and Evaluating Manuscript Evidence* (SD 44; Grand Rapids: Eerdmans, 1982).

Zervopoulos, Gerassimos. "The Gospel Text of Athanasius," (Unpubished Ph.D. Dissertation, Boston University, 1955).

Zuntz, Günter. *The Text of the Epistles: A Disquistion Upon the Corpus Paulinum* (London: Oxford Univ. Press, 1953).

www.ingramcontent.com/pod-product-compliance
Lightning Source LLC
Chambersburg PA
CBHW021118300426
44113CB00006B/200